Michel Clévenot · Die Christen und die Staatsmacht

Michel Clévenot

Die Christen und die Staatsmacht

Geschichte des Christentums im II. und III. Jahrhundert

EDITION EXODUS

Freiburg / Schweiz 1988

Die vorliegende Übersetzung wurde vom französischen Ministerium
für kulturelle Angelegenheiten unterstützt

Titel der französischen Ausgabe:
Les Chrétiens et le Pouvoir, Paris 1981

Aus dem Französischen übersetzt
von Kuno Füssel

Alle Rechte vorbehalten
© Editions Fernand Nathan, Paris 1981

Für die deutsche Ausgabe:
© Genossenschaft Edition Exodus, Freiburg (Schweiz) 1988

Titelbild:
Der «dogmatische» Sarkophag (Ausschnitt), Museo Pio Cristiano in Rom

Umschlag: Bernard Schlup (Gestaltung) / Widerdruck, Bern (Satz)
Satz und Druck: Fuldaer Verlagsanstalt, Fulda

ISBN 3-905575-27-2

Inhalt

1. Sequenz:
Volumnius und Volumnia, Landwirte in Veleia, um das Jahr 108
Das Geld sprießt nicht aus dem Boden! 9

2. Sequenz:
Epiktet in Nikopolis, um das Jahr 110
Das war also die Macht? 14

3. Sequenz:
Plinius und die Christen in Bithynien, im Herbst des Jahres 112
Eine verbotene Vereinigung 20

4. Sequenz:
Der Papyrus 52, um das Jahr 125
Was ist Wahrheit? 27

5. Sequenz:
Der «Bestattungsverein auf Gegenseitigkeit» von Lanuvium, 1. Januar 133
Ein Brötchen und vier Sardinen 33

6. Sequenz:
Justin der Apologet, Rom im Jahre 150
Was immer sich also trefflich gesagt findet, gehört uns Christen an 39

7. Sequenz:
Valentin und die Gnostiker, um 160
So laßt uns fliehen in die geliebte Heimat! 45

8. Sequenz:
Die ersten Barbareneinfälle, im Jahre 167
Man muß kampfbereit und fest dastehen 51

9. Sequenz:
Streitereien zwischen den Bischöfen von Korinth und Rom, um das Jahr 170
Den Brüdern nicht die schwere Bürde der Enthaltsamkeit auferlegen . 57

10. Sequenz:
Montanus, Prisca und Maximilla, im Jahre 172
So sollen die Frauen in den Versammlungen schweigen! 62

11. Sequenz:
Die Märtyrer von Lyon, im August des Jahres 177
Denn Gottes Ruhm ist der lebendige Mensch 70

12. Sequenz:
Celsus und die Polemik gegen die Christen, im Jahre 180
Wollkrempler, Schuster und Walker 77

13. Sequenz:
Die Bittschrift der Siedler von Souk-el-Khemis, im Jahre 181
Erbarme dich unser, oh Herr! 82

14. Sequenz:
Bischöfliche Streitereien über das Datum des Osterfestes,
im Jahre 190
Diese verschiedene Praxis im Fasten 87

15. Sequenz:
Der Brief an Diognet, um 195
Jede Fremde ist ihnen Vaterland und jedes Vaterland eine Fremde . 92

16. Sequenz:
Klemens, Beichtvater der Bourgeoisie in Alexandrien,
im Jahre 200
Oh, wie herrlich ist dieser Handel! 98

17. Sequenz:
Aurelia Claudia, römische Bürgerin in Oxyrhynchos,
im Jahre 215
So seid ihr nun nicht mehr nur Fremdlinge und Beisassen 105

18. Sequenz:
Die bewegte Laufbahn des Calixtus, Bischof von Rom (217–222)
Er schwankt, aber geht nicht unter 111

19. Sequenz:
Ein Theologe mit Lehrverbot: Origenes, im Jahre 231
Wie ein Lustgarten war er für uns 118

20. Sequenz:
Das Haus der Christen in Dura-Europos, im Jahre 232
Die Geschichte ist anders als auf den Gemälden der Römer 126

21. Sequenz:
Mani und der Manichäismus, im Jahre 242
Wehe, wehe über den Bildner meines Leibes! 131

22. Sequenz:
Ein Durchschnittschrist: der Advokat Gaios, um 245
Eine Kultur des Maßes 137

23. Sequenz:
Plotin und die Abenteuer der Psyche, 244–270
Sie sind nicht mehr zwei, sondern beide sind Eines 144

24. Sequenz:
Cyprian, der Papst der afrikanischen Kirche, 248–258
Denn unter uns ist keiner, der sich als Bischof der Bischöfe aufstellt 149

25. Sequenz:
Paul von Samosata, «häretischer» Bischof
von Antiochien, 260–272
Er behauptet: «Christus ist von unten»........................ 157

26. Sequenz:
Eumenius, Rektor der Universität von Autun, um 298
Lasset zugleich römische Macht und Beredsamkeit wieder erblühen 163

27. Sequenz:
Das Konzil von Elvira, um 300
Es ist den Bischöfen untersagt, sich ihrer Frauen zu enthalten 170

28. Sequenz:
Antonius, der Vater der Mönche, um das Jahr 305
Werde ich zu mir selber finden? 178

29. Sequenz:
Konstantin und das christliche Imperium, im Jahre 313
Ich bin der Bischof für die äußeren Angelegenheiten 186

30. Sequenz:
Das ökumenische Konzil von Nizäa im Jahre 325
Der Kaiser erreichte es schließlich 194

Anmerkungen 203

Karte des römischen Reiches 222

1. Sequenz:
Volumnius und Volumnia, Landwirte in Veleia, um das Jahr 108

Das Geld sprießt nicht aus dem Boden!

«Nicht schlecht, 8692 Sesterzen[1], die kann man immer gut gebrauchen, Gaius! Du solltest annehmen ... Ja, aber man muß noch 5 %, also 435 Sesterzen, verauslagen und unser Land bringt uns soeben 6500 ein ...»
 Gaius Volumnius Memor und seine Frau Volumnia Alce wägen bedächtig das Für und Wider ab. Sollen sie das Angebot annehmen, das Kaiser Trajan allen Bauern Italiens unterbreitet hat: ein unkündbares Darlehen ohne Rückzahlungspflicht, abgesichert durch ihre Besitzungen als Pfand, mit der Auflage der Zahlung einer Jahresrente von 5 % für Unterhalt und Ausbildung *(alimenta)* minderjähriger armer Kinder?[2]
 Das kleine weiße Bauernhaus der Volumnii mit seinem roten Ziegeldach liegt auf dem Gebiet der Stadt Veleia, 20 Meilen[3] südlich von Piacenza (Placentia), wo die Po-Ebene an die ersten Ausläufer des ligurischen Apennin stößt. Wir befinden uns hier im Gallien «diesseits der Alpen» *(Gallia cisalpina)*, was uns berechtigt, uns Volumnius und Volumnia vielleicht von vergleichbarem Aussehen wie ihre gallischen «Vettern» vorzustellen, die sich einige Jahre später am Fuße ihres Grabmals in der Nähe von Avaricum (Bourges) werden darstellen lassen.[4]
 Auch wenn sie sich in etwas steifer Haltung haben porträtieren lassen, so haben beide doch ihre Alltagskleidung anbehalten: Sie trägt ein groß ausfallendes Kleid, er einen schweren Kapuzenmantel mit breitgeschnittenen Ärmeln. Sie sind nicht mehr die allerjüngsten: Die Frau scheint nicht gerade begeistert darüber, daß sie schon ein Doppelkinn hat; ihre Haare sind etwas lieblos, ja sogar unbeholfen geschnitten; der Ehemann ist beleibt, zweifellos zum Schlaganfall neigend. Sie schauen sich nicht an, ihre Gesichter drücken keines der entsprechenden Gefühle aus, die auf den Grabsäulen einem Ehepaar gerne beigemessen werden. Auch ihre Hände haben es nicht gelernt, sich in einer bestimmten Gestik zu üben: Sie hält (dabei läßt sie, unbestreitbar, lange und ziemlich schöne Finger erkennen) eine Wollschärpe in Händen, er einen kleinen Beutel mit Schreibtäfelchen und Griffel. Ein Zeichen von Eitelkeit? (Er kann also schreiben und ist kein Bauerntölpel ...) Wir werden lieber annehmen, daß er rechnen konnte und seine Angestellten es daher nicht wagen durften, ihn zu hintergehen. Was nämlich am Gesichtsausdruck der beiden

beeindruckt, ist, daß sie in einer viereckigen und deftigen Art mit beiden Beinen auf dem Boden stehen, eine gewisse Spontaneität vermissen lassen, ja sehr mißtrauisch wirken und den Eindruck machen, immer auf der Hut zu sein ...

Wahrhaftig, so könnte ebensogut das Bild von Volumnius und Volumnia aussehen. Gründe, mißtrauisch zu sein und mit beiden Füßen auf dem Boden zu bleiben, fehlen sicher nicht! Das römische Bürgerrecht ist ja eine heikle Sache, was auch für den «Frieden», das «Glück» und den «Überfluß», welche jedes Geldstück eines jeden Kaisers immer wieder verheißt, gilt. In Wirklichkeit ist das Leben der italischen Bauern schwierig und wird es immer mehr.[5] All diese reichen «Provinzen» (d.h. die annektierten Länder), die unsere jungen Burschen um den Preis ihres Lebens erobert haben, erzeugen mittlerweile mehr als das «Mutterland»: Getreide kommt aus Afrika und Ägypten, Öl aus Spanien, Wein und Schinken aus Gallien, Holz und Felle aus Germanien, Früchte und Stoffe aus Asien, ganz zu schweigen von der Seide aus China und den Gewürzen Arabiens ... Italien führt mehr ein als aus. Seine Bevölkerungszahl ist rückläufig. Die Konzentration des Grundbesitzes in den Händen reicher Städter, die kein Interesse an der Bewirtschaftung haben, bringt eine weniger ertragreiche, extensive Bebauungsart mit sich. Die Zunahme des «Kolonats», eine Art Pächterschaft auf der Grundlage von Naturalabgaben, zeichnet sich ab.

Unter diesen Bedingungen sind die kleinen Landwirte wie Volumnius gezwungen, ihre Kosten zu senken, indem sie Arbeitskräfte einsparen und so wenig wie möglich investieren. Selbst hier in Oberitalien, wo Getreide, Weinbau und Ölbäume der Konkurrenz erfolgreich widerstehen könnten, werden die Möglichkeiten der Vermarktung durch das schwach entwickelte Verkehrsnetz beschränkt: Die Via Emilia von Rimini nach Piacenza ist zu weit entfernt und schlecht geeignet. Die Straßen sind ja nicht auf die Bedürfnisse der Wirtschaft, sondern auf strategische Zielsetzungen zugeschnitten.[6]

Als erster Kaiser aus der Provinz (er ist in Italica in Spanien, aber als Sohn einer italischen Familie geboren) träumt Trajan davon, der Halbinsel ihre Lebenskraft zurückzugeben: Eine Münze von 108 trägt die Umschrift *Italia restituta*[7] (man könnte übersetzen «wieder auferstandenes Italien»). Im Verlaufe seiner langen militärischen Laufbahn, die ihn ja insbesondere auch nach Germanien führte, hat er den Eindruck gewonnen, daß das Kaiserreich gar nicht so unverwundbar ist, wie es immer scheint: Hinter seinen Grenzen warten «Barbarenvölker», die immer bedrohlicher werden, darauf, daß ihre Stunde kommt. Um den inneren Zusammenhalt dieses Verbandes von Nationen und Staaten, von denen das Herrschaftsgebiet des «Senats und des Volkes von Rom» gebildet wird, zu gewährleisten, wünscht sich der Kaiser, daß Italien wieder zu seiner alten Führungsrolle zurückfindet, wie sie von Vergil besungen wurde: «Vergiß nicht, Römer, daß du dazu ausersehen bist, die Welt zu beherrschen!»[8] Das alte Bild einer Nation von Ackerbauern, Bürgern und Soldaten wirkt als Mythos weiter. Vielleicht hat es auch bei der Schaffung der Einrichtung der *alimenta* Pate gestanden. Mit den folgenden Worten beglückwünscht Plinius der Jüngere Trajan zu seiner Initiative: «Du hast gut daran getan, Caesar, die Verantwortung der auf den römischen Namen gerichteten Hoffnungen auf dich zu nehmen; keine Ausgabe ehrt einen großen Princeps mehr als die, welche er zum Nutzen der kommenden Generationen macht!»[9]

In Wirklichkeit war die Entscheidung schon vom seinem Vorgänger, Kaiser Nerva, getroffen worden. Ihre Einlösbarkeit aber war durch den Zufluß von Gold in die kaiserlichen Kassen ermöglicht worden, das man den Dakern in Transylvanien weggenommen hatte, die im Feldzug von 105-106 endgültig vernichtet wurden. Trajan hat auch schon die Senatoren aus den Provinzen dazu verpflichtet, ein Drittel ihrer Einkünfte aus Grund und Boden in italischen Grundstücken anzulegen, um so den Bodenpreis anzuheben. Die Milliarden an Sesterzen, die er nun den italischen Bauern anbietet, werden von doppeltem Nutzen sein: Ankurbelung der Landwirtschaft und Anhebung der Geburtenziffer.[10]

Diese Geburtenförderung hat zuerst ein militärisches Ziel: die *alimenta* werden es erlauben, einige 10 000 zukünftige italische Unteroffiziere heranzubilden, die einer Armee, welche mehr und mehr aus Bewohnern der Provinzen besteht (40 % unter Augustus, 98 % unter Hadrian[11]), in willkommener Weise ein festes Gerüst liefern werden. Bei der Unterstützung der Landwirtschaft steht er unter dem Einfluß einer bestimmten geistigen Strömung, die besonders durch Dio von Prusa verkörpert wird. In einem seiner berühmtesten Texte läßt dieser einen durch Verstädterung und Besitzkonzentration verarmten Bauern auftreten:

> Nicht von denjenigen gilt es etwas zu verlangen, die schon auf dem staatlichen Grund und Boden bauen und pflanzen, sondern von denen, die das Land verkommen lassen. Im gegenwärtigen Augenblick ist es doch so, Bürger, daß ungefähr zwei Drittel unseres Bodens wegen unserer Nachlässigkeit und aus Menschenmangel verödet sind ...[12]

Trotzdem mußten die italischen Landwirte lange überlegen, bevor sie sich entschieden, denn bei einem jährlichen Bodenertrag von 6 % und einem Darlehen zu 5 % ist notgedrungen kein gutes Geschäft zu machen. Wie die Person bei Dio von Prusa könnten sie jemandem, der sie beschuldigte, den ausgezahlten Betrag in irgendeinem Winkel ihres Gemüsegartens zu horten, statt ihn zu investieren, erwidern: «In dem Fall geh ihn doch suchen, du Dummkopf! Wer wird schon Geld vergraben? Das Geld sprießt nicht aus dem Boden!»[13]

Volumnius und Volumnia haben ihrerseits jedenfalls eingewilligt. Nach einigem Zögern haben sie ihren Aufseher, den Freigelassenen Volumnius Diadumenus nach Veleia geschickt. Er tritt dort vor den Senator Cornelius Gallicanus (auch er wohl ein Gallier?), der vom Princeps damit beauftragt ist, die entsprechenden Operationen zu überwachen. Das Programm wurde auf dem Forum bekanntgemacht[14]:

> Schuldverschreibungen von Besitzungen in Höhe einer Summe von 1 044 000 Sesterzen, damit aufgrund der Langmut des allergütigsten und allerhöchsten Princeps, des Imperator Caesar Nerva Trajan Augustus Germanicus Dacius, Jungen und Mädchen *alimenta* erhalten:

245 eheliche Söhne werden jeder 16 Sesterzen monatlich erhalten, das macht ...	47 040 Sest.
34 eheliche Töchter werden jede monatlich 12 Sesterzen erhalten, das macht ...	4 896 Sest.
1 unehelicher Sohn wird jährlich erhalten ...	144 Sest.
1 uneheliche Tochter wird erhalten ...	120 Sest.
insgesamt ...	52 200 Sest.

> Dies entspricht einem Zins von 5 % auf das vorstehend benannte Kapital.

Wohlgemerkt, was Diadumenus in Erstaunen versetzt, ist nicht die ungleiche Behandlung von Jungen auf der einen, Mädchen und Bastarden auf der anderen Seite, sondern der Tatbestand, daß letztere überhaupt auf dieser Liste auftauchen. Für den «Denkhaushalt» eines männlichen Römers kommen diese unteren Schichten überhaupt nicht in Betracht. Es könnte jedoch sein, daß sich die Zeiten zu ändern beginnen ... Die beiden Personen auf der gallisch-römischen Grabsäule sind allem Anschein nach einander gleichgestellt; warum sollte die Frau nicht dazu fähig sein, auch ihrem Gatten in jener außergewöhnlichen Form zu erwidern, mit der sich bei Juvenal eine römische Dame vernehmen läßt:

> Seinerzeit hatten wir abgemacht, daß du tust, was du willst; genauso laß ich's mir wohl sein. Ja brülle nur und stürme, daß Meer und Himmel eins werden: ich bin schließlich auch ein Mensch *(homo sum)!*[15]

Diadumenus seinerseits wird bei dem Amtsschreiber vorstellig, der die amtlichen Register führt:

> Gaius Volumnius Memor und Volumnia Alce lassen über ihren Freigelassenen Volumnius Diadumenus das Quintiacus Aurelianus genannte Grundstück – den Hügel Muletas nebst Wald – aufnehmen. Es liegt auf dem Gebiet von Veleia im Bezirk Ambitrebius und grenzt an die Ländereien des Marcus Mommeius Persicus, des Satrius Severus und des Volkes. Sein Wert beträgt 108 000 Sesterzen. Sie sollen 8692 Sesterzen erhalten und belasten das vorgenannte Grundstück.

Das wäre erledigt. Schon nähert sich der nächste, Marcus Virius Nepos, der Besitztümer im Wert von 310 545 Sesterzen angibt. Eine ansehnliche Einnahmequelle!

Wir wissen nicht, was Volumnius und Volumnia mit ihrem Geld gemacht haben. Es ist wenig wahrscheinlich, daß sie sich von irgendeinem gallischen «Vetter» eine dieser wunderbaren beräderten Mähmaschinen gekauft haben, die Plinius der Ältere mit so viel Bewunderung beschreibt[16], die aber wenig verbreitet waren. Vielleicht haben sie auch an ihrem Scharpflug, dieses kleine bewegliche, ebenfalls in Gallien erfundene Vordergestell angebracht? Es sei denn, daß sie sich die Anschaffung einer Egge mit Eisenzähnen geleistet haben ... Und während welcher Zeitspanne haben sie für zwei Kinder von Veleia gesorgt? Kein Amtsschreiber hat sich die Mühe gemacht, uns darüber zu unterrichten.

Wir wissen dagegen, daß Trajan sein Ziel nicht erreicht hat. Ab dem Jahr 184 wurden die Zinsen für die *alimenta* nicht mehr gezahlt.[17] Der Krise Italiens kann nicht Einhalt geboten werden, die Landkonzentration wird fortschreiten, die Armeen werden bald fast vollständig in den Provinzen, besonders in Afrika und in den Donaugebieten, ausgehoben. Es wird keine weiteren Eroberungen geben: Dakien wird die letzte Provinz sein, die eingegliedert wird. Der Krieg gegen die Parther wird einmal mehr fehlschlagen, und Kaiser Hadrian wird den Abschluß der Expansionszeit Roms besiegeln, indem er an den Grenzen nur noch der Verteidigung dienende Befestigungsanlagen errichten läßt. Dieser *limes*, den man etwa in Schottland und in Tunesien noch gut besichtigen kann, wird künftig nicht mehr den Ausgangspunkt weiterer Einverleibungen, sondern eine äußerste Grenze markieren, die sich ein Imperialismus, dem die Luft ausgeht und der bereits über seine Verhältnisse lebt, selber setzt.

2. Sequenz:
Epiktet in Nikopolis, um das Jahr 110

Das war also die Macht?

> Was nennst du denn große Ereignisse? Kriege und Aufruhr, den Untergang so vieler Menschen und die Zerstörung von Städten? Was haben diese Dinge Großes?[1]

Die Zuhörer des alten Lehrers unter den Bäumen, die um das Gymnasium von Nikopolis, einer kleinen Stadt in Epirus, herumstehen, trauen ihren Ohren nicht: «Wie geht das an? Der Krieg sollte kein großes Ereignis sein? Aber das heißt doch alles auf den Kopf stellen!» Alle diese jungen Leute aus gutem Hause erwarten im Gegenteil, daß der nächste Feldzug ihnen Ehrungen, Auszeichnungen und den Einstieg in die Laufbahn der höheren Verwaltungsposten beschert. Passenderweise scheint Kaiser Trajan nach seinen Siegen über die Danubier einen Zug gegen die Parther vorzubereiten. So ein richtig munterer und unterhaltsamer Krieg sollte etwa kein großes Ereignis darstellen?

Epiktet erhebt sich hinkend (immer dieser verdammte Rheumatismus![2]) und schaut seinen Gesprächspartner lächelnd an:

> Was ist denn Großes daran, daß viele Kinder sterben, und viele Rinder und Schafe, und daß viele Nester von Schwalben oder Störchen verbrannt oder zerstört wurden? – Ist also dieses jenem gleich? – Sie ähneln sich vollkommen: Es gingen nämlich Leiber zugrunde, Leiber von Menschen und von Rindern und Schafen; es wurden menschliche Behausungen verbrannt und auch die Nester von Störchen ... – Also sind sich Mensch und Storch ähnlich? – Was sagst du? Dem Leib nach sind sie sich absolut ähnlich. Der einzige Unterschied ist, daß die menschlichen Behausungen aus Balken, Backsteinen und Dachziegeln gebaut sind, das Nest aber aus Reisig und Lehm. – Unterscheidet sich also der Mensch doch nicht vom Storch? – Um Gottes Willen! Aber in diesen Dingen unterscheidet er sich nicht. – Worin unterscheidet er sich also? – Suche und du wirst finden, daß er sich in anderem unterscheidet. Sieh genau hin! Ist es nicht durch das Verstehen dessen, was er tut, durch seine Geselligkeit, durch Schamhaftigkeit, Treue, Behutsamkeit und Vernünftigkeit? ... Wo wir Gewichte beurteilen wollen, urteilen wir nicht obenhin; wo das Gerade und Krumme, ebenfalls nicht obenhin. Kurz, wo uns daran liegt, das jedesmalige Wahre zu wissen, wird nie einer von uns etwas obenhin tun: Wo aber die erste und einzige Ursache des Rechttuns und Fehlens, des Glücks und Unglücks, des Wohlergehens und Schlechtergehens liegt, dort allein sind wir oberflächlich und voreilig. Nirgends ist etwas einer Waage, einer Richtschnur

Ähnliches da und schon tue ich etwas, was mir auf den ersten Blick als gut erschien ... Wie nennt man aber diejenigen, welche in allem dem folgen, was ihnen gut scheint? – Verrückte. – Und machen wir es etwa anders?[3]

Ein gelungenes Beispiel einer stoischen Unterredung (Diatribe). Mit diesem Stil hatte 300 Jahre vorher Zenon von Cittium in der bebilderten Säulenhalle Athens *(stoa poikile)* seine Schule der Weisheit begründet, wo es darum geht, immer wieder sich zu bemühen, «den Augenschein hinter sich zu lassen». Diese «Philosophie» hatte sehr schnell alle sozialen Klassen erfaßt. Cicero, der von Poseidonios auf Rhodos unterrichtet worden war, hat in mehreren Werken ihre Themen gemeinverständlich dargestellt. Seneca hat sie in sich aufgenommen, und die Regeln der stoischen Moral haben ihm zweifellos geholfen, die in der Zeit Neros vielleicht einzig mögliche Form politischen Widerstandes zu praktizieren: den Selbstmord.

Die kleinen Leute waren ihrerseits erfreut, daß sie im Stoizismus jenes sehr lebendige Gefühl der Gegenwart Gottes wiederfanden, das auch schon den Hintergrund der alten römischen Religion gebildet hatte: «Gott ist die Seele der Welt ...» Zusätzlich schätzten sie diese tolerante und freundliche Geisteshaltung, die «aus allen Glaubenshaltungen das Beste machen kann, die empfiehlt, die Orakel zu befragen, die mit dem Namen der Götter vertraut macht und die mythischen Erzählungen auszulegen versteht»[4]. Trotzdem ist der Stoizismus nicht im eigentlichen Sinne «populär»: Das «Weltsystem», das er entworfen hat (die Verwendung des Wortes «System» geht auf ihn zurück), überschreitet den Horizont des Alltagsbewußtseins, und sein Bestehen auf Logik und Stimmigkeit des Entfaltens der Gedanken wie auch seine tiefsinnigen Überlegungen zur Sprache (in Begriffen, die von der modernen Linguistik und Logik wieder aufgegriffen wurden[5]) machen ihn in der Tat zur Angelegenheit einer Elite. Sagt nicht Epiktet, einen berühmten Ausspruch von Sokrates aufnehmend: «Ich habe Muße ... Warum soll ich nicht alle Mühe auf die Kunst des Denkens verwenden?»[6]

Muße, gewiß, aber teuer erkauft. Epiktet kennt den Preis, mit dem er das Recht zu philosophieren bezahlt hat. Um das Jahr 50 in Phrygien geboren, wurde er (nach dem Zufallsspiel welchen Krieges, welchen familiären oder persönlichen Dramas?) als Sklave nach Rom verkauft. Sein Herr, der griechische Freigelassene Epaphrodites, war ein Vertrauter von Nero. Welches Schauspiel müssen die Kulissen, die (Gift)küchen und die Bettnischen der Macht dem jungen Sklaven geboten haben! Wieviele Intriegen kann man mitverfolgen, wieviele Leidenschaften analysieren, hinter wieviel «augenscheinliche Gegebenheiten» läßt sich schauen, wenn man tagtäglich selber unbeobachtet (wer achtet schon auf einen Sklaven?) solche ausgefallenen Persönlichkeiten wie Nero, Agrippina und Narziß beobachten kann ...

Aus jener Zeit rührt es sicher her, daß ihm Überlegungen wie die folgende immer «zur Hand waren», wie er es selber nannte: «Wenn du zu einem dieser Mächtigen gehst, so erinnere dich, daß noch ein Anderer von oben auf das, was vorgeht, herabsieht und daß du diesem mehr gefallen mußt als jenem ... Ich stelle mir daher vor, du wirst ungefähr wie folgt empfinden: Das war also die Macht? Es waren Vorzimmer, Bedienstete und Wachen! Alles war nichtig, und ich hatte mich gegen bedeutende Dinge gewappnet ...»[7]

Ja, er weiß, worum es geht, wenn er so zu all jenen jungen Leuten, die frischgebacken aus ihrer Provinz kommen, spricht: «Dort in Rom bewegt sich die große Welt, und die Reichen von hier wirken dort wie Kinderspielzeug! Daher ist es dort auch schwer, seine Vorstellungen zu beherrschen, denn allzu häufig sind die Gelegenheiten, die uns unserer selbst entfremden.»[8] Denn das, was Epiktet seinen Schülern beibringen will und was er auch selber zu leben versucht, ist in diesem sittsamen Sätzchen enthalten: «Es ist nichts Geringfügiges, einfach nur seine Bestimmung als Mensch zu erfüllen.»[9] Bei diesem Anlaß erzählt er gern die Geschichte von Paconius Agrippinus, einem Verwandten von Nero. Dem Florus, der ihn fragte, ob er sich erniedrigen und den Possenreißer-Kaiser zu den Schauspielen, bei denen er sich zu produzieren pflegte, begleiten solle, antwortete Agrippinus: «So geh doch!» – «Und du, warum gehst du nicht?» – «Weil ich mir diese Frage gar nicht erst stelle!» «Ja», so folgert Epiktet, «wer sich auch nur einmal darauf einläßt, solche Fragen zu stellen, und den Wert von Äußerlichkeiten abzuschätzen, der ist nahe daran, seine menschliche Bestimmung zu vergessen.»[10]

Und wenn sich ein Zuhörer deswegen beunruhigte und fragte: «Woher soll aber jeder wissen, was seiner Bestimmung entspricht?», war die Antwort: «Bedenke nur, wie teuer du deine Freiheit verkaufen willst; jedenfalls aber, mein Freund, verkauf sie nicht allzu billig!»[11]

Wie jeder Alleinherrscher spürte auch Domitian sehr genau die Gefahr, welche freie Menschen wie dieser darstellten. Daher verjagte er im Jahre 94 alle Philosophen aus Rom. Als Flüchtling in Nikopolis, gegenüber dem Kap von Actium, wo ja einst Augustus (mit der Hilfe von Agrippa) Antonius und Kleopatra besiegt hatte, erinnert sich Epiktet jederzeit lebhaft an den Gewaltherrscher:

> Ein Tyrann sagt ohne weiteres: «Ich bin der Mächtigste von allen. (Frage:) Was kannst du mir gewähren? Was vermagst du also? – Alle brauchen mich. – Auch ich brauche meine Platten; ich reinige und pflege sie; um mein Ölkännchen aufzuhängen, schlage ich einen Nagel ein. Was also? Sind diese Dinge deswegen mächtiger als ich? Nein; aber ich brauche sie und deswegen behandle ich sie pfleglich. Laß ich nicht auch meinen Esel Pflege angedeihen? Wer behandelt dich also, wie man einen Menschen behandeln soll? Zeige es mir. – Aber ich kann dich enthaupten lassen. – Genau! Ich vergaß, daß man dich mit

Vorsicht behandeln muß, wie das Fieber und die Kolik, daß man dir Altäre errichten muß, wie es ja in Rom auch einen dem Fieber geweihten Altar gibt!»[12]

Nicht alle Zuhörer sind so mutig:

> Ich bringe mich um meinen Kopf beim Caesar! – Und ist meiner nicht auch in Gefahr hier in Nikopolis, wo es so viele Erdbeben gibt? Und wenn du das Adriatische Meer überquerst, riskierst du nicht auch dein Leben? – Allein, auch die Meinungsannahme ist riskant. – Geht es um deine? Wieso? Wer kann dich zwingen, etwas zu glauben, was du nicht glauben willst?[13]

Das Geheimnis dieses unerschütterlichen Gefestigtseins, aus dem heraus der Weise Verbannung, Gefängnis und Tod nicht mehr fürchtet als Krankheit und Mißgeschick, liegt in dem einfachen Grund, daß all dies nicht von uns abhängt. Wir können es getrost Gott überlassen, der uns nur zur Rechenschaft zieht für das, «was in unserer Macht steht». Von daher ergibt sich die berühmte Maxime: «Wir sollen uns mehr darum bemühen, unsere Begierden zu ändern als die Ordnung der Welt.»[14]

Alles in allem enthält dies eine ganz schöne Dosis Gleichgültigkeit gegenüber der Geschichte, dem Leben, der Entwicklung der Verhältnisse ... Die folgende Unterredung liefert dafür ein schlagendes Beispiel:

> Beachtet doch bitte, daß der Caesar uns tiefen Frieden zu gewähren scheint, daß es keine Kriege mehr gibt, keine Schlachten, keine Räuberbanden und Seeräuber, so daß man zu jeder Zeit reisen und vom Anfang der Sonne bis zu ihrem Niedergang zur See fahren kann. Kann er aber auch Frieden stiften zwischen uns und dem Fieber, uns vor Schiffbruch, Feuersbrunst, Erdbeben und Blitz bewahren? Kann er uns Frieden bringen in der Liebe? Unmöglich. Vor Kummer schützen? Unmöglich. Vor Neid? Nein, er kann uns von all dem nicht befreien.
>
> Die Lehre der Philosophen aber verspricht uns Aussöhnung mit ihnen allen. Und was sagt sie? – Wenn ihr auf mich hört, ihr Menschen, so werdet ihr, wo ihr auch seid und was ihr auch tun möget, weder Schmerz noch Zorn, weder Zwang noch Widerstände erleben. Ihr werdet leidenschaftslos und frei von all diesen Dingen leben. –
>
> Wird ein Wesen, das diesen Frieden genießt, der nicht vom Caesar ausgerufen worden ist, sondern von Gott durch sein Wort (Logos), sich nicht selbst genügen, wenn es allein ist?[15]

Welch geheime Unruhe muß diese berühmte stoische Leidenschaftslosigkeit wohl verbergen, daß Epiktet noch hinter der majestätischen Fassade der *Pax Romana* eine so abgrundtiefe Unsicherheit verspürt? Offensichtlich beginnt das römische Reich, gerade als es unter Trajans Herrschaft seinen Zenit erreicht zu haben scheint, schon den Geruch der Verwesung auszuströmen ... Der Koloß steht auf tönernen Füßen, und dies beginnt sich bemerkbar zu machen. In fünfzig Jahren die ersten Barbareneinfälle ... Von hieraus beginnt sich zweifellos verschwommener Pessimismus auszubreiten, der es dann gestattet, dieses Jahrhundert als ein «Zeitalter der Angst»[16] zu kennzeichnen.

Für Epiktet wie für Seneca und bald auch Marc Aurel und viele andere ist die Welt eine Theaterbühne, und die Menschen sind Marionetten.[17] Wie könnte es auch anders sein, seitdem der platonische, pythagoreische oder persische Dualismus, der überall eingesickert ist, die Materie zum Prinzip des Bösen und die Welt, gemäß einem Psalm aus Qumran «zum Ort des Jammers und der Trostlosigkeit»[18] ernannt hat? Auch einige Christen sind von dieser «Neurose»[19] angesteckt: «Die ganze Welt liegt im Bösen», sagt der Erste Brief des Johannes.[20] Eine ganze Strömung christlichen «Asketismus» mit Geringschätzung des Lebens und Haß auf die Körperlichkeit ist hieraus entsprungen.

Dieser Abwertung der Materie entsprach aber, was wir nicht übersehen dürfen, im Gegenzug ein quasi mystisches Gefühl der Anwesenheit des Göttlichen, gänzlich gereinigt von jeder Beimischung an Zufälligkeiten des Daseins:

> Was kann auch ein lahmer Greis wie ich mehr tun als Gott preisen? Wäre ich eine Nachtigall, so täte ich das, was den Nachtigallen zukommt, wenn ein Schwan, das was dem Schwane. Nun, da ich vernunftbegabt bin, muß ich Gott preisen. Das ist meine Aufgabe und ich werde sie erfüllen. Und ich werde meinen Posten nicht verlassen, solange es mir vergönnt ist, ihn einzunehmen. Und ich fordere euch auf, in den gleichen Gesang einzustimmen.[21]

Und dann dieses Gebet, dessen Töne an Ignatius erinnern:

> Ich danke dir, daß du mich hervorbrachtest, ich danke dir für alles, was du mir gabst. Die Zeit, da ich deine Gaben nutzen durfte, war zur Genüge. Nimm sie wieder hin und weise ihnen einen Platz zu, der dir gefällt. Denn dein ist alles, du warst, der es mir gegeben.[22]

Man wird nicht überrascht sein, daß dieses Bewußtsein von einer so nahen, aber doch auch kalten und gleichgültigen «Vorsehung» – ähnlich wie bei Clemens von Rom – militärische Töne anschlägt, wenn es darum geht, den Sinn des Lebens zu verdeutlichen:

> Weißt du nicht, daß die Menschheit wie ein Heer auf dem Feldzug ist, daß der eine Wache halten, der andere auf Kundschaft gehen, der dritte fechten muß? Es ist weder möglich noch wünschenswert, daß alle an der gleichen Stelle sind! ... Das Leben eines jeden ist Militärdienst und zwar ein langer und mannigfaltiger; du mußt also deine Aufgabe als Krieger erfüllen und auf den Wink des Feldherrn alles tun, ja, wenn es möglich ist, schon erraten, was er will.[23]

Mit dieser unbedingten Unterwerfung unter eine blinde allgemeine Seinsordnung gerät der Stoizismus sicherlich an seine Grenzen.

Festzuhalten bleibt, daß der ehemalige phrygische Sklave sowohl am Kaiserhof wie unter den Bäumen des Gymnasiums von Nikopolis seine

«Rolle» eines aufrechten Menschen mit einer Größe, die ihresgleichen in der Geschichte sucht, gespielt haben dürfte. Aus seiner Erfahrung hat er die Gewißheit gezogen, daß niemand sich, seien es Kaiser oder Bettler, soziale Klassen oder politische Institutionen, als Selbstzweck setzen darf. In einer streng hierarchisierten Gesellschaft, deren Leitersprossen er alle aus nächster Nähe beobachten konnte, wagte er es auszusprechen, daß die Stellen und Funktionen nur im Hinblick auf das Allgemeininteresse einen Sinn haben. Ganz besonders hat er ohne Unterlaß und unerschütterlich die Würde des einzelnen gegenüber den «Mächten und Gewalten» hochgehalten.

Dieses Lehrstück hat nichts von seiner Aktualität eingebüßt.

3. Sequenz:
Plinius und die Christen in Bithynien, im Herbst des Jahres 112

Eine verbotene Vereinigung

Plinius der Jüngere hat eine Menge Sorgen. Nachdem er zum Statthalter von Bithynien an der Südküste des Schwarzen Meeres ernannt worden war, hat er gerade im richtigen Moment mit der Überprüfung seiner dicht bevölkerten und reichen Provinz begonnen, denn eine Feuersbrunst hat einen Teil von Nikomedien[1], der Hauptstadt, zerstört. Nicht nur die städtische Entwicklung läßt hier, verglichen mit Rom, zu wünschen übrig, sondern es gibt vorort auch keinerlei angemessene Ausrüstung, keine Spritzen, noch nicht einmal Löscheimer. Insbesondere fehlt in Nikomedien eine Feuerwehr. Endergebnis: ein Teil der Stadt liegt in Schutt und Asche, zahlreiche Bürger haben ihr Hab und Gut verloren, und zwei öffentliche Gebäude wurden ein Raub der Flammen: das Altersheim und der Isistempel.

Im Monat Dezember des Jahres 111 stellt sich Plinius unverzüglich seinen Amtspflichten und wendet sich diesbezüglich an den Kaiser um Rat: «Du aber, Herr, wolltest erwägen, ob du es nicht für nötig erachtest, eine Handwerker-Innung in der Stärke von mindestens 150 Mann als Feuerwehr einzurichten. Ich werde schon darauf achthaben, daß nur Leute aus dem Handwerkerstande Aufnahme finden und daß niemand von der gewährten Erlaubnis zu einem anderen Zwecke Gebrauch macht; auch wird es nicht schwerfallen, diese paar Leute zu überwachen.»[2]

Drei Monate nach Antritt seiner Stelle hat der neue Statthalter bereits zu mehreren Problemen höchster Dringlichkeit die Meinung des Princeps eingeholt: Entsendung eines Ingenieurs, Gefängniswache, Begleitschutz für Beamte, Errichtung eines Aquädukts ...[3] Das Erstaunlichste ist, daß Trajan ihm jedesmal mit aller Sorgfalt geantwortet hat. Er gibt auch selber den Grund an: «Wir wollen nicht vergessen, daß du in diese Provinz entsandt worden bist, weil es dort offensichtlich viele Mißstände abzuschaffen galt.»[4] In der Tat scheint es so zu sein, daß die vorangegangenen Prokonsuln aus Schlampigkeit und zweifellos auch Eigennutz am Zustandekommen einer mißlichen Lage beigetragen haben: Die Finanzen waren in Unordnung, die militärische Disziplin gelockert und der Bürgersinn zurückgegangen. Der Auftrag des Plinius lautet also, die Ordnung wiederherzustellen. Wahrscheinlich war dieser Auftrag im übrigen auch Bestandteil einer großen Unternehmung des Reiches: Ein Feldzug gegen die Parther stand bevor, und dazu bedurfte es einer absolut verläßlichen Sicherung der Nachschubbasen.[5]

Der Statthalter dürfte daher kaum überrascht gewesen sein darüber, die kaiserliche Antwort postwendend (d.h. ungefähr zwei Monate später) zu erhalten. Zu seinem großen Erstaunen aber fällt sie negativ aus:

> Das Vorbild mehrerer anderer Orte hat Dir den Gedanken nahegelegt, es ließe sich auch in Nikomedia eine Handwerker-Innung als Feuerwehr einrichten. Allein wir wollen im Auge behalten, daß Deine Provinz und gerade diese Stadt schon mehrfach von genossenschaftlichem Parteitreiben heimgesucht wurde. Denn gleichviel welchen Namen wir den Leuten geben, die sich zu einem besonderen Zweck zusammenschließen, und was auch der Anlaß sei: es werden politische Vereine daraus entstehen, und zwar im Handumdrehen. Es ist darum zweckmäßiger, bloß die Geräte anzuschaffen, die zur Bewältigung von Bränden dienen können, und die Grundbesitzer selbst zur Löscharbeit aufzufordern, im Bedarfsfalle aber auch die herbeigelaufenen Leute dazu anzuhalten.[6]

Nikomedien wird also keine Feuerwehr bekommen. Die Angst vor den «Hetairien» (wie diese Vereinigungen im Griechischen hießen) überwog also diejenige vor Feuersbrünsten. Doch das hat schon Tradition.[7] Die römische Legende schrieb Numa Pompilius, dem ersten Nachfolger von Romulus, die Gründung von Arbeitervereinen zu. Später entstand auch eine Vielzahl von religiösen Bruderschaften, dann politische Gruppierungen im Hinblick auf bestimmte Wahlziele. Die Rolle der letzteren während der Bürgerkriege hatte Julius Caesar veranlaßt, alle entsprechenden Zusammenschlüsse zu verbieten *(lex Julia,* 7 v.Chr.) und denen, die neue schaffen wollten, einen besonderen Berechtigungsnachweis abzuverlangen. Im Prinzip handelte es sich um ein sehr formales Gesetz: «Jeder, der unerlaubterweise einen Verein *(collegium)* gründet, wird in derselben Weise bestraft wie diejenigen, die bewaffnete Anschläge auf öffentliche Einrichtungen und Heiligtümer verüben.»[8]

Trotz allem vermehren sich die Zusammenschlüsse.[9] Alle Berufsstände haben ihr collegium: die Flußschiffer *(nautes)* von Seine, Rhône und Ariège; die Metzger von Périgueux, die Steinmetze von Saintes, die Zimmerleute von Sétif, die Ärzte von Avenches, die Weinhändler von Lyon, die Trompeter von Lambèse ... Und oft versahen eben Handwerker *(fabri)* bzw. Bauarbeiter auch das Amt des Feuerwehrmannes (wie es ja auch Plinius für Nikomedien forderte). Einige Vereinigungen sind richtiggehende Aktiengesellschaften mit Aktiven und Ehrenmitgliedern (wobei letztere die Mittel beschaffen). In vielen finden sich Freie, Freigelassene und Sklaven gleichzeitig zusammen. Allen liegt zunächst einmal die Wahrung der Interessen ihrer Mitglieder am Herzen: Sie intervenieren bei den Behörden, praktizieren eine wirkungsvolle Hilfsbereitschaft und garantieren insbesondere allen ihren Förderern ein anständiges Begräbnis.

Übersehen wir bitte nicht, daß in einer Klassengesellschaft, wo die Macht des Geldes sozusagen durch einen oligarchischen Staat verbürgt und abgesichert ist, diese *collegia* für die kleinen Leute eine der seltenen Möglichkeiten darstellen, der sie bedrohenden tödlichen Isolierung zu entrinnen. Aber genau das beunruhigt die herrschende Macht. Plinius, der ja vom Kaiser noch einmal auf das ordnungsgemäße Verhalten hingewiesen worden ist, zögert daher auch nicht angesichts eines besonderen Falles, der sich für ihn im Herbst 112 ergibt, das Verbot der Bildung von Vereinen anzuwenden.

In Bithynien gibt es viele Christen. Das ist der Punkt. Die Mission kann in Kleinasien beträchtliche Erfolge verzeichnen. Die von Paulus gegründeten Gemeinden haben überall Niederlassungen gebildet: «Zahlreiche Personen jeden Alters und Standes, ja sogar beiderlei Geschlechts (sind) nicht allein in den Städten, nein, auch in den Dörfern und dem flachen Land (von dieser Seuche erfaßt).»[10] Der Statthalter ist jedoch nicht von alleine auf sie gestoßen: Er hat Anzeigen von Herstellern und Vertreibern von Devotionalien sowie Opfertierhändlern erhalten.[11] Wie einst ihre Kollegen von Ephesus bezüglich Paulus[12], so klagen auch sie die Christen an, sie um ihr Einkommen zu bringen, weil sie ihre Ware nicht kaufen, insbesondere aber jedem, der es hören will, vorpredigen, daß all die vielen Kulte, die doch so zahlreiche ehrbare Bürger ernähren, nutzlos sind... Ehrbar, aber auch vorsichtig: die Liste der von ihnen angezeigten Christen war anonym.

Das römische Strafverfahren ist immer dasselbe: Eine Anklage löst automatisch den Mechanismus Verhaftung – Verhör (mit Folter und Geständnis) – Verurteilung aus. Aber Plinius hat noch nie Verhandlungen gegen die Christen geführt; darüber hinaus gibt es auch noch keine genaue Gesetzgebung für ihren Fall.[13] Plinius weiß daher nicht, was man ihnen eigentlich zur Last legt, und ob «der Name ‹Christ› bei sonstiger Unbescholtenheit seines Trägers allein schon strafbar (ist) oder dies nur die Übeltaten sind, die sich an diesen Namen knüpfen»[14]. Er wendet sich also um Rat an den Kaiser.

Was soll man während der Wartezeit tun? Sicher als erstes unter den Angeklagten jene ermitteln, die römische Bürger sind, um sie nach Rom zu überstellen. Was die andern anbetrifft, meiner Treu, so kann man trotzdem schon ein wenig herauszufinden versuchen, was sie sträfliches getan haben können. Darunter scheint nichts allzu Schwerwiegendes zu sein. Sie machen nämlich folgende Aussage: Unser ganzes Vergehen oder Versehen lag darin, «daß wir uns regelmäßig an einem bestimmten Tage vor Sonnenaufgang zusammenfanden; dabei sangen wir im Wechselvortrag ein Loblied auf Christus als unseren Gott und verpflichteten uns durch einen feierlichen Eid nicht etwa zu verbrecherischem Tun, sondern zur Unterlassung von Diebstahl, Raub, Ehebruch, Treulosigkeit und Unterschlagung anvertrauten Gutes. Hierauf trennten wir uns immer und trafen uns erst wieder zur Einnahme eines Mahles, das jedoch gewöhnlicher und harmloser Art war.»[15] Aber selbst dies hätten sie nach dem Erscheinen der Verordnung des Statthalters, derzufolge alle «Hetairien» verboten seien, unterlassen.

Damit liegt uns, in Verwaltungssprache ausgedrückt, vor, was ein hoher kaiserlicher Beamter damals über die Christen wissen konnte. Entnehmen können wir dem, daß es die Praxis einer Vereinigung zum Gebet, zweifellos am Sonntag, Taufverpflichtungen und ein gemeinsames rituelles Mahl gab. Plinius überzeugt sich davon, daß hier nichts Strafbares vorliegt. Die Weigerung aber, vor dem Standbild des Kaisers und der Staatsgottheiten Weihrauch und Wein zu opfern, kommt ihm lächerlich und gotteslästerlich zugleich vor. Die Widerspenstigkeit der Christen, deren Beweggründe er noch nicht einmal für einen Augenblick sich zu vergegenwärtigen und zu verstehen sucht, erscheint ihm «als ein verschrobener, grenzenloser Aberglaube». Diejenigen, die sich darauf versteifen, werden hingerichtet. In Bithynien herrscht wieder Ordnung.

Diesmal zeigt sich der Kaiser befriedigt:

Bei der Prüfung der Anklagen gegen die Leute, die man Dir als Christen bezeichnete, mein Secundus [der volle Name von Plinius war: Gaius Plinius Caecilius Secundus; K.F.], hast Du das richtige Verfahren befolgt. Etwas allgemein Gültiges, das gewissermaßen als feste Regel gelten könnte, läßt sich da nicht aufstellen. Aufzuspüren sind diese Leute nicht. Werden sie angezeigt und überwiesen, so muß man sie bestrafen. Doch ist dabei folgendes zu beachten: wer bestreitet, Christ zu sein, und dies durch sein Verhalten zu erkennen gibt – nämlich durch sein Gebet zu unseren Göttern –, der soll auf Grund seiner Reue begnadigt sein, auch wenn von früher her ein Verdacht auf ihm liegt. Anonyme Anklageschriften dürfen aber bei keiner Anschuldigung Beachtung finden. Denn das gäbe ein ganz übles Beispiel und entspricht nicht dem Geist unserer Zeit.[16]

Sonderbar ist diese Rückantwort trotzdem, die den ersten amtlichen Text über die Christen darstellt und die Rechtsprechung bestimmen wird.[17] Schließlich müßte er sich ja für eins von beiden entscheiden, worauf der Christ Tertullian treffsicher hingewiesen hat: «Wenn du verdammst, warum läßt du nicht auch fahnden? Wenn du nicht fahnden läßt, warum sprichst du nicht auch frei?»[18]

In der Tat zeigt diese widersprüchliche Maßnahme sehr deutlich die Zweideutigkeit der Beziehungen zwischen Christen und Kaiserreich auf: Man kann ihnen keinerlei objektives Vergehen vorwerfen, aber man empfindet sie als zutiefst umstürzlerisch. Dieser Eindruck ist in sich noch unscharf. Bald wird er sich bei Celsus offen zu Wort melden:

> Es ist eine neue menschliche Rasse, sie sind von gestern, ohne Vaterland und Traditionen, verschworen gegen alle religiösen und bürgerlichen Ordnungen, verfolgt von der Justiz, allgemein bekannt für Schändlichkeiten, aber noch stolz auf diese einhellige Verachtung: das sind die Christen![19]

Nach dem Schneeballprinzip fangen dann die Beschuldigungen an, immer ungeheuerlicher zu werden:

> Ist es nicht (zum heulen) ..., wenn Leute aus einer kläglichen, verbotenen, hoffnungslosen Rotte Sturm gegen die Götter laufen? Aus der untersten Stufe des Volkes sammeln sich da die Ungebildeten und die leichtgläubigen Weiber, die wegen der Beeinflußbarkeit ihres Geschlechtes ohnehin auf alles hereinfallen; sie bilden eine gemeinsame Verschwörerbande, die sich in nächtlichen Zusammenkünften, bei Feierlichkeiten mit Fasten und menschenunwürdiger Speise nicht im Kult, sondern im Verbrechen verbrüdert ... Tempel verachten sie ... verlachen die heiligen Opfer ... schauen – darf man das überhaupt erwähnen? – mitleidig auf unsere Priester herab; selbst halbnackt, verachten sie Ämter und Würden ... Unterschiedslos vollziehen sie miteinander eine Art Ritual der Lüste, sie nennen einander Brüder und Schwestern ... Und wenn es heißt, im Mittelpunkt ihrer Zeremonien stehe ein für seine Verbrechen mit dem Tode bestrafter Mensch samt den Kreuzeshölzern, dann wird damit diesen verlorenen, verbrecherischen Menschen zugeschrieben, was zu ihnen paßt ...[20]

Wie konnte ein solches Sammelsurium an Klatsch überhaupt Glauben finden? Die christlichen Riten sind sicherlich nicht weniger befremdlich als diejenigen der Anhänger von Kybele, Mithras und Isis ... Was ihre «Mißachtung religiöser und bürgerlicher Ordnungen» angeht, so beschränkt sie sich auf die Weigerung, bei den offiziellen Zeremonien vor irgendeiner Statue ein Körnchen Weihrauch ins Feuer zu streuen. Die Verantwortlichen in den Gemeinden scheinen sich im Gegenteil beträchtlich angestrengt zu haben, Unterwerfung unter die Obrigkeit zu predigen. Ein Text, überschrieben mit «Brief des Apostels Petrus» und gerichtet «an die auserwählten Fremdlinge in der Zerstreuung in Pontus, Galatien, Kappadozien, Asien und Bithynien» schärft ihnen ein: «Unterwerft euch jeder menschlichen Ordnung um des Herrn willen, sei es dem Kaiser als dem Oberherrn, sei es den Statthaltern als denen, die von ihm gesandt sind zur Bestrafung der Übeltäter und zur Auszeichnung der Rechtschaffenen». Er fügt hinzu: «Ihr Sklaven, unterwerft euch in aller Furcht euren Herren ... Ebenso ihr Frauen, seid den eigenen Männern untertan ...!»[21]

Revolutionär, diese Äußerungen? Enthüllend auf jeden Fall. Denn wie alle Aussagen mit Aufforderungscharakter setzen auch diese zuerst einmal voraus, daß die, für die sie bestimmt sind, das noch nicht tun, wozu sie aufgefordert werden ... Dann fällt noch die Formulierung «Fremdlinge in der Zerstreuung» (griech. *parepidemois diasporas*) auf, in der der Satz des Paulus an die Philipper anklingt: «Unser Bürgerrecht haben wir im Himmel.»[22] Hier liegt der Kern des Problems.

Der Fall ist im doppelten Sinne schwerwiegend: Einerseits sehen sich die Vornehmen, die das römische Bürgerrecht genießen, auf diese Weise mit einer Art doppeltem Paß versehen; was die anderen angeht, Frauen, Sklaven, kleine Leute ohne bürgerliche Identität, so werden sie hier mit einer Würde ohne vergleichbaren Gegenwert ausgestattet: «Bürger des Himmels!» Von daher läßt sich die brutale Reaktion der Macht sehr gut verstehen. Aber woher kommen der gemeine Haß, die unsinnigen Verleumdungen, die immer wiederkehrenden Anzeigen? Sie erklären sich aus Angst vor (entscheidenden) Unterschieden. Bei diesem Mosaik von Völkern, Religionen und Sprachen, welches das römische Reich darstellt, bestimmt ein harter Zement einen Platz für jeden und bindet auch jeden an seinen Platz. Dieser «herrschenden Ideologie» im wahrsten Sinne des Wortes, die in unscharfer Form auf Münzen und in Inschriften gegenwärtig ist und die Aufteilung des Raumes und die Einteilung der Zeit bestimmt, wird Aelius Aristides einige Jahre später eine «musikalische» Fassung geben:

> Wie eine saubere Flöte nach gründlicher Reinigung, so klingt die ganze bewohnte Welt noch mehr als ein gut abgestimmter Chor in einhelligem Ton und vereinigt ihre Gebete in dem Anliegen, daß für alle Zeiten eure Macht andauern möge.[23]

Dieses Bild, das auf Platon[24] zurückgeht, kehrt bei zahlreichen Autoren dieser Epoche wieder. In ihm kommt der Rechtfertigungsmythos des römischen Imperialismus vollkommen zum Ausdruck. Indem die Römer einfach die «Barbaren» (Germanen) und die «Nomaden» (Parther), die sie sich nicht einverleiben können[25], verdrängen und stolz über Inder und Chinesen, mit denen sie trotzdem Handel[26] treiben, hinwegsehen, schaffen sie es, ihr Reich als die Gesamtheit der «bewohnten Welt» *(oikumene)* aufzufassen. Sie zögern daher auch nicht, Prinzipien für alle festzulegen, welche sie in Anlehnung an die Stoiker «Naturrecht»[27] nennen. Schon Cicero bekräftigte in seiner Abhandlung «Vom pflichtgemäßen Handeln»: «Wir müssen diese Einheit und dieses Gemeinwesen für das ganze Menschengeschlecht in Ehren halten, bewahren und aufrechterhalten.»[28]

Dieses Unterfangen mag nur jenen übertrieben erscheinen, die dazu schon ohnehin einen gewissen Abstand haben. Dies ist genau bei den Christen der Fall, die wegen ihres doppelten Treueverhältnisses den notwendigen Rückhalt haben, um nicht völlig ins allgemeine Konzert einstimmen zu müssen. Ein ganzer Teil von ihnen fühlt sich wie auf einer

«Durchgangsreise» und ist stets bereit, die Koffer zu packen. In gewisser Weise könnte man sagen, daß sie «mit den Gedanken anderswo sind», und das macht immer einen schlechten Eindruck.

Wie um diesen schlechten Ruf auszugleichen, bemühen sich die Christen, zumindest einige unter ihnen, in paradoxer Weise darum, Beweise ihrer Loyalität und Vertrauenswürdigkeit zu liefern. Übrigens würden es auch ihre Verantwortungsträger am liebsten sehen, wenn überall Einklang herrsche ...[29] Einer ihrer Texte wird bald dafür ein merkwürdiges Zeugnis ablegen: Es sind die «Märtyrerakten des heiligen Polykarp»[30], des Bischofs von Smyrna, der nachweislich im Jahre 155 hingerichtet wurde. Man kann dabei eine sehr interessante semantische Entwicklung mitverfolgen: Das Adjektiv «katholisch», das bislang dazu diente, die Gesamtheit des Reiches zu bezeichnen, wird bei dieser Gelegenheit für «alle Gemeinden der heiligen katholischen Kirche, die es an jedem Orte gibt»[31], und «die über die ganze Erde verbreitete katholische Kirche»[32] *(he kata ten oikumenen katholike ekklesia)* verwendet. Damit enthüllt sich, was Trajan zweifellos nicht mutmaßen konnte: Die Kirche wird zur Rivalin des Kaiserreichs. Aber unvermittelt spricht der Text auch vom «Bischof der katholischen Kirche von Smyrna»[33] und meint damit Polykarp. Das Adjektiv hat hier keine geographische, sondern eine dogmatische Bedeutung: «katholisch» bezeichnet das Gegenteil von «häretisch» ...

Der Kreis hat sich geschlossen. Diejenigen, die aus der Kirche eine Wahrheitsinstanz machen wollen, die allein die Schlüssel zum Evangelium in Händen hält, finden sich in der Logik des Imperialismus wieder. Die Verfolgten schicken sich an, Verfolger zu werden.[34] Die Kirche wird nicht länger als ein schäbiger Verein kleiner Leute angesehen werden.

4. Sequenz:
Der Papyrus 52, um das Jahr 125

Was ist Wahrheit?

Die Bauern von Oxyrhynchos in Ägypten haben späte Vergeltung geübt[1]: Die Gelehrten der ganzen Welt streiten sich 19 Jahrhunderte nach ihrem Tod über ihre Rechnungsbücher, ihre Briefe, die Urkunden ihrer Prozesse vor den römischen Behörden ... Der geringfügigste Papyrus wird hinter den Ladentischen Kairos mit Gold aufgewogen. Der Ansturm hatte 1877 begonnen, als in der Anlage von Crocodilopolis im Bezirk Al Faijum eine Masse von Dokumenten zu Tage gefördert wurde, die sogleich durch das Museum von Wien aufgekauft wurden. Seitdem hat man Tausende dieser «Papiere» aufgefunden, deren Herstellung von Plinius dem Älteren sorgfältig geschildert wird:

> Das Papyrum wächst also in den sumpfigen Gegenden Ägyptens oder dort, wo der Nil nicht strömt und das ausgetretene Wasser sumpft und nicht über zwei Ellen *(cubitus)* Tiefe hat ... Papier verfertigt man aus Papyrum, indem man den Stengel mit einer Nadel in dünne, möglichst breite Baststreifen teilt. Die besten sind die aus der Stengelmitte (griech. *biblos*) und dann von da der Reihe nach die anderen Streifen ... Die Baststreifen werden auf einem mit Nilwasser benetzten Brette zusammengeklebt, und die trübe Flüssigkeit verrichtet dabei den Dienst des Kleisters. Zuerst wird auf das Brett ein Streifen der ganzen Länge nach platt aufgestrichen, das Überstehende auf beiden Seiten abgeschnitten und das Gewebe durch Querlagen vervollständigt. Hierauf wird das Ganze gepreßt, die Blätter werden an der Sonne getrocknet und miteinander verbunden ... In einer Lage befinden sich nie mehr als 20 Blätter.[2]

Man schrieb mit einem abgeschrägten Schilfrohr, das man in eine Tinte eintauchte, die aus Ruß, Gummimasse und Wasser angerührt wurde.

Im Jahre 1920 erwarb der britische Gelehrte Bernard P. Grenfell, der durch seine monumentale Ausgabe der Dokumente von Oxyrhynchos[3] berühmt wurde, ein Paket Papyri, die er in die Bibliothek von John Rylands in Manchester einstellte. Von dem Haufen blieb ein kleiner Fetzen von 9 auf 6 cm unbeachtet; als «Rylands 457» eingeordnet, hatte er weiter keine Aufmerksamkeit erregt, bis im Jahre 1935 C.H. Roberts den Einfall hatte, ihn zu entziffern[4]: Es war ein Stück aus dem Johannesevangelium und ließ sich auf einen Zeitraum nach 125 datieren. Seine Veröffentlichung schlug wie eine Bombe ein: Bis dahin kannte man nur Manuskripte, die frühestens aus dem 3. Jahrhundert stammten. Die Entdeckung dieses Beweisstücks (seitdem als «Papyrus 52» bezeichnet) zerstörte endgültig die Spekulationen gewisser Kritiker über die «späte» Abfassung der Evangelien.

Man hat seitdem keine ältere Abschrift mehr gefunden. Wir haben es hier also mit dem ältesten Textzeugen des «Neuen Testamentes» zu tun.[5] Er belegt, daß die Texte des Neuen Testaments schon weit genug verbreitet waren, um es einem ägyptischen Bauern, einem römischen Soldaten oder irgendeinem Beamten, der in dieser entlegenen Ecke des Reiches Dienst tat, zu ermöglichen, sie sich zu besorgen.

Während man also in den christlichen Gemeinden weiterhin die ins Griechische übersetzte jüdische «Bibel» (die «Septuaginta») las, bewahrte man auch die Abschriften der Texte derjenigen, die den Herrn Jesus gekannt hatten, sorgfältig auf. Diese Manuskripte wurden alsbald aus dem Griechischen ins Lateinische, Syrische, Koptische (ein ägyptischer Dialekt), später auch ins Gotische, Armenische, Georgische, Äthiopische übersetzt (heute zählt man davon mehr als 5000 Exemplare). Sie gingen überall in Form kleiner Hefte *(codex)* aus zusammengenähten Papyrusblättern (und nicht mehr in Form der traditionellen Rolle, dem *volumen*) von Hand zu Hand. Mitgeschleppt in den Brotbeuteln der Legionäre, im Koffer der Händler und in der Tasche von Damen auf Vergnügungsreise überquerten sie die Meere und überstiegen sie die Gebirge; man kannte sie auswendig, zitierte sie in Briefen und in Büchern. Wenn man über einige Mittel verfügte, leistete man sich den Dienst eines Abschreibers. Einige gaben sich Mühe, andere erledigten ihre Arbeit zu übereilt; Irrtümer, die allen Schreibern geläufig sind, häuften sich: Wiederholung des gleichen Wortes, Auslassung, Vermischung von Zeilen, Umstellung und Ersetzung von Buchstaben usw. Nicht gerechnet die Unkenntnis von Abkürzungen und Eigennamen ... und schließlich die Rechtschreibefehler.[6]

Oft geschah es auch, daß gerade die Wohlmeinendsten unter den Schreibern nicht zögerten, ihre Vorlage zu berichtigen, sei es, um das vermeintliche Original wiederherzustellen, sei es, um eine Wendung, die den grammatischen Regeln mehr entsprach, wieder in Kraft zu setzen, sei es, um einen bestimmten Text des Matthäus mit einem entsprechenden Text bei Lukas in besseren Einklang zu bringen, sei es, um eine unverständliche Stelle zu verdeutlichen, sei es, um einen Punkt der Lehre zu unterstreichen oder abzuschwächen. Um 240 wird sich Origenes über diese Verstümmelungen beklagen:

> Heute steht fest, daß es viele Abweichungen in den Manuskripten gibt, sei es wegen der Nachlässigkeit gewisser Abschreiber, sei es wegen der verwerflichen Kühnheit, mit der einige den Text berichtigt haben, sei es wegen der Tat derjenigen, die nach ihrem Gutdünken die Rolle des Korrektors gespielt und etwas hinzugefügt oder weggelassen haben.[7]

Im 4. Jahrhundert wird der heilige Hieronymus, als er sich bemüht, eine «kritische» Ausgabe der Evangelien zu erstellen, über den «Harmonisierungseifer» seiner Vorläufer in Zorn geraten:

> Die zahlreichen Fehler, die sich in unsere Manuskripte eingenistet haben, kommen zuerst durch den Tatbestand, daß die Erzählungen der Evangelien mit dem gleichen thematischen Bezug wechselweise ergänzt wurden. Darüber hinaus rühren sie davon her, daß man, um Unterschiede in den Evangelien aus dem Weg zu räumen, das erste beste als Grundtyp angenommen und dann Wert darauf gelegt hat, die anderen an diesem auszurichten.[8]

Der Papyrus 52, so klein wie er ist, stellt eine dieser «Varianten» dar. Vorderseitig und rückseitig in gut lesbaren, schönen Minuskeln beschrieben, lassen sich in seinem jetzigen Zustand jedoch nur sieben stark beschädigte Zeilen mit insgesamt höchstens 10 Wörtern erkennen.[9] Trotzdem kann man ohne Schwierigkeit die Verse 31-33 sowie 37-38 aus dem 18. Kapitel des Johannesevangeliums ermitteln, das über den Auftritt Jesu vor Pilatus berichtet:

> Die Juden sprachen zu ihm: «*Wir* haben nicht das Recht, *jemanden* hinzurichten.» *So sollte das Wort* Jesu erfüllt werden, womit er *angedeutet hatte*, welch eines Todes er werde *sterben* müssen. Da *ging Pilatus* wieder in das Prätorium hinein, ließ Jesus rufen *und sagte* zu ihm: «Du bist der König der Juden?»
>
> Jesus antwortete: «Sagst du das von dir aus, oder haben es andere dir von mir gesagt?» Pilatus antwortete: «Bin ich denn ein Jude? Dein Volk und die Hohenpriester haben dich mir ausgeliefert. Was hast du getan?» Jesus antwortete: «Mein Reich ist nicht von dieser Welt. Wenn mein Reich von dieser Welt wäre, hätten meine Diener gekämpft, daß ich den Juden nicht ausgeliefert worden wäre. Nun aber ist mein Reich nicht von hier.»
>
> Da sagte Pilatus zu ihm: «Also bist du doch ein König?» Jesus antwortete: «Du sagst es: Ich bin ein König. *Ich bin dazu* geboren und dazu in die Welt gekommen, um für die Wahrheit *Zeugnis abzulegen*. Jeder, der *aus der Wahrheit* ist, hört auf meine Stimme.» Pilatus sagte *zu ihm*: «Was ist Wahrheit?»

Eine erste Feststellung: der wiedererstellte Papyrus umfaßt weniger Buchstaben als die entsprechenden Zeilen des Textes, wie man ihn von anderen Manuskripten her kennt. Das rührt daher, daß der Abschreiber Abkürzungen verwendet hat, wahrscheinlich für den Namen Jesu, der fünfmal vorkommt. Weiter fallen zwei Ausdrücke auf, die in einer phonetischen Umschrift und nicht in der regulären Schreibweise geschrieben sind: *emein* statt *emin* und *iselthen* statt *eiselthen*. Dieser Hinweis auf die gängige Aussprache des Griechischen im 2. Jahrhundert teilt uns auch mit, daß die Abschreiber und die Leser dieser christlichen Texte keine gebildeten Sprachpuristen, sondern Hausfrauen und Handwerker waren, die schrieben und lasen, wie sie sprachen. Aber, und das ist nicht die unwichtigste Beobachtung, die Sprache der Evangelien und der Briefe der

Apostel ist genau die Sprache, die sie selber sprechen: nicht das Griechisch von Platon und Demosthenes, das in den Schulen gelehrt wird, sondern das Umgangsgriechisch *(koine)*, dessen man sich in allen Häfen und auf allen Märkten des römischen Reiches, zumindest in dessen östlichem Teil, bedient.

Um zu belegen, daß man die Papyri (Briefwechsel, Rechnungen, Einladungen, Listen, Gesuche ...) kennen sollte, wenn man die Sprache der christlichen Texte verstehen will, mögen zwei Beispiele genügen:

In dem Brief, den Paulus wegen des Sklaven Onesimus[10] an Philemon richtet, sagt er zu diesem: «Vielleicht ist er nämlich nur deshalb eine Zeitlang von dir getrennt worden, damit du ihn für die Ewigkeit zu eigen bekämst, nicht mehr als bloßen Sklaven, sondern als etwas weit Höheres denn einen Sklaven, nämlich als lieben Bruder.»[11] Mit dem deutschen Ausdruck «zu eigen bekommen» wurde das griechische Verb *apecho* übersetzt. Unzählige Papyri und *ostraka* (Tonscherben, auf die man ebenfalls schrieb) beweisen, daß dies ein Fachausdruck aus der Buchhaltung ist, der soviel bedeutet wie «eine Quittung erhalten»[12]. Der Brief an Philemon, ohnehin vollgepfropft mit kommerziellen Ausdrücken (Genosse / Teilhaber, Schuld, Schaden, anrechnen, zahlen, Nutzen ziehen, eigenhändige Unterschrift), bekommt also eine weitergehende Bedeutung durch dieses Indiz, welches das Verhältnis von Paulus und Philemon im Lichte einer Verhandlung zwischen Gläubiger und Schuldner erscheinen läßt.

Derselbe Paulus erklärt, als er den Thessalonichern das zweite Mal schreibt, weil sie nicht arbeiten, da sie zu sehr damit beschäftigt sind, auf die Wiederkehr Christi zu warten: «Wir haben nämlich gehört, daß einige unter euch einen faulen Lebenswandel führen.»[13] In Wirklichkeit hat *ataktos* eine spezielle Bedeutung, die man bei seiner häufigen Verwendung in Lehrverträgen finden kann: «fehlen, nicht regelmäßig zur Arbeit kommen»[14]. Die Bemerkung von Paulus gewinnt damit noch an Profil: Er wirft also den Thessalonichern vor, daß sie unter dem Vorwand des drohenden Untergangs der Welt sich aus der Geschichte verabschieden ...

Liegt hier nicht genau der strittige Punkt im Prozeß gegen Jesus nach Johannes? Die anderen drei Evangelien (die «Synoptiker»[15]) stellen einen «König der Juden» nach Art des Herodes einem «König Israels» gemäß den Propheten gegenüber. Johannes seinerseits läßt die Hohenpriester sagen: «Wir haben keinen König außer dem Kaiser»[16]; zum Kontrast dazu legt er Jesus einen Satz in den Mund, der zweifellos besagt: «Mein Königsein, das, was mich zum König macht, kommt nicht von dieser Welt.»[17] Aber der Begriff *basileia*, den wir mit «Reich, Königtum, Königsein» übersetzen, ist auch der Begriff, der dazu dient, das römische Kaiserreich zu bezeichnen ... Das Vorhandensein des «Papyrus 52» im Ägypten der Jahre um 125 bezeugt also für die Christen zur Zeit Hadrians das Bewußtsein von einem speziellen Unterschied: Während die Juden so an ihren religiösen Vorrechten hängen, daß sie ohne Vorbehalt das «Königtum» des Caesars anerkennen, nehmen die Jünger Jesu eine andere «Wahrheit» für sich in Anspruch.

Genau gesagt, kommt das Wort «Wahrheit» *(aletheia)* bei Johannes 23 mal vor, während es bei den Synoptikern äußerst selten ist. Jesus, der «in die Welt gekommen ist, um für die Wahrheit Zeugnis abzulegen» (Joh 18,37), sagt von sich selbst: «Ich bin der Weg und die Wahrheit und das Leben.» (Joh 14,6) Um das zu verstehen, muß man «in der Wahrheit sein», d.h. «die Wahrheit tun» (Joh 3,21). Dieser auf den Offenbarungscharakter einer Wahrheit, die es nicht zu erobern, sondern anzunehmen gilt, gesetzte Akzent mußte mehr als einen Zuhörer überraschen, der sich an die Selbstverständlichkeit der griechischen Begrifflichkeit (im Griechischen bedeutet *alethes* das, was nicht verborgen ist) gewöhnt hatte. Für Epiktet ist die Vernunft das Kriterium der Wahrheit. Für einen Christen ist dies Christus. Wohlgemerkt ist das ein hochgradig jüdisch-biblisches Verständnis dieses Begriffs: Die Wahrheit ist die wechselseitige Treue zwischen Gott und seinem Volk.[18]

Trotz allem kann ein Römer sehr wohl diese Art von ungleicher Beziehung verstehen: Für ihn ist sie die Grundlage des Gesellschaftsvertrags.[19] «Die Wahrheit tun» bestand dabei darin, die Unterschiede der Klassen und Stände anzuerkennen sowie seine Verpflichtungen gegenüber Herr, Arbeitgeber, Princeps und Göttern zu erfüllen. Es ging nach Epiktet darum, «die gesellschaftlichen Beziehungen aufrechtzuerhalten, seien sie natürliche oder auferlegte, die des Sohnes, des Vaters, des Bruders, des Bürgers, des Ehegatten, der Ehefrau, des Nachbarn, des Reisegefährten, des Regierenden, des Regierten.»[20] In diesem System von bis ins kleinste geregelten Beziehungen aber bildet der Kaiser den Schlußstein: «Als Vater des Vaterlandes setzt er dem politischen Gebäude die Krone auf, indem er den Inbegriff der in den Dimensionen einer riesigen Familie, wo die zwischenmenschlichen Beziehungen triumphieren, gedachten römischen Welt bildet.»[21]

Und genau hier sagen die Christen: Wir können nicht *(non possumus)*! Ohne irgendeine der Aufgaben zurückzuweisen, die ihnen zufallen, beanspruchen sie, einem «Herrn» die Ehre zu erweisen, der «nicht von dieser Welt ist» und vor dem zu erscheinen, im Bedarfsfall alle bestehenden Autoritäten aufgerufen werden können. Der kleinste Fellache von Oxyrhynchos wie der ehrwürdigste Senator bewahren beide, wenn sie Christen sind, jenen äußerst winzigen, aber unwiderruflichen Abstand: die Gewißheit, daß in dieser Welt alles Absolute relativ und jede Wahrheit vergänglich ist sowie jede Macht den Keim des Totalitarismus in sich trägt.

Leider lesen nicht alle Christen das Johannesevangelium auf diese Weise. Einige träumen schon von einer Monarchie, die sehr wohl von dieser Welt wäre, und von einer Wahrheit, die keinen Widerspruch dulden würde. Warum sollte man nicht angesichts dieses ungerechtfertigten Anspruchs das skeptische Lächeln des Pilatus billigen: «Was ist Wahrheit?»

5. Sequenz:
Der «Bestattungsverein auf Gegenseitigkeit» von Lanuvium, 1. Januar 133

Ein Brötchen und vier Sardinen

Die Verliebten fahren über die Via Appia im leichten, mit kurzhaarigen Ponys bespannten Kabriolett gerne dorthin.[1] Die kleine Stadt Lanuvium, 20 Meilen südlich von Rom auf einem Hügel gelegen, von wo aus man das Meer sieht[2], bietet so manchen angenehmen Spaziergang, besonders am Ufer des Sees von Nemi entlang, der Diana, der Königin des Waldes, geweiht ist.

Die Gegend ist auch berühmt für ihre zahlreichen Ziegeleien *(figlinae)*, denen die von Trajan eingeleiteten Bauprojekte (das neue Forum und der Großmarkt von Rom) einen neuen Aufschwung gebracht haben. Einer der bedeutendsten Besitzer einer *figlina*, nämlich T. Fulvius Antoninus, ist in Lanuvium geboren. Sein unvorstellbares Glück erlaubte es ihm, alle Stufen auf der Treppe der öffentlichen Ehren hinaufzusteigen. Ab 120 hatte er eines der vier von Hadrian zur Überwachung der italischen Justiz geschaffenen «konsularischen» Ämter inne; 134 wird er Prokonsul von Asia; und 138 wird er unter dem Namen Antonius Pius Nachfolger von Hadrian auf dem Kaiserthron.

Lanuvium hat also eine einflußreiche Aristokratie. Es gibt hier sogar einen «Frauensenat».[3] Aber auch die kleinen Leute *(tenuiores)* sind nicht ganz wehrlos. Im 16. Jahr der Regierung von Hadrian, an den Kalenden des Januar sind eine gewisse Anzahl von ihnen, Bürger und Sklaven, dabei, ein *collegium* zu gründen. Die Gründungsurkunde sieht wie folgt aus[4]:

> Unter dem Konsulat von Marcus Antonius Hiberus und Publius Mummius Sisenna wurde an den Kalenden des Januar der Unterstützungsverein auf Gegenseitigkeit «Diana und Antinous» gegründet, Lucius Caesennius Rufus, Sohn des Lucius von der Tribus Quirina, das vierte Mal Bürgermeister *(dictator!)* und Schutzherr dieser Landstadt.
>
> Bezugnehmend auf den Gegenstand des Beschlusses des Senats des römischen Volkes unter dem Titel: «Wem ist es gestattet, zusammenzutreffen, eine Versammlung zu bilden und einen Verein zu gründen?» (soll gewährleistet werden), daß diejenigen, die einen monatlichen Beitrag entrichten wollen, sich in einem entsprechenden Verein zusammenschließen können, unter der alleinigen Bedingung, daß sie sich nur einmal im Monat zum Zweck der Beitragszahlung sowie aus Anlaß einer Bestattung versammeln. Auf daß über den Kaiser

Caesar Trajan Hadrian Augustus, sein ganzes erhabenes Haus, die Unsrigen und unsern Verein Glück, Segen und Heil kommen mögen! Auf daß wir uns schicklich und regelmäßig versammeln, um einen ehrenvollen Hinübergang der Verstorbenen zu gewährleisten! Auch müssen wir alle der Beitragszahlung zustimmen, damit wir langfristig unsern Verein leistungsfähig halten.

Du, der du als neues Mitglied in unseren Verein eintreten willst, lies zuerst sorgfältig die Vereinssatzung, damit du nicht nachher Klage erhebst oder deinen Erben einen Prozeß hinterläßt. Dann trete ein.

VEREINSSATZUNG

Mit allgemeiner Billigung soll jeder, der in den Verein eintreten will, als persönliche Einlage 100 Sesterzen und einen Krug guten Wein entrichten. Darüber hinaus soll er einen Monatsbeitrag von 5 As zahlen.

Ebenfalls mit allgemeiner Billigung werden im Todesfall die Bestattungsfeierlichkeiten eines Mitglieds, das seinen Beitrag sechs Monate in Folge nicht entrichtet hat, nicht vom Verein ausgerichtet, selbst wenn der Betreffende ein Testament zugunsten des Vereins gemacht haben sollte.

Ebenfalls mit allgemeiner Billigung wird die Kasse beim Todesfall eines jeden Mitglieds, das regelmäßig seinen Beitrag gezahlt hat, für die Bestattungsfeierlichkeiten 300 Sesterzen bereitstellen, wovon 150 als Leichengabe vor den Scheiterhaufen gestreut werden. Der Leichenzug wird sich dann unverzüglich in Gang setzen.

Ebenfalls mit allgemeiner Billigung wird derjenige, der sich, aus welchen Gründen auch immer, selbst tötet, keine Bestattung auf Kosten des Vereins erhalten.

Ebenfalls mit allgemeiner Billigung muß jeder Sklave, der Mitglied des Vereins ist, nach seiner Freilassung einen Krug guten Wein stiften.

Von den Vorsitzenden eines Festmahles, wozu die vier nächsten, die an der Reihe sind, bestimmt werden müssen, hat jeder an den Platz der Tafel einen Krug guten Wein zu stellen; entsprechend der Zahl der Mitglieder des Vereins sind ebensoviele Brote zu 2 As sowie pro Mitglied vier Sardinen bereitzulegen; in gleicher Weise sind Polster, warmes Wasser und Geschirr zu besorgen.

Ebenfalls mit allgemeiner Billigung muß jemand, der eine Klage oder eine Meldung vorzubringen hat, dies nach einer Versammlung tun, damit wir glücklich tafeln und den Festtag genießen können.

Ebenfalls mit allgemeiner Billigung muß jeder, der sich wegen einer Zwistigkeit vom Festmahl entfernt, eine Ordnungsstrafe von vier Sesterzen zahlen. Wenn jemand einen anderen beleidigt oder einen Tumult angezettelt hat, muß er gleichfalls 12 Sesterzen Strafe zahlen. Wenn jemand im Laufe eines Festmahls einen Fünfjährigen (Mitglied des Vereinsvorstandes) beleidigt oder beschimpft hat, muß er 20 Sesterzen Strafe zahlen.

«Einen Verein, der sich gegenseitigen Beistand versichert», nennt man das. Aber der im Bezug erwähnte Senatsbeschluß begrenzt die Versammlungsrechte auf einen engen Rahmen: nämlich auf Beitragszahlung und Teilnahme an den Bestattungsfeierlichkeiten für die Mitglieder.

Damit liegt offen zutage, wovon diese Arbeiter in den Ziegeleien, diese Handwerker und Bediensteten träumen: von einem schönen Begräbnis! Sie wollen sich der Ruhe und des Glücks in einem anderen Leben vergewissern, da sie in diesem Leben nicht in diesen Genuß kommen konnten ... Nicht enden wie ein Hund, «ehrenhaft auf die andere Seite gelangen», ordnungsgemäß bestattet werden, indem die Riten befolgt werden, von denen man zwar nicht viel versteht, deren Befolgung man aber immer erlebt hat und die wenigstens dem letzten Akt eines eintönigen und finsteren Daseins eine gewisse Feierlichkeit verleihen. Hierfür tut man, was man kann; man legt das Ergebnis von 25 Arbeitstagen auf die Seite: 100 Sesterzen ...

Was der Gesetzgeber aber nicht vorhergesehen hatte: die monatliche Zusammenkunft zur Eintreibung des Beitrags von 5 As (ein halber Denar) ist ein willkommener Anlaß, sich zu treffen und gut gelaunt bei einem Glas Wein zu diskutieren. Man würde sogar ein kleines Festessen organisieren können. Allein, woher soll man das Geld nehmen? Warum soll man nicht einen der Herren vom Stadtrat, einen Vertreter des Großbürgertums, das immer bereit ist, sich großzügig zu zeigen, im Hinblick darauf, daß ihm dann amtlicherseits Anerkennung und öffentlicher Beifall winkt, angehen? Also macht man sich auf, den Herrn Bürgermeister zu gewinnen (der hier den altmodisch überzogenen Namen «Diktator» hat) ... L. Caesennius Rufus läßt sich rasch überzeugen: Er wird 400 Denare einzahlen, die, zu 5 % angelegt, jedes Jahr 800 Sesterzen einbringen. Aber er muß auch seinen Namen und seinen Titel als «Schutzherr» am Kopf der Gründungsurkunde eintragen und selbige gut sichtbar im Säulengang des brandneuen Tempels anbringen, der soeben zu Ehren von Antinous, dem schönen Lieblingsjüngling von Hadrian, der vor drei Jahren auf tragische Weise in Ägypten verschwand, erbaut worden ist.

Das wäre geschafft! Der Verein ist gegründet. Das Statut wurde in der Vollversammlung verabschiedet. Der Beitritt ist jedermann (den kleinen Leuten) gestattet, auch den Sklaven, natürlich mit der Zustimmung ihrer Herren. Wenn sie die Freilassung bekommen, müssen sie einen Krug guten Wein stiften. Die Organisation ist nach dem Muster der Stadtverwaltung aufgebaut: Jedes Jahr werden «Vorsitzende» *(magistri)* gewählt und insbesondere mit der Durchführung dessen beauftragt, was neben den Bestattungen die Hauptbeschäftigung des Vereins darstellt: die Festessen.

Diese finden sechsmal im Jahr statt, vor allem an den Jahresfesten der Diana (an den Iden des April, also am 13.) und des Antinous (am 5. Tag vor den Kalenden des Dezember, also am 27. Nov.). Mit den 800 Sesterzen, die das von Herrn Rufus eingebrachte Kapital abwerfen, wird man jedoch keine großen Sprünge machen können: Vier Krüge guten Wein, für jeden Gast ein Brötchen und vier Sardinen ... Natürlich wird noch jeder Teilnehmer zusätzlich etwas mitbringen, aber alles in allem, welch mageres «Schlemmermahl»!

Und dennoch hat dieses «Festessen» (man hält an dieser Bezeichnung fest, weil sie Erinnerungen an die bei den Reichen beobachtete Pracht hervorruft) eine solche Bedeutung für diese einfachen Leute, daß sie sich eigens die Mühe machen, jede ernsthafte Auseinandersetzung und jede Klage während der Festversammlung durch vertragliche Regelung zu unterbinden. Streitereien und Schlägereien, die sicherlich häufig waren, nachdem man getrunken hatte, wurden im vornhinein mit dem Grad der Schädigung angemessenen Strafsätzen bedacht. So wird man dann «in Glück und Freude die Festtage begehen können» ...

Im Verein von Lanuvium wird also alles zum besten stehen, wenn jedes Mitglied regelmäßig seinen Beitrag zahlt ... Dessen scheint man sich nicht absolut sicher gewesen zu sein, denn man mußte es eigens in der Satzung regeln und sogar den Fall vorsehen, daß wegen unterlassener Zahlung in sechs aufeinanderfogenden Monaten der Verein die Bestattungsfeier nicht ausrichtet. Dieses finanzielle Bedenken findet sich fast bei allen Bestattungsvereinen. Im fernen Dakien (Rumänien), das jüngst erst von Trajan erobert wurde, wird sich in diesem Zusammenhang im Jahre 167 ein kleines Drama abspielen[5]:

KOPIE EINER ERKLÄRUNG,
DIE ZU GROSS-ALBURNUM NAHE BEI DER AMTSSTUBE
DES RESCULIUS BEKANNTGEMACHT WURDE.

Artemidor, Sklave des Apollonius, Vorsitzender des Vereins «Jupiter Cernenius», und mit ihm Valerius, Sklave des Nikon, und Offas, Sklave des Menofiles, Kassierer des genannten Vereins, teilen der Öffentlichkeit durch diese Erklärung mit, daß von den 54 Mitgliedern des Vereins in Alburnum nur noch 17 übrig geblieben sind; daß Julius, Sklave des Julius, der zusammen mit Artemidor den Vorsitz führte, seit dem Tag seiner Wahl Alburnum nicht mehr betreten und sich im Verein nicht mehr hat sehen lassen; daß Artemidor den gegenwärtigen Mitgliedern alle Rechnungen vorgelegt und ihnen bewiesen hat, daß er das von ihnen bereitgestellte Geld entweder zurückerstattet oder für die Bestattungsfeiern der Vereinsmitglieder verausgabt hat; daß er den von ihm zur Sicherheit verlangten Bürgschaftsbetrag wieder an sich genommen hat; daß er im Augenblick kein Geld mehr in der Kasse hat, um die Kosten für eine Bestattung zu bezahlen, und daß man über keine einzige Grabstätte mehr verfügt; daß schließlich seit langem niemand mehr eine Versammlung an den von der Vereinssatzung festgelegten Tagen hat besuchen, die Beiträge bezahlen und die erforderlichen Geschenke hat machen wollen.

Dies wollten wir durch die gegenwärtige Erklärung der Öffentlichkeit mitteilen, damit keines der Mitglieder, wenn es zum Sterben kommt, die Vorstellung hegt, der Verein bestünde noch, und es habe das Recht, eine bestimmte Summe zu verlangen.

Gegeben zu Groß-Alburnum, am 5. Tag bis zu den Iden des Februar, unter dem Konsulat von L. Aurelius Verus und Quadratus.

Nicht alle *collegia tenuiorum* (Vereine kleiner Leute) sind so geschrumpft wie der Verein von Alburnum. Die Witwe des Leiters der Museen stiftet in Rom unter Antoninus Pius eine Summe von 50 000 Sesterzen für den Verein «Äskulap und Hygieia», deren Zinsertrag nach einer bestimmten Rangordnung (von 6 bis 2 Denare) an die Mitglieder ausgeschüttet wird; sie stellt ihnen auch ein Gelände zur Verfügung, auf dem sich eine kleine *schola* (Ort der Entspannung; später entsteht daraus das Wort «Schule») befindet, die mit einem, von einem Schatten spendenden Weinspalier eingerahmten Hof umgeben ist, wo man sich erfrischen kann, und die auch eine Sonnenterrasse hat, wo man Festessen abhalten kann.[6]

Die Wohltäterschaft der Reichen scheint demnach eine Umverteilung der Güter zu erwirken.[7] Aber wie alle Schenkungen kommen auch diese unter dem Gesichtspunkt eines gewissen Austauschs zustande: L. Caesennius Rufus in Vanuvium und die Witwe des Leiters der römischen Museen erwarten als Rückmeldung auf ihr Geld Achtung und Zeichen öffentlicher Anerkennung, kurz gesagt also: ein Festigung der Bindung zwischen ihnen und ihrer Klientel. In einer Gesellschaft, wo familiäre Beziehungen, Eigentumsverhältnisse und das System der Klientel unentwirrbar miteinander verflochten sind, ist ein Vornehmer in gewissem Sinne gezwungen, unmittelbar in das Leben der von ihm Abhängigen einzugreifen. Dies ist eine mit seiner sozialen Situation verknüpfte Pflicht. Die große Freigebigkeit ist Teil des «standing», eine klassenbedingte Notwendigkeit.[8]

In seiner Heimatstadt Como hat Plinius der Jüngere Millionen ausgegeben, um eine Schule, eine Bibliothek, eine Stiftung für arme Kinder und einen Cerestempel einzurichten. Herodes Atticus, ein Freund Hadrians, stattet Athen mit mehreren Bauwerken aus, darunter das berühmte Odeon. Ihm schreibt man den Ausspruch zu: «Das Geld der Reichen soll dem Glück der Armen dienen.»[9] Vergessen wir unterdessen allerdings ein sehr erhellendes Detail nicht, das in der Satzung von Lanuvium wie auch in derjenigen des Vereins «Äskulap und Hygieia» vermerkt ist: Es sind die dem Rang nach am höchsten stehenden Mitglieder der Vereine, also die am wenigsten bedürftigen, die die bedeutsamsten Zuwendungen erhalten ...[10]

Und dann sind alle diese großzügigen Stiftungen im wesentlichen doch Abschöpfungen des Mehrwertes, den die Kleinbauern und Landarbeiter geschaffen haben, die schließlich 19 von den ungefähr 60 Millionen Einwohnern des Kaiserreichs ausmachen. Im übrigen nützen die Freigebigkeiten vor allem den Städtern. Die in hohem Maße Abgeschriebenen der römischen «Katholika» sind die *pagani*, die Bauern, die in den *pagi* leben, den Landstrichen, die um die Städte herum liegen und sie versorgen.[11] Auch hier ist eine sehr aufschlußreiche Bedeutungsentwicklung festzustellen: Für die Christen wird *pagani* bald schon so viel bedeuten wie «Heiden» ... Muß man darin ein Zeichen einer geringeren Evangelisation der ländlichen Gebiete erblicken oder eher den Beweis, daß die einflußreichen Christen, vornehme Laien und die verantwortlichen Kleriker, sehr schnell die Organisation der Kirche entsprechend derjenigen des Kaiserreiches gestaltet haben? Einige zumindest, das ist unbestreitbar, zeigen sich völlig bereit, mit der Macht einen «konstruktiven Dialog» zu beginnen.

6. Sequenz:
Justin der Apologet, Rom im Jahre 150

*Was immer sich also trefflich gesagt
findet, gehört uns Christen an*

Die Christen bilden keineswegs eine Geheimgesellschaft. Ihre Zusammenkünfte finden am hellichten Tage statt. Fest steht allerdings, daß sie nicht jedermann zugänglich sind: Man muß, um teilnehmen zu dürfen, offiziell in die Gemeinschaft eingeführt («initiiert») worden sein, d.h. das «Bad zur Nachlaßung der Sünden und zur Wiedergeburt», griechisch *baptisma* genannt, empfangen haben. Dies verleiht natürlich ihren Zusammenkünften einen «sektiererischen» Charakter, der zweifellos eine Erklärung dafür liefert, warum über sie so viele Gerüchte in Umlauf sind.

Deshalb unternimmt es im Jahre 150 einer von ihnen, Justin, eine Antwort auf diese Verleumdungen zu geben, indem er ganz einfach erzählt, wie die «Sonntagsliturgie» abläuft[1]:

> An dem Tage, den man Sonntag nennt, findet eine Versammlung aller statt, die in Städten oder auf dem Lande wohnen; dabei werden die Denkwürdigkeiten der Apostel oder die Schriften der Propheten vorgelesen, solange es angeht. Hat der Vorleser aufgehört, so gibt der Vorsteher in einer Ansprache eine Ermahnung und Aufforderung zur Nachahmung all dieses Guten. Darauf erheben wir uns alle zusammen und senden Gebete empor. Darauf werden dem Vorsteher der Brüder Brot und ein Becher mit Wasser und Wein gebracht; der nimmt es und sendet Lob und Preis dem Allvater durch den Namen des Sohnes und des Heiligen Geistes empor und spricht eine lange Danksagung (Eucharistie) dafür, daß wir dieser Gaben von ihm gewürdigt worden sind. Ist er mit den Gebeten und mit der Danksagung zu Ende, so gibt das ganze Volk seine Zustimmung mit dem Worte «Amen». Dieses Amen bedeutet in der hebräischen Sprache soviel wie: Es geschehe! Nach der Danksagung des Vorstehers und der Zustimmung des ganzen Volkes teilen die, welche bei uns Diakonen heißen, jedem der Anwesenden von dem verdankten Brot, Wein und Wasser aus und bringen davon auch den Abwesenden.
>
> Diese Nahrung heißt bei uns Eucharistie. Niemand darf daran teilnehmen, als wer unsere Lehren für wahr hält, das Bad zur Nachlassung der Sünden und zur Wiedergeburt empfangen hat und nach den Weisungen Christi lebt. Denn nicht als gemeines Brot und als gemeinen Trank nehmen wir sie; sondern wie Jesus Christus, unser Erlöser, als er durch Gottes Logos Fleisch wurde, Fleisch und Blut um unseres Heiles willen angenommen hat, so sind

wir belehrt worden, daß die durch ein Gebet um den Logos, der von ihm ausgeht, unter Danksagung geweihte Nahrung, mit der unser Fleisch und Blut durch Umwandlung genährt wird, Fleisch und Blut jenes fleischgewordenen Jesus sei. Denn die Apostel haben in den von ihnen stammenden Denkwürdigkeiten, welche Evangelien heißen, überliefert, es sei ihnen folgende Anweisung gegeben worden: Jesus habe Brot genommen, Dank gesagt und gesprochen: «Das tut zu meinem Gedächtnis, das ist mein Leib», und ebenso habe er den Becher genommen, Dank gesagt und gesprochen: «Dieses ist mein Blut», und er habe nur ihnen davon mitgeteilt.

Wir aber erinnern in der Folgezeit einander immer hieran. Wer aber die Mittel und guten Willen hat, gibt nach seinem Ermessen, was er will, und das, was da zusammenkommt, wird bei dem Vorsteher hinterlegt; dieser kommt damit Waisen und Witwen zu Hilfe, solchen, die wegen Krankheit oder aus sonst einem Grunde bedürftig sind, den Gefangenen und den Fremdlingen, die in der Gemeinde anwesend sind, kurz, er ist allen, die in der Stadt sind, ein Fürsorger.

Am Sonntage aber halten wir alle gemeinsam die Zusammenkunft, weil er der erste Tag ist, an welchem Gott durch Umwandlung der Finsternis und des Urstoffes die Welt schuf und weil Jesus Christus, unser Erlöser, an diesem Tage von den Toten auferstanden ist.

Hat dieser Bericht genügt, um der feindseligen Haltung derer, die den Christen die übelsten Verbrechen vorwerfen, den Wind aus den Segeln zu nehmen? Jedenfalls liefert er wertvolle Informationen. Die christlichen Kirchen haben demnach den Brauch der jüdischen Zusammenkunft am Sabbat übernommen und dem Judentum insbesondere auch die Lesung der Propheten entlehnt. Indem sie aber diesen noch die Evangelien hinzufügen, bezeichnen sie auch näherhin, worin die Eigenart christlicher Schriftauslegung besteht: Die jüdischen Texte werden im Lichte des Christus gelesen, das «Alte Testament» wird als Ankündigung und Vorahnung des «Neuen» verstanden.

Andererseits gilt: Auch wenn der Ritus der «Eucharistie» noch nicht völlig festgelegt ist, denn der Vorsteher (dessen Rang offengelassen wird) betet nach eigenem Ermessen, «bis er zu Ende ist», so sind doch die wesentlichen Teile bereits sicher: Die Danksagung bildet die Grundlage, sozusagen die atmosphärische Stimmung. Als Feier der wohltätigen Kraft Gottes ist die Eucharistie zugleich auch Gedächtnisfeier, «Erinnerung an all das», was Jesus getan hat. Als gemeinsame Handlung wird der «Vater durch den Namen des Sohnes und des Heiligen Geistes» angerufen, wozu die ausdrückliche Zustimmung des versammelten «Volkes» verlangt wird, das seine «Gemeinsamkeit» *(communio)* nicht nur in Brot und Wein, sondern auch in der den Bedürftigen erwiesenen «Fürsorge» findet. Die Eucharistie ist also noch eine wirkliche Handlung des Teilens und nimmt darin Bezug auf das Ereignis der «Vermehrung der Brote» im Evangelium wie auch auf den Brief des Paulus an die Korinther[2]: «Weil es ein einziges Brot ist, sind wir viele ein einziger Leib, denn wir alle haben Anteil an dem einen Brot.» Die Kirche macht also die Eucharistie, aber das Eucharistie-Teilen macht auch die Kirche.

Insgesamt sind also schon alle wesentlichen Elemente des kleinen «Credo» vorhanden, das die Christen bald mit *symbolon* bezeichnen werden (beim *symbolon* handelte es sich um einen Gegenstand, den man zweiteilte, so daß die beiden zusammengehörenden Teile als Erkennungszeichen dienen konnten).[3] Indem er ihre Zusammenkünfte beschrieb, hat Justin sehr treffend zusammengefaßt, worin das «Glaubenssymbol» der Christen bestand.

Er selbst hatte es unter Gegebenheiten kennengelernt, die uns mitzuteilen, er glücklicherweise Sorge getragen hat. Justin wurde als Sohn heidnischer Eltern in einer alten Stadt in Samaria, das zu einer römischen Kolonie geworden war, geboren und wuchs in Griechenland auf. Er wurde zum begeisterten Anhänger des Platonismus, nachdem er beharrlich die verschiedenen Philosophenschulen aufgesucht hatte: «Die Erkenntnis der übersinnlichen Dinge nahm mich in höchstem Maße gefangen. Die Betrachtung der Ideen verlieh meinem Geiste Flügel. Nach kurzer Zeit hielt ich mich für einen Weisen. Ich war beschränkt genug zu hoffen, bald das Göttliche unmittelbar zu schauen, denn das ist das Endziel der Philosophie Platons.»[4]

Eines Tages traf er dann auf die Christen. Genauer gesagt: auf verfolgte Christen, die nach einer Anzeige der Todesstrafe ausgeliefert wurden. Schon nach der Dauer eines Herzschlages war ihm klar: «Denn auch ich kam, als ich ... von den verleumdeten Christen hörte, beim Anblick ihrer Furchtlosigkeit vor dem Tode und vor allem anderen, was für entsetzlich gilt, zu der Einsicht, daß sie unmöglich in Lasterhaftigkeit und Sinnenlust befangen sein könnten.»[5] Diese «Zeugen, die sich hinrichten lassen», haben in ihm die Lust geweckt, das, was sie bezeugen, näher kennenzulernen. Im folgenden einiges, was er dabei herausgefunden hat:

> Vor langer Zeit haben Menschen gelebt, die große Männer waren, älter als die sogenannten Philosophen, glückliche Menschen, gerecht und Gott wohlgefällig; sie redeten durch den Heiligen Geist und machten Voraussagen über die Zukunft, die sich mittlerweile erfüllt haben: man heißt sie Propheten. Sie allein haben die Wahrheit geschaut und sie den Menschen ohne Furcht und Ansehen der Person verkündet ...
>
> Sie haben sich nicht in der Form der Beweisführung geäußert, sondern jenseits aller Beweise waren sie getreue Zeugen der Wahrheit. Die vergangenen und gegenwärtigen Ereignisse zwingen uns dazu, ihrem Wort Glauben zu schenken. Die Wunderwerke, die sie vollbracht haben, unterstützen ihre Glaubwürdigkeit, denn sie haben Gott den Vater, den Schöpfer des Alls gepriesen und Christus seinen aus ihm kommenden Sohn verkündet ...
>
> Du aber bete vor allem darum, daß die Pforten des Lichtes dir offen stehen

mögen, denn niemand vermag etwas zu schauen oder zu verstehen, wenn Gott und sein Christus es ihm nicht zu verstehen gegeben haben.[6]

Justin notiert: «Plötzlich entzündete sich ein Feuer in meiner Seele. Ich wurde von Liebe zu den Propheten und diesen Freunden Christi ergriffen. Ich ging noch einmal alle ihre Worte in meinem Innern durch und erkannte, daß dies die einzig sichere und gewinnbringende Philosophie war.»[7]

Justin bleibt zutiefst Platoniker. Das Christentum ist für ihn eine Philosophie. Trotzdem gibt er merkwürdigerweise an, daß er nicht durch Vernunftgründe, sondern durch eine unwiderstehliche Anziehungskraft bekehrt wurde: «Von Liebe ergriffen ... ein Feuer ...». Natürlich «hat auch das Herz seine Gründe» und trotz allen Bemühens, seine Argumente logisch aufzubauen, entkommt Justin nicht dem Widerspruch zwischen seiner Beweisabsicht und dem irrationalen Charakter seiner glaubensmäßigen Zustimmung zu einer geoffenbarten Wahrheit:

> Alles, was wir als Lehren Christi und der ihm vorausgegangenen Propheten ausgeben, ist allein wahr und älter als alle Schriftsteller, die es gegeben hat; aber nicht deshalb, weil wir dasselbe wie sie lehren, verlangen wir Annahme unserer Lehre, sondern deshalb, weil wir die Wahrheit sagen.[8]

Gestützt auf eine Exegese, die ebensowenig diskussionsbereit wie präzise ist, erweist sich dieses Streben nach Unfehlbarkeit als seiner selbst so sicher, daß es auf einen in naiver Weise imperialistischen «Ökumenismus» hinausläuft: «Die, welche mit Vernunft lebten, sind Christen, wenn sie auch für gottlos gehalten wurden, wie bei den Griechen Sokrates, Heraklit und andere ihresgleichen, unter den Nichtgriechen Abraham [So! M.C.] ...»[9] Oder noch unverblümter: «Was immer sich also bei ihnen trefflich gesagt findet, gehört uns Christen an ...!»[10]

Diese unwahrscheinliche Dreistigkeit reizt beinahe schon wieder zum Lachen, und man kann sich die Vorstellung nicht verkneifen, wie ironisch Sokrates und Heraklit darauf reagiert hätten ... Aber die Sache ist ernst. Jede Form von Fanatismus ist möglich, wenn eine Gruppe von Menschen sich derart zur Besitzerin der Wahrheit aufschwingt, das Gute vom Bösen trennt und über das Glück der Menschen gegen deren Willen entscheidet. Was ist der «Guten Nachricht von Jesus» entgegengesetzter als dieses totalitäre Gebaren, welches die Vernunft geringschätzt, obwohl es sie anzuerkennen behauptet, und welches nur auf eine günstige Gelegenheit wartet, um diejenigen unterdrücken zu können, die es nicht zu überzeugen vermag?

Es sieht schon beinahe danach aus, als ob es zwischen Justin und der römischen Obrigkeit, an die er offiziell seine *Apologie* richtet, ein stillschweigendes Einverständnis gäbe:

> Und so habt ihr auch, als ihr hörtet, daß wir ein Reich erwarten, ohne weiteres angenommen, wir meinten ein irdisches, während wir doch dasjenige bei Gott meinen ... Aber wir setzen unsere Hoffnungen nicht auf die Gegenwart ... Ihr habt aber in der ganzen Welt keine besseren Helfer und Verbündeten zur Aufrechterhaltung der Ordnung als uns, die wir solches lehren, wie, daß ein Betrüger, Wucherer und Meuchelmörder so wenig wie ein Tugendhafter Gott verborgen bleiben könne und daß ein jeder ewiger Strafe oder ewigem Heile nach Verdienst seiner Taten entgegengehe.[11]

Hier haben wir die Voraussetzungen der «Zwei-Reiche-Lehre» des Augustinus (weltliches und göttliches Reich), die für Jahrhunderte zur Grundlage der politischen Theologie der Kirche wurde. Justin ist zweifellos der erste, der sich ausdrücklich auf eine zwar zweckgerichtete aber erfolgreiche Auslegung der berühmten Evangelienstelle über die Kaisersteuer gestützt hat:

> Abgaben und Steuern suchen wir überall vor allen anderen euren Beamten zu entrichten, wie wir von ihm angeleitet worden sind. Denn in jener Zeit kamen einige und fragten, ob man dem Kaiser Steuern entrichten solle. Und er antwortete: Saget mir: Wessen Bild trägt die Münze? Sie sprachen: Des Kaisers. Und da entgegnete er ihnen: Gebet denn, was des Kaisers ist, dem Kaiser und, was Gottes ist, Gott.[12] Darum beten wir zwar Gott allein an, euch aber leisten wir im übrigen freudigen Gehorsam, indem wir euch als Könige und Herrscher der Menschen anerkennen und beten, daß ihr nebst eurer Herrschermacht auch im Besitze vernünftiger Einsicht erfunden werdet.[13]

Die Verteidigung des Christentums schlägt in eine Lobrede auf das Kaiserreich um. Justin trifft sich hier mit Aelius Aristides, der am 1. April 143 an Kaiser Antoninus Pius seine flammende *Romrede* richtet:

> Wie bei einem Festtag hat der ganze Erdkreis *(ekklesia katholike)* sein altes Gewand, das Eisen abgelegt und sich dem Schmuck und sämtlichen Freuden zugewandt ... Denn weil es nur eine gemeinsame staatliche Ordnung gibt, gleichwie in einer einzigen Stadt, ist es natürlich, daß eure Statthalter so regieren, als seien sie nicht über Fremde, sondern über Landsleute gesetzt ... So sind die bestehenden Verhältnisse naturgemäß sowohl für die Armen als auch für die Reichen befriedigend und nützlich, und eine andere Art zu leben gibt es nicht.[14]

Und doch ... Im gleichen Augenblick, wo die Größe des römischen Bürgerrechts dermaßen gefeiert wird, wird es in der Rechtsprechung faktisch schon durch die nicht länger politische, sondern ökonomische Unterscheidung zwischen *honestiores* (die Reichen, die angesehenen Leute) und *humiliores* (die Armen, die kleinen Leute) ersetzt. Zum Beispiel: «Diejenigen, die einen Trank verabreichen, der eine Abtreibung bewirkt, oder einen Liebestrank, werden zur Arbeit in den Bergwerken verurteilt, wenn sie zu den *humiliores* gehören, aber sie werden bei teilweisem Verlust ihres Besitzes auf eine Insel verbannt, wenn sie *honestiores* sind. Niemandem ist es erlaubt, Zauberbücher bei sich zu führen; von denjenigen, bei denen man welche antrifft, wird man ihren Besitz einziehen, die Bücher verbrennen und sie selber auf eine Insel verbringen, wenn sie *honestiores* sind; wenn sie aber *humiliores* sind, werden sie mit dem Tode bestraft.»[15]

Hat die christliche Philosophenschule, welche Justin in Rom eröffnet hat, ihm den sozialen Status eines *honestior* eingebracht? Man muß jedenfalls anerkennen, daß der an den Senat gerichteten Einleitung seiner *II. Apologie* nicht die selbstbewußte Haltung fehlt:

> Sowohl was letzthin in eurer Stadt ... vorgekommen ist [wahrscheinlich wurden Christen verhaftet und hingerichtet, M.C.] als auch, was allenthalben in ähnlicher Weise von Seiten der Behörden wider die Vernunft geschieht, zwingt mich, oh Römer, zu eurem Besten die vorliegenden Reden abzufassen, da ihr ja dieselbe Natur wie wir habt, ja unsere Brüder seid, auch wenn ihr es nicht wißt und in stolzem Dünkel ob eurer vermeintlichen Würde es nicht wissen wollt.[16]

Wie doch diese stolze Erklärung weit mehr von einem evangeliumgemäßen Ton getragen ist als jene zur Rechtfertigung der etablierten Macht unternommenen Anstrengungen! Haben die Bedrohungen, als deren Zielscheibe er sich empfindet, Justin empfänglicher gemacht für die Unbeständigkeit menschlicher Größenordnungen? So gesteht er denn: «Auch ich erwarte, verfolgt und ... in den Block gespannt zu werden ...»[17]

Er hat jedoch aus seiner Glaubensüberzeugung keinen Hehl gemacht. Aber die römische Justiz wird erst tätig, wenn eine offizielle Anklage eingereicht ist. Das geschieht im Jahre 165 durch einen Philosophen namens Kreszenz, der wütend ist darüber, daß er die Argumentation seines christlichen Kollegen nicht widerlegen kann. Justin wird vor den römischen Präfekten geführt und aufgefordert, den Göttern zu opfern. Auf seine Weigerung hin wird er sofort enthauptet.[18] Diese «Sonderbehandlung» belehrt uns darüber, daß er römischer Bürger war.

7. Sequenz:
Valentin und die Gnostiker, um 160

So laßt uns fliehen in die geliebte Heimat!

«Die ganze Welt ist wieder gesundet!» ruft Aelius Aristides im Jahre 143 aus. Er, der brilliante Redner, der aus Kleinasien nach Rom gekommen war, um dort Karriere zu machen, litt dagegen unter tausend Krankheiten, die alle sicherlich mehr oder weniger psychosomatischer Art waren[1]: Asthma, hoher Blutdruck, Neuralgien, Verdauungsstörungen, Schlaflosigkeit ... Zusätzlich werden seine kurzen Nächte noch durch schreckliche Träume gestört, die, in einem äußerst lehrreichen Tagebuch niederzuschreiben, er sich die Mühe macht: Durch Vergiftung bedroht, von einem Stier verfolgt, von Barbaren angegriffen, fühlt er sich auch noch in einen langen dunklen Tunnel eingeschlossen und von lauter, mit grauenerregend angespitzten Messern bewaffneten Feinden umgeben (Kastrationsängste?).

Zur gleichen Zeit sieht sich Marc Aurel, der dabei ist, die Nachfolge von Antoninus Pius anzutreten, im Traum mit Händen und Armen aus Elfenbein, deren er sich jedoch wie natürlicher Glieder bedient ...[2]

Wie alle überempfindlichen Persönlichkeiten spüren der Sänger der Reichseinheit und der kaiserliche Philosoph körperlich die Identitätskrise, die hinter der Fassade eines felsenfesten Friedens schon die Fundamente des Reiches auszuhöhlen beginnt.

Paradoxerweise scheinen diejenigen, denen solche Vorahnungen an sich Freude bereiten müßten, ihnen gar keine Beachtung zu schenken. Gewiß pflegen Juden und Christen feurige Apokalypsen zu schreiben und zu lesen (besonders die «sibyllinischen Bücher»[3]), aber man dürfte sagen, daß sie nicht mehr ganz dahinter stehen. Die Ankunft des Messias bzw. seine Wiederkunft läßt grausam lange auf sich warten. Wegen des dauernden Vertröstens auf später mobilisiert die Ankündigung des Weltendes nur noch Randgruppen. Dieses Gefühl bringt zwei gegensätzliche Haltungen hervor: Die einen, wie einst die Exilierten in Babylon, richten sich ein, suchen aus dem Vorläufigen das Beste zu machen und verwenden alle ihre Mühe auf die materielle und organisatorische Absicherung ihrer Gemeinschaften: die andern, zutiefst durch das «tragische Gefühl des Scheiterns der Apokalypse»[4] bewegt, stellen sich die bangen Fragen:

> Wer waren wir, was sind wir geworden? Wo waren wir, wohin sind wir geworfen worden? Worauf treiben wir zu, von wo haben wir uns abgelöst? Was heißt Fortpflanzung, was heißt Wiedergeburt?[5]

Anders gesagt: wer soll es wohl in einer feindseligen und von Modergeruch durchzogenen Welt noch lange aushalten, wie kann man noch weiterhin an Gott glauben? Das geht sehr einfach: Indem man ihn in die Transzendenz verlegt und ihn absolut abtrennt von Materie, Schöpfung und Menschheit. Um diese radikale Andersheit, die Gott vor jeder Verunreinigung schützt, abzusichern, bilden einige die Vorstellung von einer Art zweitrangiger Gottheit, dem «Demiurgen», aus, der für das Universum und seine Unvollkommenheiten verantwortlich gemacht wird. Die Christen unter ihnen ergreifen dankbar die Gelegenheit, um sich ihn mit den Zügen des eifersüchtigen und rachsüchtigen Herrn im Alten Testament vorzustellen. Da sie hier unten durch diesen böswilligen Schöpfer im Stich gelassen werden, erwarten sie ihr Heil durch eine Bewußtwerdung des «göttlichen Funkens» in ihnen, vermittelt durch einen Akt persönlicher Erleuchtung: die «Erkenntnis» oder «Gnosis».

Zur Regierungszeit des Antoninus Pius (138–161) lebt in Rom ein aus Ägypten stammender Christ namens Valentin. Auch er nimmt, wie Aelius Aristides und Marc Aurel, seine Träume sehr wichtig: Vor allem ist ihm ein Kind erschienen, das sich ihm als das Wort Gottes geoffenbart hat.[6] Die Kirchenlehrer werden diesen Seher als einen der Meister der christlichen Gnosis hinstellen.[7] Es ist sehr schwer, durch ihre Angriffe hindurch sich ein genaues Bild seiner Persönlichkeit zu machen, die sehr verschwommen bleibt. Gleiches gilt für seine Lehre, die allzu oft nur karikiert wird. Insgesamt gesehen scheint der «Valentinianismus» mehr als einen Punkt gemeinsam gehabt zu haben mit dem, was ein Fachmann den «Katechismus eines weisen und frommen Heiden zur Zeit der Antoninen» genannt hat:

> Ein höchster Gott, Himmel, Äther oder Feuer, die Welt in sich einschließend; darunter ein Demiurg als Baumeister des Universums, das er befehligt und überwacht; eine Art Weltseele, bald identifiziert mit dem Demiurgen, bald die Rolle einer untergeordneten Göttin *(paredros)* spielend; die Gottheiten der sieben Sphären, entsprechend den sieben Planeten; eine unendliche Vielheit von Dämonen und Geistern, die zwischen den Menschen unten und den Göttern oben vermitteln.
>
> Der Mensch besteht aus zwei Teilen, Seele und Körper, Geist und Materie; die Seele kommt von Gott, ist ein Teilchen des göttlichen Feuers oder Äthers und lechzt danach, zu ihrem Ursprung zurückzukehren; der Körper und die fleischlichen Gelüste, sowie Reichtum und Ehre werden lehrmäßig verdammt; asketische Prinzipien und Läuterungen (gewinnen an Gewicht), die Vereinigung mit der Gottheit oder der Weltseele vollzieht sich für die meisten über die betrachtende Vertiefung in die Ordnung des Universums und durch Unterwerfung unter seine Gesetze; nach dem Tod steigt die Seele durch die verschiedenen Weltkreise zum höchsten Gott empor.[8]

Mit einigen Abänderungen versehen dürfte dies auch aller Wahrscheinlichkeit nach die Art und Weise gewesen sein, wie sich die Mehrheit der

Christen, genau wie alle anderen, die Dinge vorstellten[9], da die Gestalt Jesu als solche sicher noch nicht diese kleine «Kosmologie in Taschenformat» völlig umgekrempelt haben dürfte. Valentin selber entwickelt eine eigene großartige und komplizierte Vision, in der abstrakte Wesenheiten, die Äonen (die «Weltzeitgötter»), die Akteure eines beeindruckenden mythologischen Dramas bilden. Um die Darstellung abzukürzen, weisen wir nur darauf hin, daß einer der Äonen, *Sophia* (die Weisheit), ein Ausfluß («Emanation») des höchsten Gottes, vergeblich versucht, sich wieder mit ihm zu vereinigen. «Dieses Streben wird zum Prinzip der unteren Welt, in die die Geisteselemente eingesperrt sind; sie werden von dem *Erlöser* befreit, der die Gnosis bringt.»[10] Dieser überzeitliche Christus kommt, um das Äußere eines Menschen namens Jesus anzunehmen, dessen Leben nur ein Symbol für das Heilsdrama ist, das sich völlig außerhalb der Geschichte abspielt.

Jenseits der bizarren Hirngespinste (die übrigens den Zeitgenossen nicht unwahrscheinlicher vorgekommen sein dürften als die katholischen Dogmen den Menschen von heute) liegt das Hauptgewicht auf dem Geschichtsverständnis der «Gnostiker». «Fremd in der Welt wie der transzendente Gott, auf den der Gnostiker seine Jenseitssehnsucht projiziert»[11], verwendet er seine ganze Kraft darauf, diese Zeit, «den Ort der Sklaverei, der Verbannung und der Vergessenheit», zu verneinen. «Das gegenwärtige Leben ist nicht das wahre Leben.» Um das letztere zu finden, muß man das erstere fliehen.

Die Ursprünge dieser «dualistischen» Lehre liegen im Dunkeln, möglicherweise im Iran.[12] Aber auch die Pythagoreer lehren, daß alle Dinge aus gegensätzlichen Bestandteilen zusammengesetzt sind und daß «der Körper ein Grab ist». Schon Platon bekräftigte: «Deshalb muß man auch trachten, von hier dorthin zu entfliehen aufs schleunigste. Der Weg dazu ist Verähnlichung mit Gott so weit als möglich ...»[13] Alsbald wird der Neuplatoniker Plotin, der allerdings wiederum die Gnostiker hart kritisiert, virtuos orchestrieren:

> So laßt uns fliehen in die geliebte Heimat – so könnte man mit mehr Recht mahnen. Und worin besteht diese Flucht und wie geht sie vor sich? Wir werden in See stechen wie Odysseus von der Zauberin Kirke oder von Kalypso, wie der Dichter sagt, und verbindet damit, meine ich, einen geheimen Sinn: er wars nicht zufrieden zu bleiben obgleich er die Lust hatte die man mit Augen sieht und der Fülle wahrnehmbarer Schönheit genoß. Dort nämlich ist unser Vaterland von wo wir gekommen sind, und dort ist unser Vater. Was ist es denn für eine Reise, diese Flucht? Nicht mit Füßen sollst du sie vollbringen, denn die Füße tragen überall nur von einem Land in ein anderes, du brauchst auch kein Fahrzeug zuzurüsten das Pferde ziehen oder das auf dem Meer fährt, nein, du mußt dies alles dahinten lassen und nicht blicken, sondern nur gleichsam die Augen schließen und ein anderes Gesicht statt des alten in dir erwecken, welches jeder hat, aber wenige brauchens.[14]

Eines der seltenen uns bekannten (und dies zweifellos auch nur, weil es der Zerstörungswut der «rechtgläubigen» Christen entgangen ist) Denkmäler, die den Gnostikern gewidmet sind, ist eine unterirdische Grabanlage (das Hypogäum der Aurelii, viale Manzoni in Rom), deren Mauern ein Fresco ziert, das gerade die Rückkehr von Odysseus nach Ithaka zeigt.[15] Der irdischen Odyssee zu entfliehen, das ist genau die Absicht der Gnostiker. Aber die Folgerungen, die sie daraus ziehen, fallen aus einem Extrem ins andere: Während die einen, die Zauberkünste von Kirce und Kalypso verachtend, sich einer strengen Enthaltsamkeit unterwerfen, sehen die andern nichts hienieden als Autorität an und lassen sich kein Vergnügen entgehen.

Die Kirchenlehrer liegen nicht falsch, wenn sie über diese Exzesse herziehen. Aber ihre Kritik bringt nicht nur die Reaktion hochmütiger Moralisten zum Ausdruck. Sie nehmen das Grundproblem in den Blick, das sie von den Anhängern des Valentin und seinem Gefolge unterscheidet und das zutiefst politischer Art ist: Worauf soll man die gesellschaftlichen Verhältnisse gründen?

Für die Gnostiker ist das irdische Leben wertlos. Was man hier tun kann, bleibt ohne Wirkung. Allein die «Geisterfüllten» (die «Pneumatiker») kommen in den Genuß der Gnosis. Für sie ist die Kirche demnach wesentlich von den Geistbegabungen her bestimmt. Ihre Führer behaupten, über geheime Offenbarungen zu verfügen, die nicht in den christlichen Texten enthalten sind. Diese werden daher ihrerseits zum Gegenstand eines Auswahlverfahrens: So nimmt Marcion, der Gründer von zeitweise sehr zahlreich verbreiteten Gemeinden, nur das Lukasevangelium und die Paulusbriefe in seinen «Kanon» auf. In diesen Gruppierungen scheinen die Frauen (im Gegensatz zu den paulinischen Anschauungen) keine vernachlässigte Rolle zu spielen und in mehreren ihrer Kosmogonien kommen weibliche Gestalten bis ins Herz des Göttlichen hinein vor.[16]

Die Bischöfe der «Großkirche» können sich nur noch mit letzter Anstrengung diesem Gemenge von Lehren und Praktiken entgegenstemmen, das gleichzeitig mit ihrer Autorität auch die Formen des sozialen Lebens, so wie sie es verstehen, in Frage stellt. Irenäus von Lyon wird diesbezüglich fest und entschlossen reagieren. Die gnostische Auffassung zurückweisend, gemäß der die Reiche dieser Welt schlecht, weil vom Teufel geschaffen sind, erklärt er:

> Da nämlich der von Gott abtrünnige Mensch so verwilderte, daß er selbst seinen Blutsverwandten als Feind betrachtete und in allerlei Unruhe und Menschenmord und Geiz ohne Scheu sich erging, so legte Gott ihm die Furcht vor den Menschen auf, da er die Furcht vor Gott nicht kannte. Menschlicher Gewalt unterworfen und menschlichem Gesetz verbunden, sollten sie in etwa wenigstens zur Gerechtigkeit gelangen und sich gegenseitig zügeln, indem

sie das Schwert vor ihren Augen fürchteten ... Die irdische Herrschaft fürchtend, sollen die Menschen sich nicht nach Art der Fische gegenseitig verschlingen ...[17]

Die Schlußfolgerung, die in einem ausdrücklichen Bezug zu der Aussage des Paulus in seinem Brief an die Römer[18] steht, liegt dann auf der Hand: Man soll der «von Gott eingesetzten» Obrigkeit gehorchen und die Steuern bezahlen! Wie sehr haben doch die Herrschenden Unrecht, wenn sie bezüglich der Aufrechterhaltung des sozialen Friedens den Bischöfen nicht Vertrauen schenken ... Man erkennt sogleich, welche Gemeinsamkeiten diese politische Theorie, die sich im Laufe der Jahrhunderte nicht viel geändert hat (und erst dann aufhört, zu einer Waffe in den Händen der kirchlichen Hierarchie zu werden, wenn die weltliche Gewalt deren Privilegien bedroht), mit dem Gnostizismus hat, den sie zu bekämpfen bemüht ist: Auch für sie ist die Materie böse, verdienen die Menschen kein Vertrauen und spielt sich die Geschichte auf der Ebene der «Machthaber» ab. Welcher Abgrund gähnt zwischen dieser geringschätzigen Auffassung und dem wunderbaren Optimismus, den der berühmte, von Platon erzählte «Mythos des Protagoras» ausströmt:

(Die Götter teilen allen Lebewesen die lebenswichtigen Güter aus. Prometheus raubt das Feuer im Himmel und schenkt es den Menschen.)

Die zum Leben nötige Wissenschaft also erhielt der Mensch auf diese Weise, die bürgerliche [politische, K.F] aber hatte er nicht. Denn diese war beim Zeus, und dem Prometheus stand in die Feste, die Behausung des Zeus, einzugehen nicht mehr frei ...

So ausgerüstet, wohnten die Menschen anfänglich zerstreut, Städte aber gab es nicht. Daher wurden sie von den wilden Tieren ausgerottet, weil sie in jeder Art schwächer waren als diese, und die verarbeitende Kunst war ihnen zwar zur Ernährung hinreichende Hilfe, aber zum Kriege gegen die Tiere unwirksam; denn die bürgerliche Kunst [Politik, K.F.] hatten sie noch nicht, von welcher die kriegerische ein Teil ist. Sie versuchten also, sich zu sammeln und sich zu erretten durch Erbauung der Städte; wenn sie sich aber gesammelt hatten, so beleidigten sie einander, weil sie eben die bürgerliche Kunst nicht hatten, so daß sie wiederum sich zerstreuend auch bald wieder aufgerieben wurden.

Zeus also, für unser Geschlecht, daß es nicht etwa gar untergehen möchte, besorgt, schickt den Hermes ab, um den Menschen Achtung und Recht zu bringen, damit diese der Städte Ordnungen und Bande würden, der Zuneigung Vermittler.

Hermes nun fragt den Zeus, auf welche Art er den Menschen das Recht und die Achtung geben solle. Soll ich, so wie die Künste verteilt sind, auch diese verteilen? Jene nämlich sind so verteilt: Einer, welcher die Heilkunst innehat, ist genug für viele Unkundige, und so auch die andern Künste. Soll ich nun auch Recht und Achtung ebenso unter den Menschen aufstellen, oder soll ich sie unter alle verteilen? Unter alle, sagte Zeus, und alle sollen teil daran haben; denn es könnten keine Staaten bestehen, wenn auch hieran nur wenige Anteil hätten, wie an anderen Künsten. Und gib auch ein Gesetz von meinetwegen, daß man den, der Achtung und Recht sich anzueignen unfähig ist, töte wie einen bösen Schaden des Staates.

Auf diese Art also, Sokrates, und aus dieser Ursache glauben alle anderen und auch die Athener, daß, wenn von der Tugend eines Baumeisters die Rede ist oder eines anderen Künstlers, alsdann nur wenigen Anteil zustehe an der Beratung; und wenn jemand außer diesen wenigen dennoch Rat geben will, so dulden sie es nicht, wie du sagst, und zwar ganz mit Recht, wie ich sage. Wenn sie aber zur Beratung über die bürgerliche Tugend gehen, wo alles auf Gerechtigkeit und Besonnenheit ankommt, so dulden sie mit Recht einen jeden, weil es jedem gebührt, an dieser Tugend Anteil zu haben, oder es könnte keine Staaten geben.[19]

Merkwürdiges Zusammentreffen! Der christliche Mythos bei Irenäus greift die gleiche Grundüberlegung wie derjenige des Protagoras auf: Mit welchen Mitteln läßt sich vermeiden, daß die Menschen der Gewaltanwendung erliegen? Aber der am meisten gnostische von beiden ist nicht der, von dem man es zunächst denkt. Auf der einen Seite stützt sich die demokratische Praxis der Athener (oh!, aber eine doch sehr eingeschränkte, denn Frauen, Sklaven und Metöken zählen in ihr nicht) auf «Achtung und Recht», «damit diese der Städte Ordnungen und Bande würden, der Zuneigung Vermittler», wie es auch «einem jeden gebührt ... an der politischen Tugend ... Anteil zu haben». Auf der anderen Seite setzt eine autoritäre, bischöfliche Hierarchie auf die «Furcht vor dem Schwert» als «Erziehungsmittel» für den Bürger, die nichts weiter sind als Untertanen.

Valentin, Marcion und die Gnostiker können zufrieden sein. Es ist ihnen gelungen, einem bestimmten Christentum den dualistischen Virus der «Entpolitisierung» einzuimpfen, der bis heute die erfolgreichste Weise geblieben ist, die Leute daran zu hindern, sich selber um ihre Belange zu kümmern.

8. Sequenz:
Die ersten Barbareneinfälle, im Jahre 167

Man muß kampfbereit und fest dastehen

Justin, der gerne in allem das Zeichen des Kreuzes wiederentdeckte (im menschlichen Körper, beim Mastbaum der Schiffe, in der Deichsel der Pflüge, den militärischen Feldzeichen ...)[1], war es entgangen, daß die beiden europäischen Hauptstraßen des römischen Reiches eine kreuzförmige Achse bildeten.

Diejenige, welche von London nach Byzanz über Köln und die Donau führte, säumte, ohne in sie einzudringen, die Gebiete, vor denen die Eroberung hatte zum Stillstand kommen müssen. Die andere, ausgehend von Aquileja am obersten Ende der Adria überquerte die Donau bei Carnuntum (in der Nähe von Wien) und grub sich entschlossen in die unbekannten Gebiete *(terrae incognitae)* ein. Über Oder und Weichsel führte sie Händler *(negotiatores)* bis ins Baltikum. Die Händler kommen ja immer vor den Soldaten, denn Profit macht nicht vor Grenzen halt, und der Handel ist aus sich heraus international. Bronzevasen, Glaswaren, Weinsiebe (der Wein des Altertums war sehr dickflüssig, und man mußte ihn entweder durch ein Sieb geben oder mit Wasser verdünnen) sind bei den Edlen der Burgunden in Pommern, der Vandalen in Schlesien und der Lombarden an der Unterelbe sehr gefragt. Man hat von diesen Artikeln einige bis hinauf nach Trondheim in Norwegen gefunden.[2]

Umgekehrt kommen in Aquileja Mengen von jener gelben Steinsorte an, wovon sich die römischen Damen so schöne Halsketten machen, dieses *elektron*, an dem die Griechen beobachtet haben, daß es andere Körper anzieht, wenn man es reibt, dieses *sucinum*, von dem Tacitus, sich auf Informationen von Kaufleuten berufend, sagte, es sei der Saft eines Baumes[3], dieses versteinerte Harz, das man an den Ufern Skandinaviens sammelte: der Bernstein.

Über die Straße von Ost nach West aber werden immer mehr Produkte aus den Provinzen am Schwarzen Meer zu den Germanen gebracht: Gefäße mit gewellter Riefelung, Glaswaren und Edelsteine. Die verstärkte Handelstätigkeit erklärt auch die Funde unzähliger Ansammlungen von römischen Münzen (besonders aus Silber) in Ostgermanien[4], ebenso wie den lateinischen Ursprung germanischer Wörter, wie z.B. das deutsche Wort «kaufen» und das dänische «köbe», die von dem lateinischen Wort *caupo* (d.h. Wirt) abstammen. Das deutsche Wort «Pfund», das englische «pound» und das dänische «pund» kommen vom lateinischen «pondus», dem Gewicht an der Waage bzw. dem Einheitsgewicht. Im Unterschied zu den grenznahen Bevölkerungsgruppen, die in Stämme aufgespalten sind, welche durch archaische Lebensformen zurückgeblieben und durch fortwährende innere Kriege verelendet sind[5] – ein Zustand, den die Römer mit Bedacht pflegen[6] –, befinden sich die Germanen jenseits der Elbe voll im Prozeß der Expansion.

Neben den Goten, die ja schon durch den Seefahrer Pytheas aus Marseille seit 330 v.Chr. bekannt sind, begegnen wir den Vandalen und den Burgunden, die aus Skandinavien kommen. Sie sind in feudalen Staatsgebilden organisiert, an ihrer Spitze stehen Fürsten und Großgrundbesitzer, die von einem gut ausgebildeten Kriegeradel umgeben sind; sie verfügen über fürchterliche Waffen, Produkte einer vollendeten Metallverarbeitung: die lange Lanze («Stachel») mit getriebener Spitze und das zweischneidige Schwert aus Damaszenerstahl. Die an festen Terminen einberufenen Kriegerversammlungen wählen einen Führer oder König, der zumindest für die Dauer eines Feldzuges die alleinige Befehlsgewalt innehat.[7]

In der ersten Hälfte des 2. Jahrhunderts wird plötzlich eine neue nordische Welle an der Weichselmündung an Land gespült. Offensichtlich durch eine Abkühlung des Klimas getrieben, verdrängen die Gepiden die Burgunden und Goten, die ihrerseits, indem sie nach Osten und Süden auswandern, die Vandalen in Bewegung setzen; diese wiederum stoßen auf die Quaden und Markomannen, die sich entlang der Donau niedergelassen haben. Letztere aber werden durch den *limes* aufgehalten und befinden sich damit sozusagen zwischen Hammer und Amboß.

In Rom ahnt man noch nichts. Kaiser Marc Aurel, der besser in Philosophie als im Regierungshandwerk ausgebildet ist, wird von der Pest, welche die mit den Parthern im Kampf stehende Orientarmee dezimiert, völlig in Beschlag genommen. Die Statthalter der Balkanprovinzen (Pannonia, Dacia, Noricum) stellen jedoch beunruhigende Bewegungen auf der anderen Seite der Grenze fest. Mit den Parthern wird schnellstens Frieden geschlossen, zwei neue Legionen werden in aller Hast aufgestellt ...

Aber im Frühjahr 167 werden die 14 Kohorten Infanterie und die vier Schwadrone Kavallerie (insgesamt 9000 Mann), welche die befestigten *castella* von Noricum (Österreich) bewachen, von den Truppen Bellomars, des Königs der Markomannen, der von 6000 Lombarden und zehn verbündeten Königen unterstützt wird, hinweggefegt. Die Jazygen aus Ungarn überfallen ihrerseits die Goldminen in Dakien (darunter auch die von Groß-Alburnum, wo ja das von Artemidor geleitete *collegium* dann seine Pforten schließt). Überall befindet sich die in Schrecken versetzte Bevölkerung der Provinzen auf der Flucht: «Die in den Jahren 167-168 entlang der Straße von Virunum nach Carnuntum, ja bis nach Verona in Italien hinein, vergrabenen Münzschätze enthüllen das von dem Einfall ausgelöste Entsetzen und seine Eindringtiefe.»[8]

Trotz einer kräftigen Gegenoffensive wiederholen die Quaden und Markomannen ihren Angriff im Jahre 169. Die Pest wütet in Italien und schwächt die Legionen. Über die Bernsteinstraße strömend, ergießen sich die «Germanen» bis Aquileja; die Garnison hält stand, also sengen und brennen sie in der Umgebung. In Rom erreicht das Entsetzen seinen Höhepunkt: «So groß war die Furcht vor dem Markomannenkrieg, daß Antonius von überallher Priester berief, fremdartige religiöse Zeremonien vollzog und Rom auf alle Weise entsühnte; (und dies) unter Aufschub der Abreise nach dem Kriegsschauplatz... So furchtbar hauste die Pest, daß die Leichen auf Fuhrwerken und Lastwagen hinausgeschafft werden mußten. ...(Er) schulte auch Sklaven ... für den Wehrdienst und bezeichnete sie nach dem Vorbild der ‹volones› als ‹voluntarii›. Er bewaffnete auch Gladiatoren, die er ‹obsequentes› benannte. Er machte sogar die Räuber Dalmatiens ... zu Soldaten ... Da er aber für diesen Krieg seine ganze Kasse erschöpft hatte und es nicht übers Herz brachte, den Leuten in der Provinz eine außerordentliche Umlage aufzuerlegen, veranstaltete er auf dem Forum ... eine Versteigerung von Prachtstücken aus kaiserlichem Besitz und veräußerte Becher aus Gold, ... sowie kaiserliches Tafelgeschirr.»[9]

Die Verwirrung erreichte das Ausmaß eines historischen Ereignisses: Das erste Mal in seiner Geschichte sieht das Kaiserreich sich gezwungen, sich zu verteidigen, statt selber anzugreifen, und das auch noch auf italischem Boden, der das symbolische Heiligtum der römischen «Erhabenheit» *(maiestas)* bildet. Nicht nur die geographischen Grenzen geraten ins Wanken, nein eine ganze Weltanschauung. Man kennt die wirklichen Namen dieser Horden von Eindringlingen, die nur einige Tagesmärsche von Rom entfernt sind, nicht, aber jeder wiederholt mit Grausen den beinahe magischen Ausdruck, mit dem sie insgesamt bezeichnet werden: «Die Barbaren!»

Für Römer wie Griechen ist jeder ein «Barbar», der nicht ihre Sprache spricht (die Situation kann sich manchmal aber auch auf unangenehme Weise umkehren, so daß sich Ovid, den man an die Küste des Schwarzen Meeres verbannt hatte, einst bitter beklagte: «Hier bin ich der Barbar, denn niemand versteht mich ...»[10]). Diese sprachliche Abgrenzung bringt einen richtiggehenden kulturellen «Rassismus» zum Ausdruck: Der «Barbar» wird damit dem «Zivilisierten» entgegengesetzt.[11] Der Vergleich fällt jedoch nicht immer zugunsten des letzteren aus. Eine ganze ethnographische Tradition hält den Mythos vom «guten Wilden» am Leben und singt das Hohelied vom «Naturzustand» und der Reinheit der

Rasse.[12] So auch Tacitus: «Ich trete der Meinung bei, daß die Völker Germaniens nicht durch Zusammenheirat mit anderen Stämmen ungünstig beeinflußt wurden und deshalb ein eigengeprägter, reiner und nur sich selbst gleicher Menschenschlag sind. Daher besitzen alle ... dasselbe körperliche Aussehen: trotzige, blaue Augen, rotblondes Haar und große Leiber, die freilich nur zum Angriff taugen.»[13]

Die Barbaren haben, da sie ebenso faszinierend wie schreckenerregend sind, etwas Heiliges an sich. Ihr gewaltsames Eindringen belegt, daß die Götter nicht länger den Zusammenhalt der «Ökumene» garantieren. Glücklicherweise pfeifen die Soldaten, die Rom verteidigen, gehörig auf solche Erwägungen. Sie lesen ja auch nicht Tacitus. Sie sind nämlich Afrikaner, Pannonier, Syrer.[14] Und sie werden sich solange für Rom schlagen, wie sie dafür bezahlt werden.

Aber im Jahre 175, als Sarmaten und Markomannen ein Friedensangebot machen, muß man in Rom zur Kenntnis nehmen, daß Avidius Cassius, der Sieger über die Parther, sich soeben in Antiochien hat zum Kaiser ausrufen lassen. Marc Aurel erklärt ganz einfach und ohne sich groß zu erregen: «Ich werde ihm das Reich ohne einen Schwertstreich überlassen, wenn der Senat und das Heer es im Sinne des Gemeinwohls als notwendig erachten, daß ich Verzicht leiste.» Weniger zurückhaltend schlagen die Soldaten dem Usurpator den Kopf ab und bringen ihn dem Kaiser-Philosophen, der ihnen vorhält, daß sie ihn des Vergnügens beraubt haben, sich zum Freund des undankbaren Cassius zu machen, indem er ihm verziehen hätte.

Die Atempause ist nur von kurzer Dauer. Im Jahre 177 muß sich Marc Aurel erneut an die Front begeben. Der «Zweite Germanenkrieg» beginnt. Wir haben wenig Kenntnisse von ihm, aber er scheint sehr schwierig gewesen zu sein. Einige glänzende Operationen erlauben es schließlich, die Angreifer zurückzuwerfen und die Schaffung einer neuen Provinz jenseits der Donau ins Auge zu fassen. Aber auch den Kaiser selber ereilt die Pest. Nachdem er seinen Sohn Commodus als Nachfolger hat anerkennen lassen, zieht er sich am 17. März 180 in Wien seine Decke über den Kopf und wartet «stoisch» auf den Tod. Als besondere Einzelheit sei vermerkt: Noch am 24. März wird der Hohepriester der Kybele in Rom Gebete für die Gesundheit des Kaisers anordnen ...[15] Bei 75 km täglich brauchte allerdings der offizielle Kurier 16 Tage, um die 1200 km, welche Wien von der Hauptstadt trennen, zurückzulegen.[16]

In seinen Heften, in die Marc Aurel jeden Abend in seinem Zelt einige «Selbstbetrachtungen» einträgt, findet man folgenden, von Epiktet übernommenen Satz: «Herling, reife Traube, Rosine – alles nur Wandlungen, nicht in das Nichtseiende, sondern in das jetzt nicht Seiende.»[17] Im Stile des Klassizismus der Trajansäule werden auf seiner Triumphsäule, die man ihm in Rom errichten wird, dramatische Bilder angebracht: Gegenüber den erbitterten Römern «lagern die Barbaren erstmalig als Gegner, die man nicht nur besiegen, sondern vernichten muß»[18]. Das Kaiserreich hat das schon verloren, was wesentlich seine Stärke ausmachte: die Gewißheit der eigenen Unbesiegbarkeit.

Ebenfalls das erste Mal hatte ein Kaiser 17 Jahre seiner 19 Jahre dauernden Regierungszeit mit Kriegführen verbracht. Und dies hat der am wenigsten kriegerische von allen tun müssen, dieser von der Vergeblichkeit menschlicher Anstrengung, den Lauf der Dinge zu verändern, durchdrungene Philosoph: «Dem Lauf der Dinge darf man doch nicht zürnen, denn er kümmert sich um nichts.»[19] Die stoische Praxis der Gewissenserforschung läßt ihn sich der Aufgabe schämen, zu deren Erfüllung er sich jedoch aus Pflichtgefühl gezwungen sieht: «Ein Spinnlein, das eine Fliege gefangen hat, bildet sich etwas darauf ein, ... ein anderer, wenn er im Netz eine Sardelle, ... ein anderer, wenn er Sarmaten [Barbarenstamm an der Donau, M.C.] gefangen hat. Sind all diese Menschen nicht Räuber, wenn man ihre Grundsätze prüft?»[20]

Hätte ein anderer als Marc Aurel es besser gemacht? Keinesfalls sein Sohn Commodus, ein überspannter Hüne, der später einem gefährlichen Wahnsinn verfiel. Im Jahre 192 läßt ihn seine Konkubine Marcia (eine Christin?) erdrosseln. In jeder Hinsicht sind die ersten Barbareneinfälle nur Symbole einer ökonomischen, politischen und ideologischen Krise, von der sich das Kaiserreich aufs Ganze gesehen nicht erholen wird.[21]

Seit Nero begünstigt die Inflation die Aktivität der Mittelklassen. Aber der Preisanstieg und die beständig drückende Last der Steuern erschweren die Situation der Handwerker und kleinen Bauern; in Mauretanien und Ägypten finden Bauernaufstände statt. Der Rückgang der landwirtschaftlichen Produktion bedroht aber auch die Einkünfte der städtischen Bourgeoisie. Es zeichnet sich schon die Bewegung der «Entstädterung» ab, die in den nächsten Jahrhunderten zunehmen wird: Man gründet keine Städte mehr, die ausgedienten Soldaten (Veteranen) lassen sich mit Vorliebe auf dem Lande nieder, wo sie sich der Landbesitzeraristokratie zugesellen, deren Hauptwohnsitz von nun an die luxuriöse *villa* inmitten ihrer Ländereien sein wird. Alles in allem leidet das Reich unter seinen Erfolgen: Seine Größenordnungen machen einen schnellen Umlauf von Menschen, Produkten, Neuigkeiten und Geld notwendig. Die Wirtschaft bleibt unstabil und krisenanfällig, da die Kredite, produktive Investitionen, auffrischbare Energiequellen und bequeme sowie sichere Transport- und Kommunikationsmittel fehlen. Die sehr kostspieligen Kriege gegen die Barbaren werden ihren Niedergang noch beschleunigen.

Sie werden aber auch die Militarisierung des Kaisertums anheizen. Nicht nur die Generäle werden sich, wie Avidius Cassius, mehr und mehr als unverzichtbar empfinden, sondern die städtischen Bourgeoisien werden auch gezwungen sein, sich gegen das unerträgliche Übergewicht der Großgrundbesitzer des Schutzes einer starken Macht zu vergewissern. Es ist noch nachzutragen, daß diese Tendenzen besonders im Westen an den Tag treten, während die östlichen Provinzen in ihrer Struktur mehr durch die schon vor der Römerherrschaft stattgefundene Verstädterung bestimmt bleiben.

Was die ideologische Krise angeht, so bezeugt diese nichts besser als die Überlegung Marc Aurels, die sich in merkwürdiger Weise mit dem Bild des Aelius Aristides trifft, der das Reich mit einer in ihren Mauern eingeschlossenen Stadt vergleicht: «Die Lebenskunst ist der Kunst des Ringens ähnlicher als der Tanzkunst, insofern nämlich, daß man gegenüber Schicksalsschlägen und Ereignissen, die man nicht vorhersehen kann, kampfbereit und fest dastehen muß.»[22]

Für Rom, das sich von nun an in der Verteidigung befindet, werden die Schicksalsschläge nicht so schnell zu Ende sein.

9. Sequenz:
Streitereien zwischen den Bischöfen von Korinth und Rom, um das Jahr 170

Den Brüdern nicht die schwere Bürde
der Enthaltsamkeit auferlegen

Die Kirche in Korinth versammelt sich wie alle anderen auch an jedem Sonntag. Gerne liest sie immer wieder die Briefe, die Paulus ihr einst geschrieben hatte.[1] Zweifellos kommt hie und da ein Schmunzeln auf die Gesichter, wenn der Vorleser bei der berühmten Stelle ankommt: «Was aber die Jungfrauen betrifft, so habe ich kein Gebot des Herrn, wohl aber gebe ich einen Rat ... Ich denke nun folgendes: Wegen der gegenwärtigen Bedrängnis ist dieser Stand empfehlenswert, ja jeder tut gut, so zu sein.»[2]

Die Korinther galten nie als große Asketen, und Korinth stand nicht in dem Ruf, ein Kloster zu sein. Es bestand keine Gefahr, daß die Auffassungen der Essener hier Erfolg haben würden.[3] Aber sie beeinflußten weiterhin eine ganze Richtung des Christentums. Justin selber berichtet über deren Existenz in Rom: «Und gar viele Männer und Frauen, die von Jugend auf Schüler Christi gewesen sind, bleiben mit sechzig oder siebzig Jahren keusch, und ich getraue mir, solche in jedem Stande von Menschen aufzuweisen ...»[4] Zur gleichen Zeit findet Hermas, daß ihm im Traum der Rat erteilt wurde, mit seiner Frau wie mit einer Schwester zusammenzuleben.[5]

«Ohne Frauen, ohne Liebe ...»[6] Die Christen teilen nicht ausschließlich diese Geringschätzung der Sexualität, die von einer dualistischen Auffassung herrührt, nach der die Materie und der Körper, wie bei Platon, «das Gefängnis der Seele»[7] sind.

Auch wenn die Christen bereitwillig den hervorragenden Charakter der Jungfräulichkeit anerkennen, so sind doch nicht alle geneigt, sie auch sich selbst zu eigen zu machen. Die Christen von Korinth haben dabei in ihrem Bischof Dionysius eine ernsthafte Stütze gefunden. Dieser ist realistisch genug, es als unmöglich anzusehen, jedermann auf die Befolgung von Vorschriften festzulegen, die so offensichtlich von einer übertriebenen Erwartung des Weltendes beeinflußt sind. Er möchte vielmehr den Rat wiederaufnehmen, den der Prophet Jeremia den nach Babylon verschleppten Landsleuten gegeben hat: «Es geht noch lange. Baut Häuser und wohnt darin, und pflanzt Gärten und eßt deren Frucht, nehmt Frauen und erzeugt Söhne und Töchter ... bemüht euch um die Wohlfahrt des Landes, in das ich euch verbannt habe ... (so spricht Jahwe Zebaot).»[8] Übrigens hatte auch Paulus einst die Thessalonicher mit den gleichen Ratschlägen überhäuft.[9] Das Ansehen der Kirche von Korinth verleiht dieser vernünftigen Haltung Gewicht. Einige Bischöfe fordern Dionysius auf, Streitfälle mit allzu unnachgiebigen Kollegen zu klären.[10]

So hat Philippus, der Bischof von Gortyna auf Kreta sich brieflich bei ihm über das Verhalten von Bischof Pinytus von Knossos beschwert. Letzterer ist ein starrsinniger Sittenprediger und will, daß alle Christen sich zur Enthaltsamkeit verpflichten; ebenso lehnt er jede Vergebung denjenigen gegenüber ab, die bei den letzten Verfolgungen «umgefallen» *(lapsi)* sind. Für ihn gehört beides zusammen: In dieser schwierigen Zeit darf man sich nicht anpassungswillig zeigen; jede Lockerung der Disziplin würde für die Kirche verhängnisvolle Folgen haben; daher gilt es, die moralischen Forderungen streng einzuhalten.

Dionysius fängt den zugeworfenen Ball auf. Die augenblickliche Lage erscheint ihm günstig, um seine Rechnung mit etwas zu begleichen, was er als eine «Häresie» ansieht. Unverzüglich diktiert er einen Brief an die «Kirche in der Fremde weilend zu Gortyna und andere Kirchen auf Kreta». Im Klartext heißt das, daß er sich über den Kopf von Pinytus hinweg an die Christen von Knossos wendet und sie deutlich ermuntert, sich der Anordnung von Philippus anzuschließen, die ja auch die seine ist. Um der Angelegenheit noch etwas Würze zu verleihen, schickt Dionysius auch noch ein Schreiben an die «Einwohner von Knossos», in dem er Pinytus öffentlich ermahnt, «den Brüdern nicht die schwere Bürde der Enthaltsamkeit als verpflichtend aufzuerlegen, sondern die Schwäche der Mehrzahl zu bedenken».

Pinytus gerät in Wut. Man versteht ihn, denn die Vorgehensweise ist zumindest unhöflich ... Aber der Bischof von Korinth ist eine Respektperson, die man mit seidenen Handschuhen anfassen muß. Daher gestattet sich Pinytus erst nach vielen klugen Umschreibungen und einer äußerst ehrerbietigen *captatio benevolentiae* (Redewendung, die den Angesprochenen wohlwollend stimmen soll), seinen Kollegen dazu einzuladen, «festere Speise auszugeben, also die Gläubigen von Knossos mit ausgereifteren Briefen zu versorgen, damit sie nicht bis ins hohe Greisenalter ohne ihr Wissen ein Leben von Säuglingen führen, weil sie bis zum Schluß nur mit Worten, die wie Milch sind, ernährt wurden ...» Also ein taktvoller Hinweis auf das, was Paulus den Korinthern schrieb: «Auch ich, Brüder, konnte zu euch nicht reden wie zu Geistesmenschen, sondern wie zu Fleischesmenschen, wie zu Unmündigen in Christus.

Milch gab ich euch zu trinken, nicht feste Kost, denn die vermochtet ihr noch nicht zu vertragen ...»[11] Das ist eine elegante Form, den Bischof von Korinth darauf hinzuweisen, daß er die Gläubigen wie Anfänger behandelt.

Dionysius aber gibt sich noch nicht geschlagen. Mehr noch, er wird sich noch einmal einmischen, diesmal in Richtung der Kirchen von Pontus am Schwarzen Meer. Bachylides und Elpistes, zwei dortige Christen, haben ihn darauf aufmerksam gemacht, daß Palmas, der Bischof von Amastris, die gleichen Auffassungen vertritt wie Pinytus und die gleichen strengen Regeln anwendet. Auf der Stelle schickt Dionysius, ohne Palmas zu beachten, einen Brief «an die Kirche zu Amastris in der Fremde weilend und an die Kirchen von Pontus». Gestützt auf Texte der Schrift legt er seinen großzügigen Standpunkt zu Ehe und Enthaltsamkeit ausführlich dar und fügt noch betreffs der Wiederversöhnung mit den Sündern hinzu, daß man in die Kirche alle wiederaufnehmen muß, die ihre Fehler bereuen, was diese auch seien, «handle es sich nun um eine einfache Sünde oder sogar um den Irrtum der Häresie».

Aber diesmal hat sich Dionysius mit einem starken Gegner angelegt. Palmas ist nicht gewillt, sich auf den Füßen herumtrampeln zu lassen. Er bringt die Angelegenheit vor den Bischof von Rom. Das ist ein sehr bezeichnender Vorgang: Die Kirche in der Hauptstadt des Reiches genießt ein solches Ansehen, daß man, selbst von den Küsten des Schwarzen Meeres aus, sich in einem Streitfall an sie wendet. Im Moment ist Soter (166-175), eine autoritäre Persönlichkeit, die wenig zum Kompromiß geneigt ist, Bischof von Rom. Er ergreift sogleich diese Gelegenheit zur Einmischung, um diesem Dionysius, der für seinen Geschmack viel zu tolerant ist, den Mund zu stopfen. Nebenbei versäumt er es auch nicht, in Erinnerung zu rufen, was in seinen Augen seine Vormachtstellung rechtfertigt: «Die Kirche von Rom wurde von Petrus und Paulus errichtet!»

Aber es wird noch mehr brauchen, um Dionysius zu beeindrucken, denn Petrus und Paulus haben so viele Kirchen gegründet. Es gibt hier also nichts besonderes aufzutischen ... Trotzdem genießt der Bischof von Rom im ganzen Reich unbestreitbar einen unübersehbaren Vertrauensvorschuß. Es geht daher nicht an, ihn wie Pinytus und Palmas zu behandeln. Wenn diese beiden die Einberufung eines Konzils zur Behandlung der Angelegenheit in Erwägung ziehen sollten, wäre es besser, Soter nicht gegen sich zu haben. In diesem Falle gibt Dionysius daher Soter persönlich eine Antwort. Sie beginnt, indem er sich in Dankesworten ergeht für die Hilfeleistungen, welche die mitgliederstarke und reiche Gemeinde zu Rom nach Korinth geschickt hat und die insbesondere den zur fürchterlichen Zwangsarbeit in den Bergwerken verurteilten Brüdern zugedacht waren. Es folgt die Versicherung, daß der Brief von Soter beim Sonntagsgottesdienst auch vorgelesen worden ist. Er wird sogar aufbewahrt und regelmäßig an Stelle des Briefes gelesen werden, den Clemens ihnen einst geschrieben hat. Das ist vielleicht ein bißchen dick aufgetragen, aber Dionysius muß wohl wissen, daß Soter jemand ist, bei dem das verfängt ... Nach dieser Einleitung geht Dionysius freimütig zum Angriff über: «Jawohl, ich habe auf Bitten gewisser Brüder einige Briefe geschrieben. Aber Palmas hat sie dir nicht angemessen übermittelt, mit den daraus zitierten Stellen werden meine Gedanken mißbraucht. Ich habe nichts zu verbergen: Meine Meinung ist, daß man die Brüder nicht zur Enthaltsamkeit verpflichten darf und daß man jedem reuigen Sünder vergeben muß.» Der Ton ist offen, Dionysius entschuldigt sich nicht, er beansprucht keinerlei besondere Befugnis, noch ersucht er um einen Schiedsspruch.

Aber er ist noch nicht fertig: *in cauda venenum* (wörtlich: «im Schwanz steckt das Gift», oder «zum Schluß kommen die Gemeinheiten»). Er möchte die Sache auf den Punkt bringen, denn die kurze Ausführung über Petrus und Paulus steckt ihm noch quer im Halse. Nachdem er seine Feder lange im Tintenfaß hin und her gedreht hat, gibt er genüßlich diese schöne giftige Bemerkung von sich: «Daher habt auch ihr durch eure so starke Mahnung die von Petrus und Paulus in Rom und Korinth angelegte Pflanzung miteinander verbunden. Denn beide haben in unserer Stadt Korinth die Pflanzung begonnen und uns in gleicher Weise in Italien gelehrt und zu gleicher Zeit den Martertod erlitten.»[12] Heißt das nicht fein zurückgegeben? «Mein lieber Soter, wenn Sie sich mit der Gründung Ihrer Kirche durch die beiden großen Apostel brüsten wollen, dann vergessen Sie doch bitte nicht, daß sie zuerst bei uns waren!» Vielleicht liegt darin sogar noch ein wenig Ironie, denn, soviel man weiß, haben Petrus und Paulus niemals irgendwo «zusammen» gelehrt, ihre Beziehungen sind ja nicht immer sehr herzlich gewesen. Es könnte also gut sein, daß sie sich die Aufgaben geteilt und sozusagen Einflußbereiche abgegrenzt haben, um sich nicht wechselseitig ins Gehege zu kommen (Paulus regt sich über das Vorhandensein einer «Partei des Kephas»[13] in Korinth auf; und als er an die Römer schreibt, beklagt er sich darüber, daß es gewissermaßen keinen rechten Grund gibt, sich zu ihnen zu begeben[14]). Warum sollte Dionysius nicht eine diebische Freude dabei empfunden haben, als er die beiden «Pflanzer der Kirche» *post mortem* sowohl in Korinth wie in Rom hat zusammentreffen lassen, obwohl sie sich doch zweifellos zu Lebzeiten dort nie getroffen haben?

Post-Scriptum. Gipfel der Unverschämtheit oder Beschwichtigungsgeste? Dionysius fügt seinem Schreiben noch die Abschrift eines Briefchens bei, das er selbst einer gewissen Chrysophora, «einer sehr gläubigen Schwester», geschrieben hatte. Es war ein Loblied auf die Keuschheit ...[15]

Soter wird ganz sicher verstanden haben: Sein Kollege in Korinth beabsichtigt keinesfalls, jedermann die gleiche Regel aufzuerlegen. Wenn er die Berechtigung der Ehe hartnäckig verteidigt, so kennt er doch auch den Wert des Zölibatsgelübdes an. Aber nur, wenn es freiwillig geschieht.

10. Sequenz:
Montanus, Prisca und Maximilla, im Jahre 172

So sollen die Frauen in den Versammlungen schweigen!

«Midas, König Midas hat Eselsohren» wiederholte das Schilfrohr, raschelnd im Wind. Der Unglückliche hatte es gewagt, die Flöte des Pan der Zither des Apollo vorzuziehen. Der wütende Gott hat ihn mit dem bestraft, womit er gesündigt hatte, indem er ihm Eselsohren ansetzte. Obschon er sie unter seiner Mütze verbarg, entgingen sie seinem Barbier nicht, der aber das Geheimnis nicht für sich behalten konnte und hinging, um es in einem Erdloch zu verbergen, das er schnell mit geschwätzigem Schilfrohr zudeckte ...

Das war nicht die erste Dummheit des Königs von Phrygien: Befreundet mit Seilenos (Silan) und Dionysos, hatte er von letzterem die Gunst erlangt, alles in Gold zu verwandeln, was er berührte. Oje, nicht nur Bäume, Früchte und die Türen des Palastes, auch Speise und Trank verwandelten sich unter seinen Fingern in Metall! Dionysos empfand Mitleid und riet ihm, sich im Flusse Paktolos zu waschen, der seitdem Goldplättchen mit sich führt ...

Die modernen Gelehrten haben für diese Legenden historisch sehr einleuchtende Erklärungen gefunden.[1] Wetten wir, daß die Leser der *Metamorphosen* des Ovid[2] hier einfach den Gegensatz zwischen Apollo und Dionysos, zwischen dem strahlenden Glanz der griechisch-römischen Ordnung und der düsteren Faszination der orientalischen Religionen[3] erblicken?

Letztere haben nicht aufgehört, an Boden zu gewinnen.[4] Die phrygische Kybele wird in ihrem Tempel auf dem Palatin als *Magna Mater deum* als die Große Mutter der Götter verehrt. Mit ihrem entmannten Gefährten Attis verfügt die Göttin der Fruchtbarkeit über eigene Priester, die Galli, Eunuchen mit bunt bemalten Gewändern und mit Amuletten behangen, die durch die Straßen ziehen, zu Tamburinklängen sich im Kreise drehen, sich schwindelig tanzen, den Körper aufschlitzen und Prophezeiungen verkünden. Kaiser Antoninus Pius hat offiziell die Zeremonie des «Taurobolium» genehmigt: Der in einer Grube hockende Gläubige wird im wörtlichen Sinne mit dem Blut eines Stieres getauft, den man über ihm schlachtet; wenn er die Grube wieder verlassen hat, wird er als *in aeternum renatus*, als wiedergeboren für alle Ewigkeit erklärt.[5]

Diese wilden Riten sind auf den Hochebenen Anatoliens in einem harten und unbeständigen Klima entsprungen und spiegeln als solche die orgiastische Erregung wider, welche die immer wieder doch unverhoffte Wiederkehr des Frühlings begleitet, der mit Farben und Lebensfreude ausbricht und die lange Winterstarre beendet. Im ohrenbetäubenden Lärm der Flöten und Zimbeln tanzt man wie rasend unter den grünenden Bäumen:

> Rasend schreitet und mit Keuchen, schwer nur atmend, irren Gangs,
> Attis im Geleit des Beckens durch den schatt'gen Hain voran.[6]

Man tanzt bis zum Trancezustand, der den einen oder anderen ergreift und ihn unter der Herrschaft «göttlicher Entrückung» *(enthousiasmos)* lallen läßt.

Warum sollten die Christen in Phrygien nicht durch diese mystische Raserei, die zugleich zutiefst sinnlich und unerbittlich asketisch ist, beeindruckt worden sein? Wie in der ganzen Provinz Asia und den angrenzenden Ländern Bithynien und Kappadozien sind die Christen sehr zahlreich hier. Ein besonderes Merkmal: es sind in der Mehrheit Bauern, die in Marktflecken und Weilern wohnen oder als Nomaden mit ihren Herden durch die Steppe ziehen.

Montanus («der Gebirgler») ist einer von ihnen[7], und zweifellos stellt er genau den Typ des groben und schroffen Phrygiers dar, so wie sich die Römer ihn vorstellen. Sagt nicht eines ihrer Sprichwörter: «Erst ein verdroschener Phrygier bessert sich»?[8] Und fand nicht auch Justin bei seiner Verteidigung der Christen es gut, sie von diesen ungehobelten Leuten abzugrenzen: «Wir sind keine verachtungswürdige Leute, irgend ein Barbarenstamm oder was weiß für ein Volksstamm aus Phrygien, sondern Gott selbst hat uns erwählt.»[9]

Gott kümmert sich offensichtlich nicht um solche Vorurteile: Montanus ist Christ, nachdem er übrigens anscheinend vorher Priester der Kybele gewesen war. Zweifellos hat er sich von daher den Geschmack an enthusiastischen Entrückungen und rasenden Weissagereien bewahrt ... Im Jahre 172 wird er plötzlich von ekstatischen Anfällen gepackt. Hirten und Bauersleute aus der Umgegend, die sich stets von solchen befremdlichen Kundgebungen angezogen fühlen, nehmen ihn begeistert auf. Derart ermutigt fängt Montanus an, Orakelsprüche abzugeben. Man merkt, daß er sich darin auskennt; die Ausführung verrät den Fachmann: Kurze, sehr treffende Sätze mit einem sorgfältig abgestimmten Rhythmus ... und immer in überlegter Weise doppeldeutig:

> Hier, da ist wie eine Leier der Mensch
> und ich fliege über ihn hin wie ein Plektrum.
> Der Mensch schläft und ich wache.
> Dort, da ist der Herr,

> der das Herz der Menschen außer sich bringt,
> um den Menschen ein neues Herz zu geben.[10]

Nichts ist wirklich originell: Das Bild ist ein geläufiges Klischee, die Lehre völlig traditionell. Es treten jedoch bereits zwei charakteristische Züge hervor: die reine Reaktion des Gläubigen auf die Aktion des göttlichen Zupfstäbchens (Plektron), sowie die Ekstase, die sich daraus ergibt.

Im folgenden Orakel, das immer noch sehr klassisch ist, stellt man das Vorhandensein zweier christlicher Kategorien fest:

> Warum sagst du: der Übermensch, der ist gerettet?
> Ist es doch so, daß der Gerechte hundertmal mehr leuchten wird als die Sonne.
> Und die Kleinen unter euch werden hundertmal mehr leuchten als der Mond, wenn sie einst gerettet sind.[11]

Das nächste bringt einen sicher weit verbreiteten Durst nach dem Martyrium zum Ausdruck, der aber, was selten ist, ausdrücklich die Frauen einschließt:

> Wünscht euch doch nicht, in eurem Bett zu sterben,
> oder bei einer Fehlgeburt oder durch die Ermattung des Fiebers,
> sondern im Martyrium,
> damit der verherrlicht werde, der für euch gestorben ist.[12]

Insgesamt bleibt dies alles mit einer deutlichen Neigung zu einer elitären Mystik noch in den Grenzen der Orthodoxie. Aber dann erscheint etwas Neues: Zwei Frauen, Prisca und Maximilla werden von Zuckungen befallen und fangen ebenfalls an zu weissagen:

> Der Herr, erklärt Maximilla, hat mich gesandt, als Anhängerin, Offenbarerin und Auslegerin dieser Mühe, dieses Entschlußes, dieser Verheißung, wohl oder übel gezwungen, die Erkenntnis Gottes zu lernen.[13]

Diese letzte Ausdrucksweise kann nur paulinischen Ursprungs sein. Der Begriff «Anhängerin» (genauer: «Sektiererin») scheint jedoch schon auf die zu verweisen, die alsbald die Montanisten der Häresie beschuldigen werden ...

Prisca tut den entscheidenden Schritt. Im Marktflecken Pepuza (nicht weit von Hierapolis) hat sie geträumt, daß Christus kam, um mit ihr zu schlafen. Es kommt noch stärker (die Erleuchteten neigen zu solchen Kühnheiten):

> In Gestalt einer Frau,
> bekleidet mit einem auffallenden Kleid,
> kam Christus zu mir.
> Er hat mir die Weisheit eingeflößt
> und mir geoffenbart, daß dieser Ort heilig ist

und daß genau hier das himmlische Jerusalem
von den Höhen des Himmels herabsteigen wird.[14]

Da haben wir's nun! Ein weiblicher Christus, die heilige Stadt in Phrygien ... Die «neue Prophezeiung» (so nennt man sie fortan) stellt ihre Einzigartigkeit deutlich zur Schau. Montanus und die Prophetinnen fordern ihre Gläubigen auf, sich in Pepuza zu versammeln, um mit Fasten, Enthaltsamkeit und Gebet die endgültige «Enthüllung» zu erwarten. In einer dermaßen überhitzten Atmosphäre schreckt das Martyrium nicht mehr, und einige fangen an, die Behörden öffentlich herauszufordern.

Schwerwiegender, vielleicht, in den Augen ihrer Gegner ist jedoch: Mit einem bemerkenswerten Sinn für das Organisatorische, der bei den mystisch orientierten Gruppierungen gar nicht so selten ist, sammeln sie Geld ein und beauftragen einen gewissen Theodotus, die Kasse zu verwalten und günstige Anlagen zu tätigen. Mittlerweile bekommen ihre Missionare sogar ein Gehalt.[15] Die Verbreitung ihrer Lehre wird durch eine Schwemme von Schriften unterstützt. Ein gewisser Themision zögert nicht, einen «katholischen» Brief abzufassen, höchstwahrscheinlich also wendet er sich an alle Kirchen.[16]

Das Maß ist voll. Die Bischöfe von Asia geraten in Bewegung. Ihrer Sache sicher, beginnen sie öffentliche Debatten zu veranstalten, da sie denken, daß sie in deren Verlauf mit diesen ungebildeten Schwärmern schnell fertig werden. Aber sie schneiden schlecht dabei ab: Die Zuhörerschaft ist ganz eingenommen von der Sache der Propheten und diese, insbesondere die Frauen, erweisen sich als äußerst geschickt bei der Behandlung der Streitfragen sowie in beklagenswerter Weise unnachgiebig. Man muß also die Manövertaktik ändern: Um die «Häretiker» zu isolieren, werden die linientreuen Christen gegen sie aufgebracht. Synoden treten zusammen[17] (es sind übrigens die ersten in der Geschichte der Kirchen); Bischöfe und Laien verständigen sich schnell auf die ihnen einzig verbleibende Maßnahme zur Eindämmung der montanistischen Flut: die Exkommunikation. Nachdem der Beschluß einmal verkündet worden ist, bleibt nur noch, die Verurteilten so zu behandeln, wie sie es verdienen: als gefährliche Feinde, als ansteckende Pestkranke, die man verfolgen, zurückdrängen und ausrotten muß.

Es war höchste Zeit. Diese Landplage gewinnt an Boden und breitet sich auch außerhalb von Phrygien aus. Ganze Städte werden vergiftet und nicht einmal die unbedeutendsten: Apamea, Hierapolis, Thyatira, die Stadt der Weber in Lydien.[18] Galatien, Syrien und Thrakien drohen angesteckt zu werden.[19] Doch Montanus und seine Anhänger haben im Grunde keineswegs Lust, ein Schisma zu bewirken. Indem sie treuherzig ihre Absicht erklären, an die alte charismatische Tradition wieder anknüpfen zu wollen, bemühen sie sich auch weiterhin um offizielle Anerkennung: «Ihr seid verpflichtet, den Charismen stattzugeben»[20], wiederholen sie gegenüber den Kirchenleitungen. Ihre scharfe Kritik an der Mittelmäßigkeit der Gemeinden sowie ihre Unterscheidung zwischen «geistbegabten» Christen (Pneumatikern) und den anderen würden sich auch auf die paulinischen Briefe berufen können.[21] Auch die Bibel ist voll von plötzlich auftretenden Propheten, die unter Eingebung des Heiligen Geistes reden. In den ersten Kirchen tritt dieses Phänomen ebenfalls auf.[22]

Ja, aber ... Seit den Anfängen stand die Hierarchie diesen unberechenbaren Auftritten mißtrauisch gegenüber. Paulus selber hatte einer explosionsartigen Ausbreitung der Charismen in Korinth mit peinlicher Genauigkeit Grenzen gesetzt:

> Wenn ihr euch versammelt, so hat jeder einen Psalm oder eine Lehre, eine Offenbarung, eine Zungenrede oder eine Auslegung; all das soll der Erbauung dienen ... Ihr könnt ja alle der Reihe nach prophetisch reden, damit alle etwas lernen und alle ermahnt werden. Und die Prophetengeister sind dem Propheten unterstellt; denn Gott ist kein Gott der Unordnung, sondern des Friedens ... Also, liebe Brüder, strebet nach der Prophetengabe und hindert das Zungenreden nicht. Alles aber soll mit Anstand und nach der Ordnung vor sich gehen.[23]

Aus Furcht vor Unordnung und der ausdrücklichen Sorge um eine sorgfältige Überwachung dieser jähen Ausbrüche herrschen strenge Vorschriften. Man steht dabei mehr auf der Seite von Apollo als auf der des Dionysos oder gar der Kybele.

Jedenfalls ist es keine Frage, daß noch eigens über die Stellung der Frau verhandelt werden muß. In dieser Hinsicht haben die christlichen Verantwortungsträger, die jüdischen Verhaltensformen übernehmend, keinen Augenblick gezögert. Paulus ist sehr entschieden:

> (Wie in allen Gemeinden) ... so sollen die Frauen in den Versammlungen schweigen; denn es ist ihnen nicht gestattet zu reden, sondern sie sollen sich unterordnen, wie es auch das Gesetz sagt. Wenn sie sich aber über etwas unterweisen lassen wollen, sollen sie zu Hause ihre Ehemänner befragen; denn es ist unschicklich für eine Frau, in einer Gemeindeversammlung zu reden.[24]

Der Grund für dieses unverletzliche Tabu wird klar und deutlich dargelegt:

> Zu lehren gestatte ich der Frau nicht. Sie soll auch nicht über den Mann herrschen wollen, sondern sich still verhalten. Denn Adam wurde zuerst erschaffen, dann erst Eva. Und nicht Adam ließ sich verführen, sondern das Weib ließ sich betrügen und kam zu Fall. Sie soll zum Heile gelangen durch Kindergebären, sofern sie in Glaube und in Liebe und in Heiligkeit besonnen verharrt.[25]

Ein ganzes Programm! Prisca und Maximilla sind demnach also Windbeutel, Unzüchtige und Helfershelferinnen des Satans. Die Angelegenheit ist entschieden. Und zwar so eindeutig entschieden, daß die Gegner der Montanisten die Gelegenheit bis ins letzte ausnutzen werden: Man wird die Lebensgewohnheiten der beiden Unglücklichen durchforschen und sie der übelsten Schweinereien beschuldigen. Cyrill von Jerusalem wird so tun, als ob er «mit Rücksicht auf die anwesenden Frauen»[26] schamhaft seine Ausführungen unterbrechen muß, als er zweihundert Jahre später die beiden auf der Kanzel erwähnt. Gleichzeitig verleumdet man die ganze Sekte: Sie färbten sich die Haare, spielten Würfel und gäben verzinste Darlehen (dies ist der erste Beleg über eine ablehnende Haltung der Kirche bezüglich des Wuchers).[27] Einige «Champion» der Rechtgläubigkeit schießen in ihrem Eifer über das Ziel hinaus: Um ihren montanistischen Widersachern den Boden unter den Füßen wegzuziehen, wenden sie sich nun auch unmittelbar gegen die Autoritäten, auf die sich diese normalerweise berufen: das Johannesevangelium mit seinem in gefährlicher Weise unkontrollierbaren «Geist» und die Johannesapokalypse mit ihrer Vision des himmlischen Jerusalem. Diesen «Ultras» mangelt es allerdings nicht an kritischem Sinn: Indem sie auf die Widersprüche zwischen den Synoptikern und dem vierten Evangelium abheben, bestreiten sie, daß dieses vom Apostel Johannes stammt. Ein Vorausgeplänkel, das aber seiner Zeit doch zu sehr voraus ist. Zunächst einmal wird es die Konsequenz haben, daß es die christliche Kirche dazu bringt, den «Kanon» ihrer Schriften unumstößlich festzulegen.[28]

Im Augenblick verschiebt sich der Schauplatz der Handlungen. Die Szene wechselt nach Rom. Wie so viele andere vor ihnen tragen auch die Montanisten die Debatte in die Hauptstadt des Reiches, die ja für alle Neuerungen so sehr empfänglich ist. Übrigens stehen sie keineswegs ohne Trümpfe da: «In einer Zeit übertriebener Metaphysik und wenig vertrauenswürdiger Gedankenkonstruktionen verlieh ihre Nichtbeachtung dogmatischer Spekulationen ihnen eine besondere Note. Mehr noch: die Bußübungen, die sie empfahlen, konnten nicht verfehlen, die rigoristischen Elemente der römischen Gemeinde zu ihren Gunsten in den Vordergrund zu schieben und die Meinung zu erzeugen, sie seien in Asien das Opfer einer Verschwörung zwischen egoistischen Neigungen geworden, die sich in ihrer Ruhe gestört fühlten.»[29]

Es scheint in der Tat so gewesen zu sein (die Zeugnisse sind hier etwas unklar), daß zumindest zwei Bischöfe von Rom sich nicht lange haben bitten lassen, um diesen überspannten, aber anerkennenswerten und linientreuen Christen ihren Segen zu geben. Ein gewisser Proklus verteidigt mit Geschick die Rechtgläubigkeit der Phrygier vor den Bischöfen. Da er schon älter und unverheiratet ist, schenkt man ihm ein wohlwollendes Ohr. Aber einer namens Praxeas kommt aus Asia mit alarmierenden Neuigkeiten an: Die dortigen Bischöfe sind übergelaufen; ganze Kirchen sind unter die Kontrolle der Montanisten geraten. Diese sind vielleicht keine Häretiker, aber sie sind drauf und dran, ein doppeltes Schisma hervorzurufen: einmal in der Kirche, indem sie ihre eigene Organisation ausbilden; zum anderen zwischen Kirche und Kaiserreich, dessen zerbrechlichen Status quo sie durch ihren ungestümen Durst nach dem Martyrium gefährden.

Genau hier liegt das entscheidende Argument. Wie die Mehrheit seiner Kollegen betrachtet auch der Bischof von Rom es zunächst als seine Aufgabe, nach innen die Einheit zu bewahren und nach außen mit der Staatmacht möglichst vorteilhafte Beziehungen zu unterhalten. Seine Ängste gelten Spaltung und abenteuerlichen Unternehmungen. Daher verurteilt er sogleich die Abweichler. Der in Frage kommende Bischof war aller Wahrscheinlichkeit nach Calixtus (217–222).[30]

Trotz des Bannstrahls werden die Montanisten noch lange Zeit überleben. In Afrika wird sogar Tertullian, der zu denen gehört, die die schärfsten christlichen Schmähschriften verfaßt haben, sich trotz seiner fanatischen Frauenfeindschaft ihren Reihen anschließen.[31] Im Jahre 407 werden sie, obwohl sie, zerstreut und verachtet, nur noch die Stellung einer Sekte einnehmen, trotzdem als gefährlich genug angesehen, daß Kaiser Honorius auf Anraten von Papst Innozenz I. gegen sie und gleichzeitig auch gegen die Manichäer[32] ein Edikt erläßt, das auf ihre Ausrottung hinausläuft.[33] Obwohl sie von staatlicher Seite als Verbrecher eingestuft, ihre Güter eingezogen, ihre Vermächtnisse für ungültig erklärt, ihre Erben enteignet und ihre Sklaven zur Denunziation aufgefordert wurden, werden die Montanisten dennoch Widerstand leisten. Kaiser Justinian wird im sechsten Jahrhundert die Sanktionen wiederholen und noch verstärken.[34] Seine Beauftragten werden das ganze Kaiserreich durchreisen, um diese Unbeugsamen dazu zu zwingen, dem Glauben ihrer Väter abzuschwören. Einige, die man in ihre Kirchen eingeschlossen hat, werden diese in Brand stecken und mit ihnen verbrennen.[35] Gegen 550 wird sich ein großer Heidenbekehrer namens Johannes von Ephesus brüsten, die Gebeine von Montanus, Prisca und Maximilla wiederaufgefunden und in einem Siegestaumel zertrümmert zu haben.[36] Im 9. Jahrhundert schließlich wird der Patriarch Nikephorus von Konstantinopel noch einmal den weltlichen Arm gegen gewisse «Phrygier»[37] zu Hilfe rufen.

Die Widerspenstigkeit dieser Unglücklichen wird auf jeden Fall dazu beigetragen haben, zwei der katholischen Hierarchie eigene Neigungen zu verstärken: einmal ihre unverbesserliche Frauenfeindlichkeit und dann ihre tiefverwurzelte Abneigung gegenüber «spirituellen» Bestrebungen aller Art, sobald sie sich anschicken, die Kirche reformieren oder in ihr die Leitung übernehmen zu wollen.

Im weltlichen Kampf zwischen Apollo und Dionysos wurde letzterer einmal mehr besiegt. Nietzsche wird eine ironische Dithyrambe (griech. Flötenlied zu Ehren des Dionysos bzw. Apollo, K.F.) darauf singen:[38]

> Das – der Wahrheit Freier? ...
> Nur Narr! Nur Dichter!
> Nur Buntes redend,
> aus Narrenlarven bunt herausredend,
> herumsteigend auf lügnerischen Wortbrücken
> auf Lügen-Regenbogen
> zwischen falschen Himmeln
> herumschweifend, herumschleichend –
> nur Narr! nur Dichter! ...

11. Sequenz:
Die Märtyrer von Lyon, im August des Jahres 177

Denn Gottes Ruhm ist der lebendige Mensch

Das Bundesamphitheater für die drei gallischen Provinzen liegt mit seinen stufenförmig ansteigenden Sitzreihen am Abhang des Hügels von Croix-Rousse, am linken Ufer der Saône.[1] Zunächst war es für den ausschließlichen Gebrauch der Abgesandten der 60 gallischen Städte bestimmt, es ist aber kürzlich vergrößert worden, um die auf Gladiatorenkämpfe versessene Bevölkerung von Lyon aufzunehmen.

An diesem 1. August 177 stehen die Bundesfeierlichkeiten unter schlechten Vorzeichen.[2] Die Krise, die das Reich befallen hat, macht sich lebhaft bemerkbar in Lugdunum, dem Hauptwirtschaftsplatz des Westens, der sich im Zentrum des einst von Agrippa geschaffenen Vierstraßennetzes befindet. Sein am Zusammenfluß von Saône und Rhône gelegener Hafen bildet den Umschlagplatz für den Warentransport zwischen Italien und der reichen Rheingegend. Die Berufsverbände der Flußschiffer, der Reeder und Großhändler spielen hier eine große Rolle. Ein gewisser C. Sentius Regulianus, ein römischer Ritter, ist auch zugleich Transportunternehmer auf der Saône, für Ausfuhr von gallischem Wein und Einfuhr von spanischem Öl. Ein Syrier namens Thaim ben Saad, auch Julianus genannt, hat einen Großhandel für Erzeugnisse aus Aquitanien. Ein großes Unternehmen aus Norditalien, das auf die Ausfuhr von Krügen mit Wein spezialisiert ist, hat eines seiner Büros nach Lyon verlegt.[3]

Alle diese Geschäftsleute haben ihre Docks, ihren Gesellschaftssitz und ihre besonderen Stadthäuser auf der Insel der *canabae* (Baracken, Verkaufsbuden und Krämerstände, K.F.), heute Bellecour-Perrache.[4] Auf dem Hügel gegenüber liegt die eigentliche Stadt, eine ehemalige Militärkolonie, die zur Hauptstadt für die drei Gallien wurde und als solche Sitz aller Verwaltungsorgane der Provinz ist: für Finanzen, Zoll, verschiedene Dienste, Bergwerke. Um das alte Forum herum *(Forum vetus: Fourvière)* wurden Theater, Odeon, Bäder, neues Forum und sogar ein Tempel der Kybele wegen des hohen orientalischen Anteils der Bevölkerung gebaut.

Wie alle Großstädte ist auch Lyon ziemlich kosmopolitisch ausgerichtet.[5] Man findet hier daher die Mehrheit der im Reich ausgeübten Kulte vor, besonders die von den syrischen Händlern, den griechischen Sklaven und den ständig ihren Standort wechselnden Soldaten mitgebrachten orientalischen Religionen.

Die christliche Gemeinde ist bereits mehrere Hundert Mitglieder stark. Zehn sind uns bekannt[6]: Attalus aus Pergamon und der junge Advokat Vettius Epagathus, der mit einer großen römischen Familie verwandt ist; zwei freie Männer: der phrygische Arzt Alexander und Alkibiades, mit einem wohlbekannten griechischen Namen; ein Freigelassener: Maturus; zwei Sklaven: Blandina und ihr Bruder Ponticus (aus Pontus stammend?); Bischof Pothinus, 90 Jahre alt, kam einst aus Smyrna, ebenso auch der junge Irenäus; nur der Diakon Sanctus spricht keine andere Sprache als Latein. Es ist daher von dem Bild her, das die Genannten abgeben, wohl erlaubt zu schlußfolgern, daß die Kirche von Lyon zahlreiche Mitglieder aus Asia hat, welche Griechisch sprechen, und daß vermögende Leute keine Seltenheit sind.

Diese Gemeinde ist es, die den Preis für das allgemeine Klima der Verunsicherung, das durch die politischen Unruhen (Barbareneinfälle, Usurpationsversuch des Avidius Cassius) und die Wirtschaftsschwäche hervorgerufen wird,[7] zahlen muß. Der soziale Organismus verhält sich ähnlich wie der menschliche Körper: Angesichts einer Krise, die er als lebensbedrohenden Angriff empfindet, reagiert er automatisch mit einem Selbstverteidigungsreflex, indem er die als Verursacher von Störungen betrachteten Elemente abstößt.

Aber die Christen haben bereits die Aufmerksamkeit wegen ihres auffälligen Verhaltens auf sich gezogen. In einer Handelsstadt wie dieser erscheint ihr «Verein ohne Gewinnabsicht» schon als solcher absonderlich. Man würde ihn vielleicht von seiten der Notleidenden gelten lassen, wenn nicht die Wohlhabenheit einer ganzen Anzahl unter ihnen in dieser Periode wirtschaftlichen Niedergangs auf sie wie eine Art Hohn wirken würde. Besonders ihr «Atheismus» regt dieses bunte Völkchen der Dockarbeiter, Hilfsarbeiter, Handwerker und Krämer auf, von denen zwar jeder seinen eigenen Gott hat, für die aber der offizielle römische Kult und die Kaiserverehrung sowohl eine Art Sozialkitt als auch ein Bollwerk gegen äußere Bedrohungen («Räuberbanden» verbreiten gegenwärtig Furcht und Schrecken in den Landstrichen Galliens[8]) darstellt. Erst kürzlich sind die Christen anläßlich der zur Feier der Siege Marc Aurels über die Barbaren offiziell abgehaltenen Zeremonien wegen ihrer hartnäckigen Weigerung aufgefallen, den von ihnen so bezeichneten «Götzenbildern» (Idolen) zu opfern. Diese sich offen gegen das allgemeine Sozialverhalten abgrenzende Haltung brachte ihnen schnell die Beschuldigung ein, sich umstürzlerisch zu betätigen. Die Erfolge des Kaisers beschäftigten sie weniger als der Sieg ihres Gottes; und vielleicht scheinen ihnen die der *Pax Romana* drohenden Gefahren auch schon das Kommen der «Königsherrschaft», die sie so ungeduldig erwarten, anzukündigen ...

Die Spannung steigt. Der Zusammenstoß wird unvermeidlich. Hierbei werden die unterschiedlichen Interessen der verschiedenen sozialen Klassen deutlich. Die Spitzen der römischen Verwaltung und der multinationale Großhandel machen sich wenig Sorgen um religiöse Probleme. Vor allem anderen geht es ihnen um die Aufrechterhaltung der Ordnung. Am anderen Ende der sozialen Leiter befinden sich die völlig Mittellosen aus der Klasse der *humiliores*. Diese haben in jeder Hinsicht nichts mehr zu verlieren und auch nichts mehr zu gewinnen, welche Veränderung auch stattfinden würde. Ihnen dürfte die christliche Bruderschaft eher sympathisch sein. Aufs Ganze gesehen sind die eigentlichen Gegner der Christen die Mittelklassen, deren Konservativismus das unwandelbare Festhalten an allen Werten einer Gesellschaft, die noch in der Lage zu sein scheint, ihnen Ruhe und Wohlergehen zu bieten, zum Ausdruck bringt. In diesen Kreisen kennt man gegenüber Außenseitertum nicht die geringste Nachsicht. Aber das Christentum zu Lyon hat sich vergeblich darum bemüht, eine wohlhabende Position zu erringen, denn seine berüchtigte «Doppelzugehörigkeit» reißt die Klassensolidarität auseinander. Kurz gesagt sind die Christen dazu ausersehen, als Sündenbock zu dienen. Es fängt damit an, daß man ihnen das Betreten der Bäder und der beiden Foren verbietet. Dergestalt offiziell einer allgemeinen Verfolgung durch die Volkswut ausgeliefert, werden diejenigen, denen es nicht gelingt, sich zu verstecken, «beschimpft, geschlagen, auf den Boden geworfen, beraubt und gesteinigt». Aber dieses Pogrom wird sich nicht zu einem allgemeinen Aufruhr auswachsen dürfen. Die Gewalt muß beim Gesetz, d.h. bei den herrschenden Klassen, bleiben.

Der Polizeidienst in den drei Gallien, eine ruhige Provinz, verglichen mit den anderen[9], wird allein von den 600 Mann der in Lyon stationierten XIII. Stadtkohorte versehen.[10] Ihr Anführer hat die Verhaftungen vorzunehmen, und daher sind die festgenommenen Christen auch in seiner Kaserne eingekerkert. In Übereinstimmung mit der seit Trajan gültigen Rechtsprechung hat man nicht nach den Christen «gefahndet», sondern sich damit begnügt, diejenigen festzunehmen, die angezeigt worden sind. Dies ist ein erneuter Beweis dafür, falls es dessen noch bedurft hätte, daß die römische Obrigkeit gegen die Christen keineswegs feindselig eingestellt war. Die Polizeiaktionen finden vielmehr auf Betreiben der ortsansässigen Bevölkerung als der Obrigkeit statt. Diese erweckt manchmal sogar den Eindruck, daß sie nur gezwungenermaßen streng vorgeht. Handelt es sich hierbei um tolerante Gleichgültigkeit oder geschickte Politik?

Die Mehrheit der Christengemeinde von Lyon scheint der Massenverhaftung entgangen zu sein. Von den zehn uns bekannten befinden sich noch zwei in Freiheit: Irenäus und Vettius Epagathus. Glaubt der junge Advokat, daß er als römischer Bürger aus einer angesehenen Familie seine Beziehungen spielen lassen kann, oder vertraut er einfach naiver Weise auf die *aequitas romana*? Er stellt sich freiwillig dem Gericht des kaiserlichen Legaten, dem Proprätor der Provinz Gallia lugdunensis, und nimmt sich der Verteidigung seiner Brüder an, indem er beharrlich die Anklage des Atheismus und der Gottlosigkeit widerlegt. Der Statthalter belehrt ihn jedoch schnell darüber, daß es nicht der geeignete Augenblick ist, um die Beachtung der «formellen Freiheiten» zu üben: «Bist auch du Christ? Ja? Wachen, verhaftet den Mann!»

Das Verhör spielt sich in aller Öffentlichkeit ab, unter Einschluß der Folterszenen versteht sich. Die Römer als erfahrene Massenpsychologen wissen genau, daß das Schauspiel der Folterung immer zu Buche schlägt. Es gibt keine zutreffendere Liturgie zu Ehren der Machthabenden als diese überlegt durchgeführte, fortschreitende Zerstückelung des Körpers des dafür ausersehen Opfers.

Verdammt, einige der «Befragten» erliegen zu schnell den «Fragen» der ungeschickten Henkersknechte ... Der alte, neunzigjährige Bischof stirbt als erster, jedoch nicht ohne vorher dem Untersuchungsbeamten, der ihn frug, wer der Gott der Christen sei, die stolze Antwort gegeben zu haben: «Wenn du dessen würdig wärest, wüßtest du es!»

Ein weiterer Mißton: zehn elend Zugerichtete, erschöpft von den erduldeten Qualen können nicht allzu lange vermeiden, alles mögliche zu gestehen: Blutschande, Menschenfresserei usw. Sie werden damit nichts gewinnen: Statt daß sie als Christen verurteilt werden, werden sie nach geltendem Recht als gemeine Verbrecher abgeurteilt ... Und sie setzen auch noch das ewige Heil aufs Spiel, weil sie Christus verleugnet haben! Denen unter ihnen jedoch, die im Gefängnis bereuen (wohin man sie jeden Abend zurückbringt, denn Folterknechte und Zuschauer müssen schließlich essen und schlafen!), können ihre Mitgefangenen Lossprechung erteilen. Ein wichtiges Detail: die «Märtyrer» sind mit einem solchen Glorienschein umgeben, daß ihnen die (priesterliche) Macht zuerkannt wird, Sünden nachzulassen.

Endlich kommt der Zeitpunkt der Veranstaltung im Amphitheater. Das ist der Höhepunkt des Schauspiels. Mit den Namen und Adressen, die man auf der Folter herausgequetscht hat, und mit Hilfe einiger Denunziationen von mißgünstigen und neidischen Nachbarn kann man mit gut hundert noch relativ ausgeruhten Christen rechnen. Und unter ihnen auch Frauen! Besonders die Sklavin Blandina («die Liebreizende») ist Gegenstand spezieller «Zuwendungen». Dieser schöne nackte Körper, den Blicken, den Schlägen, einem ungehemmten Sadismus preisgegeben, welch ein gefundenes Fressen! Man zieht das Vergnügen in die Länge. Während mehrerer Tage bemüht man sich, immer neue Martern zu erfinden, ohne übrigens der Unglücklichen ein anderes Geständnis entlocken zu können als den beständig wiederholten Satz: «Ich bin Christin, wir haben nichts Böses getan!» Man wird jedoch nichts unversucht lassen: Geißeln, Raubkatzen, glühender Rost ... Zum Abschluß wirft man sie, zusammengeschnürt in einem Netz, einem wilden Stier vor. Sie spürt nichts mehr, denn sie hatte den Schmerz überstanden. Sie hatte auch den Tod überstanden.[11] Nun erwartete sie – wie einer ihrer Gefährten niederschrieb – «das, woran sie immer geglaubt hatte: Sie sprach mit Christus».

Blandina, du Liebreizende, du arme Kleine, die von gebildeten Beamten, Humanisten, geschmückt mit Diplomen und Ehrungen, der stumpfsinnigen Grausamkeit einer entfesselten Masse zum Fraße vorgeworfen wurde, du bist das Symbol all jener Opfer dieser entsetzlichen Staatsräson, die nicht zögert, auf ihren schönen Grundsätzen herumzutrampeln, wenn es die Aufrechterhaltung der bestehenden Ordnung verlangt! Die christliche Kirche wird aus dir eine Heilige machen, aber du hast unzählige Brüder und Schwestern in allen Zeiten, aus allen Religionen, unter allen Regimen. Blandina, du weißt nicht, daß eine Spielart deines hübschen Namens, zärtlich sowohl als auch zerbrechlich bedeutend, unlängst Kaiser Hadrian zu einigen dieser feinfühligen Verse anregte, mit denen die Mächtigen manchmal gerne vom Dasein Abschied nehmen:

> Animula vagula, blandula ...
> Kleine Seele, verspielt und verzärtelt,
> Gast und Gefährtin meines Körpers,
> Du wirst fortgehen zu diesen
> bleichen, rauhen und kahlen Stätten.
> Vorbei sind die Spiele von ehedem ...[12]

Du sorgtest dich wohl kaum um deinen Körper, Blandina, und du beklagtest nicht deine Seele. Du warst ganz, mit Leib und Seele, diesem Jesus ergeben, mit dem du sprachst wie mit einem Freund. Das Leben war für dich kein Spiel, wie jene zu sagen beliebten, die alle Trümpfe in der Hand halten. Wenn man es dir nicht grausam entrissen hätte, würdest du gerne dein Leben lange gelebt haben, um in es so viel wie möglich von jener Zärtlichkeit zu legen, die dein Name versprach. Du verlangtest nur danach, dir die so wunderbare Formulierung deines Bruders Irenäus zu eigen zu machen: «Denn Gottes Ruhm ist der lebendige Mensch.»[13]

Vergessen wir nicht, daß das Blutbad von Lyon ein regelrechtes Sühneopfer war, das den Schutzmächten der römischen Ordnung dargebracht wurde. Die Asche der Christen wird daher hinterher gewissenhaft in die Rhône gestreut. Man hat wahrhaftig alles nötige getan, um ein böses Schicksal zu beschwören. Die Ladeninhaber von Lyon können ruhig ihren Geschäften nachgehen. Was den Proprätor-Legaten anbetrifft, so hat er es sich «redlich verdient», daß die Geschichte seinen Namen in der Liste jener Herrschenden verzeichnet, die das «tiefe Bedürfnis nach Sicherheit in der Bevölkerung» richtig verstanden haben.

Nachdem das Gewitter sich verzogen hat, schließt die Gemeinde die Reihen dichter. Das erste, was erledigt werden muß, ist durch Wahl den Nachfolger des alten Bischofs Pothinus zu bestimmen. Irenäus wird gewählt. Er stammt ebenfalls aus Smyrna und hat gleichfalls den heiligen Polykarp noch gekannt, der, wie er sich erinnert, immer «von Johannes, der den Herrn noch gesehen hatte»[14] (vielleicht der Apostel Johannes) sprach. Nach gründlichem Studium im klassischen Sinne kam er zur Zeit des Bischofs Anicetus (155–166) nach Rom. Mit seiner Person versteht es dann die Kirche von Lyon, die Verbindung mit den ältesten christlichen Gemeinden zu festigen.

Genauer gesagt, ergibt sich eine gute Gelegenheit, diese Bindungen zu verstärken. Bischof Polykrates von Ephesus sieht sich «Märtyrern» ausgesetzt, die, nachdem sie ruhmreich eine Verfolgung überstanden haben und wahrscheinlich etwas montanistisch eingefärbt sind, nunmehr Unduldsamkeit predigen: Es kommt nicht in Frage, denen zu vergeben, die unter der Folter nicht standgehalten haben; darüber hinaus wollen sie, da sie der unmittelbaren Wiederkunft Christi sicher sind, die Ehe und sogar jeden geschlechtlichen Kontakt zwischen Eheleuten verbieten ... Diese Überspannten haben ihren Bischof in Rom angezeigt (schon!). Soter, der Bischof der Hauptstadt, der sich sehr wichtig nimmt, hat einen tadelnden Brief an Polykrates geschrieben. Der aber hat glücklicherweise keine «römische» Auffassung von Katholizität. In seiner Eigenschaft als Bischof der «Metropole» von Asia erstrebt er mit seinem Kollegen einen Dialog zwischen Gleichberechtigten. Als schlauer Politiker weiß er jedoch, daß eine Position der Stärke für eine Diskussion immer ein Vorteil ist. Während er Soter unbeirrt antwortet, schickt er Abgesandte aus, um sich die Unterstützung einiger anderer Bischöfe im Westen zu sichern.[15]

Irenäus, der selber aus Asia stammt, aber auch die römischen Verhältnisse gut kennt, zögert keine Sekunde. Zunächst einmal faßt er zu Händen der «Brüder in Asia und Phrygien» einen Bericht über die jüngste Verfolgung in Lyon ab; er legt dabei großes Gewicht auf die gütige und milde Haltung der Märtyrer selber gegenüber denen, die schwach geworden sind. Seinem Brief wird noch ein Schreiben beigelegt, das angeblich aus der Hand der Märtyrer stammt. Dann wird Irenäus persönlich nach Rom entsandt, wo Eleutherus, der neue Bischof, zugänglicher zu sein scheint. Er führt eine Botschaft der Christen von Lyon mit sich, die mit dieser stolzen Einleitung beginnt: «Wir beten für dich, Vater Eleutherus, um Freude in Gott jetzt und immer. Unseren Bruder und Genossen Irenäus haben wir beauftragt, dieses Schreiben zu überbringen und bitten dich, daß du dich seiner annehmest wegen seines Eifers für den Bund Christi. Denn, wenn wir wüßten, daß der Stand einem Manne Gerechtigkeit gebe, dann hätten wir ihn vor allem als Presbyter, was er tatsächlich ist, empfohlen.»[16] Hier bedeutet der Ausdruck «Priester» (Presbyter) wahrscheinlich das gleiche wie «Bischof». Die kirchlichen Amtsbezeichnungen sind noch nicht endgültig festgelegt. Aber das Interessanteste ist sicherlich die stillschweigende Respektlosigkeit, mit der die Laien von Lyon diese hierarchischen Fragen behandeln ...

Ihr Brief hebt dann hervor, daß es sich bei der Nachsicht gegenüber denen, die unter der Folter schwach geworden sind, um eine überlieferte Einstellung handelt. Sie bedrängen Eleutherus, die Unduldsamen von Ephesus zu tadeln. Aus diesem Anlaß erwähnen sie den Fall des Alkibiades aus Lyon: Sicherlich durch den montanistischen Asketismus beeinflußt ernährte er sich auch im Gefängnis nur von Brot und Wasser. Sein Gefährte Attalus warf ihm auf einen Traum hin vor, die von Gott geschaffenen Dinge abzulehnen. Daraufhin nahm Alkibiades Abstand von seiner bisherigen Lebensweise.[17] (Ein schönes Lob für die Lyoneser Küche!)

Irenäus seinerseits weiß zu überzeugen: Eleutherus gibt Polykrates recht. Dieser scheint also die Partie gewonnen zu haben. Die Lyoneser aber wissen, daß die Geheimdiplomatie immer als Alibi für allerlei Anschuldigungen dient und schicken daher offen eine doppelte Ausfertigung ihres Sendschreibens nach Ephesus. Diese Linie einer öffentlichen Behandlung der Themen weiter verfolgend hat Polykrates wahrscheinlich davon Abschriften für die Kirchen des Ostens anfertigen lassen, denn eines Tages wird ein Exemplar davon in der Bibliothek von Caesarea in Palästina[18] landen, wo der Historiker Eusebius davon um 300 wird Kenntnis nehmen können. Und auch wir, wiederum dank seiner. So ist dank der Entschlossenheit zweier Bischöfe, unterstützt von der Mehrheit ihrer Gemeinden, ein doppelter Streich von großer Tragweite gelungen. Einerseits haben sie die Festung einer integristischen Partei geschleift, die sich der gewöhnlichen Methoden der Denunziation bediente. Andererseits haben sie ihren Kollegen in Rom hinreichend zu beeindrucken gewußt, um ihn die Entscheidung eines Vorgängers rückgängig machen zu lassen. Ein wohl sehr seltener Vorgang, den Eusebius mit dem beschönigenden Satz überliefert hat: «Sie handelten im Interesse des kirchlichen Friedens.»[19]

12. Sequenz:
Celsus und die Polemik gegen die Christen, im Jahre 180

Wollkrempler, Schuster und Walker ...

Wenn man sich selbst beurteilen will, ist man immer in einer ungünstigen Position. Unsere Gegner kennen uns besser als wir selbst.

Die Christen zur Zeit des Marc Aurel werden durch ihre Apologeten weniger scharf gekennzeichnet als durch ihre Verleumder. Über Celsus, den giftigsten unter ihnen, wissen wir nichts. Auch von der Existenz seines großen polemischen Werks, dem «Wahren Wort», hätten wir keine Kenntnis, wenn sich nicht Origenes im Jahre 249 die Mühe gemacht hätte, Punkt für Punkt darauf zu antworten und es dabei ausgiebig zu zitieren.[1]

Celsus scheint gut informiert zu sein. Er hat Syrien, Palästina und Ägypten bereist. Er hat die Evangelien und die griechischen Übersetzungen der biblischen Texte gelesen. Seine Exegese ist bedeutend kritischer als die von Justin: Er deckt schonungslos die Widersprüche zwischen den beiden Schöpfungsberichten auf, unterstreicht die Ungereimtheiten in den Evangelien und wundert sich darüber, daß sie Jesus nicht als einen «Superman», der mit allen tollen Eigenschaften ausgestattet ist, hinstellen: «Wenn schon der Geist Gottes in einem Menschen Fleisch annahm, so hätte dieser durchaus sich von allen Übrigen durch Größe, Schönheit, Stärke, Erhabenheit, Stimme und Überredungskraft unterscheiden müssen. Denn es wäre unzulässig, daß derjenige, der in sich ganz besonders göttliche Kraft trägt, sich in nichts vom Rest der Menschen unterscheiden möge. Aber Jesus war in nichts mehr als die anderen, sondern er war sogar, wenn man den Christen glauben darf, klein, häßlich und ohne Vornehmheit.»[2]

Im Grunde stößt sich Celsus an folgendem: Verglichen mit den prächtigen Legenden der Mythologie, die von wundersamen Göttern und stolzen Helden bevölkert sind, bieten die Evangelien eine in unglaublichem Maße alltägliche und gewöhnliche Geschichte an:

> In Wahrheit stammt Jesus aus einem jüdischen Dorf und ist der Sohn einer armen Frau vom Lande, die von ihrer Hände Arbeit lebte ... Man konnte sehen, wie er als armer Landstreicher furchtsam geduckt und ziellos mit zehn oder elf Anhängern, die er sich aus der Hefe des Volkes, unter den schlimmsten Zöllnern und Fischern zusammengesucht hatte, im Lande umherlief und schmäh-

lich und kümmerlich sein Dasein fristete ... Man weiß, wie er geendet ist, man weiß um Verrat durch die Seinen, Verurteilung, Mißhandlungen, Verhöhnungen und Leiden seiner Hinrichtung ... Warum soll man die Abenteuer der anderen als unwahrscheinliche Fabeln einstufen, während der Stoff eures Dramas mit dem Schrei, den euer Jesus von der Höhe des Pfahls, als er seinen Geist aufgab, ausstieß, besser dastehen und als glaubwürdiger gelten soll? Als er noch lebte, konnte er für sich selber nichts tun; als Toter nun, sagt ihr, stand er auf und zeigte die Male seiner Hinrichtung und seine durchbohrten Hände. Wer hat das gesehen? Ein halbrasendes Weib, wie ihr selber eingesteht, und noch ein anderer Gaukler der gleichen Sorte ...[3]

Die Kritik des Celsus ist wahrscheinlich vor allem sozialer Art. Was ihn bei den Christen am meisten schockiert, ist, daß sie, nach ihrem Jesusbild zu urteilen, zu den unteren Klassen der Gesellschaft gehören und auf alles das pfeifen, worauf man normalerweise stolz ist:

Solche Grundsätze vertreten sie: Fern bleibe uns jeder gebildete Mensch, kein Weiser und kein Vernünftiger nähere sich uns; das sind nämlich schlechte Empfehlungen in unseren Augen. Wenn aber einer unwissend, unverständig, ungebildet und einfältig ist, der trete uns mutig bei!

Indem sie solche Leute als ihres Gottes würdig bekennen, machen sie deutlich, daß sie nur die Unmündigen, Niedrigen und Unverständigen sowie Sklaven, arme Weiber und Kinder überreden wollen und können. Was ist denn Böses daran, gebildet, um eine gepflegte Rede besorgt und klug zu sein und auch als solcher zu erscheinen? Wieso behindert dies denn die Erkenntnis Gottes? Ist dies alles nicht vielmehr förderlich zur Erreichung der Wahrheit?

Aber wir sehen doch wohl, daß Marktschreier und Gaukler es nicht wagen, eine Versammlung verständiger Männer zu betreten, um ihren Schwindel anzupreisen, daß sie aber, wo sie Bürschlein, Hausgesinde oder unverständige Menschen sehen, ihre Gerüste aufstellen, ihre Sachen feilbieten und sich bewundern lassen. Genau so ist es auch im privaten Bereich der Familien. Dort kann man beobachten, wie Wollkrempler, Schuster und Walker, die ungebildetsten und unwissendsten Leute, in Anwesenheit ihrer Herren und erfahrener und urteilskräftiger Männer sich wohl hüten, einen Ton von sich zu geben. Wenn sie aber die Kinder des Hauses und die Weiber, die auch nicht mehr Ahnung haben als sie selber, für sich allein erwischen, dann tischen sie ihnen allerlei Wunderbares auf ...[4]

Welch eingebildeter Unwille! Streichen wir ab, was Übertreibung ist, dann teilt er uns mit, daß die christlichen Kirchen sich vor allem aus kleinen Leuten zusammensetzen, die man durch Missionierung von Haus zu Haus gewonnen hatte, wobei man das Augenmerk eher auf die Küchen als die Salons richtete. Philosophen wie Justin haben es sicherlich versucht, mit den Herrschenden und den Gebildeten ins Gespräch zu kommen, aber man läge sicher nicht falsch, wenn man sagen würde, daß seit der Schlappe des Paulus bei den Athenern[5] die christliche Verkündigung sich bevorzugt an die wendet, die als Ausgebeutete die gleiche Wellenlänge haben wie die Frohe Botschaft.

Paradoxerweise verleiten diese sehr schlichten schreib- und leseunkundigen, aber leicht zu begeisternden Leute der Basis ihre Leitungen oft dazu, ihre leichte Beeinflußbarkeit vorzuschützen, um die «Intellektuellen» fernzuhalten, die das Risiko «einer Beunruhigung der Herde» mit sich brächten ... Die kirchlichen Obrigkeiten zeigen sich weniger streng hinsichtlich der den Aposteln zugeschriebenen volkstümlichen Erzählungen oder des Bestrebens, ihre Abenteuer ausführlich zu erzählen: so beispielsweise der berühmte Roman *Acta Pauli et Theclae*, der immerhin ziemlich heikel ist und zeigt, wie Frauen dabei sind zu lehren und die Sakramente zu verwalten ...[6]

Celsus verkennt nicht, daß unzählige Sekten die Einheit dessen bedrohen, was er die «Großkirche» nennt: «Unter den Christen geben die einen zu, daß sie denselben Gott wie die Juden haben, andere aber bestreiten dies und halten daran fest, daß der, welcher seinen Sohn gesandt hat, ein dem ersten entgegengesetzter Gott ist.»[7] Er weiß von dem Vorhandensein der Schüler Marcions. Er verspottet die Heftigkeit der theologischen Streitereien: «Sie überhäufen sich gegenseitig mit den übelsten Schmähungen, die ihnen durch den Kopf schießen, sind auch nicht um des lieben Friedens willen zum geringsten Zugeständnis bereit und verabscheuen einander in tödlichem Haß.»[8]

Um die Nichtigkeit dieser Auseinandersetzungen zu beweisen, dreht Celsus, in einer auffallenden Wiederholung der Dinge, die den Sokrates und Heraklit vereinnahmende Argumentation des Justin genau um:

> Denn besser und schärfer und ohne Aufgeblasenheit und prophetische Töne, so als ob man im Auftrag Gottes und seines Sohnes redete, wurden diese Dinge von den Griechen gesagt ... Platon dagegen, obwohl er doch durch den Gebrauch von Fragen und Antworten dem Denken einen Dienst erwiesen hat, treibt seinerseits doch nie Windbeutelei, noch stopft er denen den Mund, die ihn darüber befragen, wie es mit dem steht, was er verspricht, noch befiehlt er sogleich, daß man ihm eilends glaube, Gott sei so oder so beschaffen, er habe einen solchen Sohn und dieser habe sich mit ihm unterredet, nach dem er eigens dazu gesandt worden sei ...[9]

Für Celsus, der weit davon entfernt ist, das Erbe der Philosophie insgesamt anzutreten, ist das Christentum «von seinen Ursprüngen her barbarisch»[10]. Dies zuallererst deshalb, weil der christliche Glaube der «Vernunftgrundlage» entbehrt: «Diejenigen, die ungeprüft alles glauben, was man ihnen vorsagt, sind ähnlich jenen armseligen Leuten, die auf Scharlatane hereinfallen und hinter den Priestern des Mithras oder Sabbadios herlaufen, wobei sie nicht mehr wissen, wo ihnen der Kopf steht wegen deren Narreteien und Betrügereien. Genauso ist es auch bei den Christen. Einige von ihnen wollen weder Rechenschaft geben noch nehmen über das, was sie glauben. Sie sagen einhellig: ‹Prüfe nicht, sondern glaube, denn euer Glaube wird euch retten!› Und ebenso: ‹Die Weisheit der Welt ist etwas Schlimmes, die Torheit aber ist etwas Gutes!›»[11]

Celsus hat auch sicherlich den Ersten Brief des Paulus an die Korinther gelesen: «Während nämlich die Juden Zeichen fordern und die Griechen Weisheit suchen, predigen wir Christus, den Gekreuzigten, den Juden ein Ärgernis, den Heiden eine Torheit ...»[12] Aber der Philosoph schießt übers Ziel hinaus, wenn er den Christen Massenverdummung vorwirft. Neben der Verachtung für diejenigen, die nicht seinen Bildungsstand teilen, unterstreicht die Empörung des Celsus noch einmal, daß entgegen den Bestrebungen von Justin das Christentum keine Philosophie ist. Noch nicht einmal eine Theologie. Und sicher auch keine Religion, wenn man darunter ein zusammenhängendes System von Dogmen und Riten versteht. Es ist eine bestimmte Art, *brüderlich* zusammenzuleben[13]; wie heißt es doch in der alten *Didache*: «Denn wenn ihr in die unvergänglichen Güter euch teilet, um wieviel mehr in die vergänglichen?»[14] Als Kinder desselben Vaters sind die Christen an sich weder Griechen (oder Römer) noch Barbaren (oder Juden); sie bilden eine *dritte Gattung*[15], die sich für keine wie auch immer geartete Macht als Parteigänger werben läßt. Hier liegt der eigentliche Skandal, und Celsus hat das sehr genau gespürt.

> «Niemand kann zwei Herren dienen», sagen die Christen. Dieses aber ist eine Stimme des Aufruhrs seitens derer, welche sich selbst von den anderen absperren und sich von der Gemeinschaft losreißen wollen ... Also entweder das Eine oder das Andere. Lehnen sie es ab, an den öffentlichen Zeremonien teilzunehmen und deren Vorsitzenden die Ehre zu erweisen, dann sollen sie auch darauf verzichten, mündig zu werden, sich zu verheiraten, Vater zu werden, noch irgendeine andere Aufgabe im Leben zu übernehmen. Alle miteinander sollen sie weit von hier weggehen und nicht den kleinsten Sproß zurücklassen, damit dieses Geschlecht von der Erde vertilgt werde! Wenn sie aber sich verheiraten, Kinder haben, die Früchte der Erde genießen und an den Dingen des Lebens, seinen Wohltaten wie seinen Übeln, teilnehmen wollen, ... dann müssen sie auch denen, die mit der Regierung beauftragt sind, die erforderlichen Ehren erweisen![16]

Es gibt etwas Pathetisches an dieser Beunruhigung. Celsus versteht völlig, daß das Verhalten der Christen eine zunächst nur der Möglichkeit nach vorhandene, aber radikale Anfechtung des kaiserlichen Staates und eine Bedrohung seiner Sicherheit darstellt: «Denn wenn alle so wie ihr handeln würden, so würde nichts mehr dem im Wege stehen, daß der Kaiser am Ende allein und verlassen zurückbliebe und die ganze Welt eine Beute der wildesten und gesetzlosesten Barbaren würde.»[17]

Für einen Augenblick hat Celsus die politischen Folgen eines Sieges des Christentums geahnt. Dieser erscheint ihm als eine Katastrophe für alles, woran er hängt. Doch schnell verdrängt er diese alpdruckartige Vision aus seinem Bewußtsein: «Wenn es möglich wäre, daß alle Bewohner Europas, Asiens und Afrikas, Griechen sowohl wie Barbaren, die bis zu allen Enden der Welt verteilt sind, durch die Gemeinsamkeit des gleichen Glaubens geeint wären, dann vielleicht hätte ein Unternehmen eurer Art eine Chance auf Erfolg; aber dies ist ein reines Hirngespinst in Anbetracht der vorhandenen Verschiedenheit der Bevölkerungen und ihrer Lebensgewohnheiten.»[18]

Das Werk endet mit einem gefühlsgeladenen Tadel an die Adresse der Christen, der wie ein letzter Hilferuf klingt: «Unterstützt den Kaiser mit all euren Kräften, teilt euch mit ihm in die Verteidigung des Gesetzes. Hört auf, euch der Erfüllung der bürgerlichen Pflichten zu entziehen und den Militärdienst zu verweigern. Übernehmt euren Anteil an öffentlichen Ämtern, wenn es sein muß, damit die Gesetze gerettet werden und die Frömmigkeit erhalten bleibt.»[19]

Celsus hat als Nutznießer der römischen Ordnung und durchdrungen von ihrer Größe im Christentum nur eine Gefahr gesehen. Mit dem unfehlbaren Spürsinn derer, die sich auf der Seite des Stärkeren befinden, hat er die Weitergabe der Botschaft des Evangeliums wie einen Windstoß empfunden, der seine privilegierte Welt erzittern ließ. In der Folgezeit wird es noch viele weitere Menschen geben, die dafür sorgen, daß die folgende Herausforderung nicht verstummt:

Hoch preist meine Seele den Herrn!
Gewaltige hat er vom Thron gestürzt
und Niedrige erhöht.[20]

13. Sequenz:
Die Bittschrift der Siedler von Souk-el-Khemis, im Jahre 181

Erbarme dich unser, oh Herr!

In der Talmulde wogt das Gold des reifen Getreides, so weit das Auge reicht. Am Hang des Hügels hebt sich das fahle Grün der Ölbäume vom dunklen Grund der Weinreben ab. Auf den Höhen liegt zwischen den Gruppen der Mastixbäume der frische Fleck der Oleanderbüsche. In der Mitte des Bildes befinden sich einige zu einem Weiler angeordnete niedrige Häuser nahe am Fluß Bagradas (heute Medjerda); ihre weiße Farbe leuchtet grell im Hitzeschleier, der die Formen tanzen läßt. Am Eingang eines der Häuser bewegen sich lebhaft einige braune Schattenfiguren und gestikulieren wild mit den Armen. Die Siedler der kaiserlichen Domäne von Buruni (Souk-el-Khemis) im Nord-Westen von Tunesien sind zornig: «*Das* kann so nicht weitergehen! Es muß etwas geschehen! *Sie* machen sich schon zu lange über uns lustig!»

«Sie», damit ist Allius Maximus, der Verwalter des Landgutes, gemeint, der mit dem Prokurator des Gebietes unter einer Decke steckt. «Das» bezieht sich auf den Tatbestand, daß diese übereingekommen sind, die Zahl der vom Gesetz vorgesehenen Tage der Fronarbeit in ungebührlicher Weise zu erhöhen. Und das ist noch nicht alles: Die Siedler haben eine Bittschrift an Kaiser Marc Aurel gerichtet und ein Reskript (Antwortschreiben) zu ihren Gunsten erhalten. Die beiden Schufte haben es jedoch einfach übergangen. Es erfolgte eine zweite Beschwerde. Diesmal hat der Prokurator die Gelegenheit ergriffen, um eine Strafexpedition durchzuführen: Ein Trupp Soldaten hat das Dorf eingeschlossen, alle Leute niedergeknüppelt und einige «Rädelsführer» ins Gefängnis gebracht, wo sie dann ausgepeitscht wurden. Obwohl einige unter ihnen römische Bürger waren ...

Aber die Angelegenheit wird nicht örtlich begrenzt bleiben. Man sagt, daß Commodus, der neue Kaiser, der allerdings weniger intelligent ist als sein Vater, der Lage der Arbeiter mehr Beachtung schenkt.[1] Also wird man ein drittes Gesuch aufsetzen, ehrerbietig und alles, wie es sich gehört, aber auch entschieden:

> Es ist notwendig, daß du in Kenntnis gesetzt wirst über die heimlichen Geschäfte deines Prokurators, der nicht nur zusammen mit Allius Maximus, unserem Widersacher, sondern auch mit beinahe allen anderen Verwaltern ge-

gen unser gutes Recht und auf Kosten deiner Einkünfte, und zwar ohne ein Maß zu kennen, gearbeitet hat. [Es folgt eine Aufstellung der Fakten, M.C.] Dies zwingt uns in unserer elenden Lage dazu, uns deinen göttlichen Schutz zu erflehen. Deswegen bitten wir dich, heiligster Kaiser, uns beizustehen; denn kraft des obigen Paragraphen des von Hadrian erlassenen Gesetzes, welcher die entsprechende Bestimmung aufhebt, haben die Prokuratoren und Verwalter nicht länger das Recht, zum Schaden der Siedler die auf dem bewirtschafteten Land liegenden Abgaben, die Fronarbeiten und Spanndienste auszuweiten. Gemäß den im kaiserlichen Büro des Distriktes Karthago aufbewahrten Rundschreiben müssen wir nicht mehr als zwei Tage jährlich jeweils für Feldbestellung, Jäten und Ernten aufbringen ... In diesem Punkt kann es keine Diskussion geben, denn er ist durch eine in Bronze gegossene dauerhafte Vorschrift geregelt, die ja auch allerseits und bei all unseren Nachbarn Anwendung gefunden hat und durch die oben erwähnten Rundbriefe bestätigt worden ist.

Komm uns zu Hilfe, denn wir sind arme Bauern; wir müssen von unserer Hände Arbeit leben und sind nicht im Stande, mit dem Verwalter bei den Prokuratoren zu rivalisieren; dieser versichert sich immer durch aufwendige Geschenke der Huld der letzteren und ist ihnen ja auch wohlbekannt, weil er schon manches Mal seinen Vertrag erneuert hat.

Erbarme dich unser und geruhe durch dein heiliges Reskript anzuordnen, daß wir nicht mehr leisten müssen, als im Gesetz Hadrians und den Rundschreiben verlangt wird, d.h. dreimalige Fronarbeit zu je zwei Tagen. Dann werden wir, deine Bauern, die auf deinen Gütern geboren und aufgewachsen sind, durch die Güte deiner Majestät nicht länger von den Verwaltern kaiserlicher Besitzungen gequält werden ...[2]

Das Dossier ist nach allen Regeln der Kunst aufgesetzt, gründlich, klar und gut abgesichert. Die Siedler haben sich wahrscheinlich die Unterstützung eines Advokaten geleistet. Worum geht es nun? Wir befinden uns hier in der Provinz Africa proconsularis. Während eines ganzen Jahrhunderts war dies die Kornkammer Roms und lieferte ein Drittel (d.h. 1 780 000 Zentner) der Versorgungsmenge der Hauptstadt.[3] Seit 50 Jahren haben die Kaiser aus dem Hause der Antoninen (ab Trajan) den Anbau von Wein und Oliven gefördert, besonders natürlich auf den riesigen kaiserlichen Besitzungen *(saltus)*. In der Tat entwickelt sich jetzt der Getreideanbau in den Gebieten im Süden und Westen, die man den Nomadenstämmen weggenommen hat.[4] Italien seinerseits aber, das Opfer einer wirtschaftlichen und demographischen Krise ist, besteht immer mehr aus Brachland, Weideland und Wäldern. Die Zeit liegt weit zurück, wo Vergil tönen konnte:

Aber weder das Land ... (der Meder, noch der herrliche Ganges ...) wagen um Ruhm mit Italien Streit. ... hier prangt mit Früchten die Flur, mit erlesenen Weinen, Ölbäume grünen am Hang und fröhlich weiden die Rinder.[5]

Aber der Verbrauch an Wein und Öl kann nur wachsen: Die kleinen Terrakottalampen verbrauchen Brennstoff, für Bäder, Massagen, Körperpflege wird täglich mehr an Salben, Balsam, Parfüm und Schminke verlangt ... Auch wenn die Christen, was den Wein betrifft, noch keine bedeutende Kundschaft darstellen[6], verkaufen die italischen Weinbauer einen «Wein aus Sorrent», der großteils mit afrikanischen Rebsorten verschnitten ist (zum gleichen, sehr angehobenen Preis).

Diese neue Ausrichtung der Landwirtschaft verfolgt auch ein politisches Ziel: Der Anbau von Olivenbäumen, die keiner allzu regelmäßigen Pflege bedürfen und erst nach zehn Jahren etwas einbringen, scheint besonders geeignet, eine Arbeit zu liefern, die ausreicht, um die auf dem Weg der Seßhaftwerdung befindlichen Nomadenstämme an Ort und Stelle zu binden. Die kaiserlichen Prokuratoren schließen Fünfjahresverträge mit den Verwaltern *(conductores)* ab, die wiederum Pächter *(coloni)* verpflichten;[7] diese sind nicht die Besitzer der Produktionsmittel (Geräte, Pressen, Bottiche)[8], und sie müssen Naturalabgaben entrichten, deren Menge genauestens festgelegt ist: «Ein Drittel des auf die Tenne zum Dreschen gebrachten Korns, ein Drittel der auf die Tenne gebrachten Gerste, ein Viertel der auf die Tenne gelieferten Bohnen, ein Drittel des in den Kübeln gesammelten Weins, ein Drittel des Öls in der Presse.»[9] Außerdem haben sie jährlich sechs Tage Fronarbeit zu leisten. Zusätzlich tragen die Siedler die ganze Verantwortung für mögliche Ausfälle z.B. durch Plünderungen: «Wenn jemand ein Erzeugnis der Domäne, sei es von der Erde oder vom Baum, sei es schon zur Reife gelangt oder nicht, abschneidet, vernichtet, wegnimmt, verbrennt oder ausreißt, so hat für den dadurch dem Verwalter entstandenen Schaden der Siedler aufzukommen, der seinem Gläubiger doppelten Anteil zahlen muß.»[10] Andererseits hat jeder Siedler (vorausgesetzt er erfüllt seine Verpflichtungen) ein Verfügungsrecht über sein Los, das er weitervererben oder auch verkaufen kann.

Um den Ertrag ihrer Provinzen zu steigern, haben die Römer schon seit den Zeiten der Republik einen gewaltigen technischen Apparat aufgebaut: Sie haben einen Kataster der landwirtschaftlich nutzbaren Flächen angelegt. Landvermesser und Geometer haben ganz Afrika in ein Gitternetz rechtwinkliger «Zenturiate» aufgeteilt, das eine genaue Berechnung der eintreibbaren Einkünfte gestattet. Die Bergregionen sowie bewaldetes oder sumpfiges Gelände wurden dabei ausgeklammert. Aber in jüngster Zeit wurde man gewahr, daß die beträchtliche Zunahme der afrikanischen Bevölkerung zweifellos eine Einbeziehung dieses Brachlandes erforderlich machen würde. Also wurden bestimmte Erleichterungen gewährt:

> Nachdem nun unser Caesar angeordnet hat, daß alle Parzellen des für den Anbau von Ölbäumen und Wein geeigneten Landes auch genutzt werden sollen, ist es allen erlaubt, die in Frage kommenden Parzellen zu besetzen, selbst

wenn sie im Innenbereich der an die Domänen verpachteten Zenturiate liegen, aber durch keine Landwirte genutzt werden. Allen, die solche Parzellen in Besitz nehmen, werden kraft des Gesetzes von Hadrian über die brachliegenden und nicht bebauten Landflächen für zehn aufeinanderfolgende Jahre das Besitzrecht, das Nutzungsrecht sowie das Recht der Vererbung und des Vermächtnisses übertragen.[11]

Was konnte den Verwalter Allius Maximus dazu bringen, eine so sorgfältig aufgebaute Ordnung zu stören? Sicherlich die Situation des Imperiums. Die nur mit Mühe zurückgeschlagenen Barbareneinfälle, die Pestepidemie, die 20 Jahre anhielt, die Unsicherheit und die Störungen, die sich daraus besonders in Ägypten, dem anderen Getreidelieferanten, ergaben, haben die Verwaltung dazu angereizt, von den afrikanischen Domänen eine vermehrte Produktion zu fordern, insbesondere um die Versorgung des Heeres gewährleisten zu können. Möglicherweise hat Maximus also bloß den Befehlen gehorcht. Nur hat er es dabei übertrieben.

Aber die Siedler sind nicht gewillt, sich ohne Gegenwehr ausnehmen zu lassen. Und das aus einem ziemlich überraschenden Grunde: Sie vertrauen auf das Gesetz. Diese Nomadensöhne, die auf der Domäne geboren und (in einigen Fällen) sicher auch römische Bürger geworden sind, sind ganz und gar angetan von der Gesetze, Verwaltung und Zentralisierung hochhaltenden Mentalität der Römer. Ihre Bittschrift singt eine wahre Hymne zu Ehren des Rechts: Gesetze, Reskripte, Rundschreiben und Verordnungen werden hier als ebenso viele Sicherheiten gegen Willkür in Erinnerung gerufen. In ihren Augen, «kann es in diesem Punkt keine Diskussion geben». Die ganze Überzeugungsgewalt der Reichsideologie bricht in diesem treuherzigen Hilferuf an den *Herrn* in Rom auf: «Komm uns zu Hilfe, erbarm dich unser!» Diese «armen Bauern, die von ihrer Hände Arbeit leben», fühlen sich «nicht im Stande, mit dem Verwalter zu rivalisieren», der den Prokurator zu bestechen versteht. Sie aber verlassen sich blindlings, und zwar dreimal in einem Zeitraum von sechzehn Jahren, auf die Gerechtigkeit des Princeps. Er da oben wird nicht versäumen, ihnen zu Hilfe zu kommen, wenn er nur «Kenntnis erhält» von den «seinen Bauern» angetanen «Quälereien»...

Die Einflußnahme Roms auf alle von ihm «zivilisierten» Völker ist unglaublich erfolgreich: Die Autorität des Kaisers erscheint ihnen nicht als Symbol ihrer Ausbeutung, sondern als Unterpfand ihrer wirklichen *Freiheit*[12], d.h. als Versicherung, daß gleiches Recht für alle gilt. Es gibt keine bessere Definition von *consensus*.[13]

Wie wenn es noch eines handgreiflichen Beweises für dieses wundersame Gleichgewicht bedurft hätte, erhalten die Siedler von Souk-el-Khemis postwendend (und sicher ohne Überraschung) einen Brief des Generalprokurators, des Leiters der kaiserlichen Vermögensverwaltung, der ihnen die offizielle Antwort des Kaisers übermittelt. Ehrlich gesagt handelt es sich um einen Verwaltungsbogen aus der kaiserlichen Kanzlei. Die Antwort spiegelt daher sowohl die ganze Trockenheit als auch Korrektheit eines amtlichen Formulars wider:

> Der Kaiser Caesar Marcus Aurelius Commodus Antonius, Augustus, Sarmaticus, Germanicus Maximus, an Lurius Lucullus und andere.
> Die Prokuratoren haben in Anwendung des Gesetzes und meiner Entscheidungen dafür Sorge zu tragen, daß ihr nicht mehr als drei Frondienstleistungen zu je zwei Tagen und auch sonst nichts Unrechtes oder gegen die dauernde Vorschrift Verstoßendes verlangt.[14]

Das wär's! Der Verwalter und der Prokurator wurden gemaßregelt. Binnen kurzem werden sie vielleicht abgelöst. Die Siedler haben gewonnen. Für ein Mal haben sie von den Widersprüchen eines gegen sie gerichteten Systems profitiert. Indem sie das Gesetz beim Wort nahmen, haben sie es gezwungen, ihnen Gerechtigkeit widerfahren zu lassen. Um diesen (sicherlich kurzlebigen) Erfolg zu feiern, haben sie das ganze Dossier des Vorgangs an einem kleinen, dem Kaiser gewidmeten Altar eingemeißelt, mitten zwischen Getreidefeldern, Ölbäumen und Weingärten. Man wird ihn im Jahre 1879, also 1700 Jahre später, wiederentdecken.

14. Sequenz:
Bischöfliche Streitereien über das Datum des Osterfestes, im Jahre 190

Diese verschiedene Praxis im Fasten

Polykrates ist 65 Jahre alt und immer weniger geneigt, seine leitende Stellung in der Kirche von Ephesus aufzugeben.[1] Das Bischofsamt ist für ihn eine Familienangelegenheit: Sieben seiner Verwandten haben es vor ihm ausgeübt ... Der Grund, daß jetzt gewisse junge Grünschnäbel ihm beibringen wollen, wie man die Gemeinde leitet, liegt nicht darin, daß polizeiliche Mißhandlungen ihnen die Gelegenheit verschafft haben, sich den Glorienschein des «Märtyrertitels» umzuhängen! Vor allem wird er niemals zulassen, und in diesem Fall erst recht nicht, daß der Bischof von Rom ihm ins Gehege kommt und es sich angelegen sein läßt, ihm Befehle zu erteilen. Nein, aber für wen hält er sich?

Polykrates hat in Ephesus und in der Provinz Asia nicht nur Freunde. Seine Familiendynastie schafft Neider. Er hat sich schon einmal mit ihnen anläßlich der Vergebung für die «Gefallenen» schlagen müssen. Damals hatte ihm Irenäus von Lyon durch seine Intervention bei Eleutherus aus der Patsche geholfen.[2] Heute läßt sich die Angelegenheit wesentlich schlechter an. Den Unzufriedenen in Ephesus ist es gelungen, einen schwachen Punkt zu entdecken, und sie haben es sehr eilig, dies öffentlich herauszustreichen: Es geht um das Datum des Osterfestes.

Wo liegt das Problem? Die Juden feierten die Befreiung aus Ägypten durch Mose am 14. Tag des Monats Nisan (nach dem Mondkalender). Die Evangelien erzählen, daß Jesus diesem Brauch gefolgt ist[3], aber die Chronologie bei Markus, Matthäus und Lukas stimmt nicht mit der bei Johannes überein, der Jesus, das «Osterlamm», zu dem Zeitpunkt sterben läßt, wo man das Osterfest vorbereitet.[4] In Ephesus, wo man darauf pocht, das Grab des «Lieblingsapostels des Herrn» zu besitzen, hat es sich eingebürgert, das christliche Osterfest am 14. Nisan zu begehen. An diesem Tag, welcher Wochentag es auch sei, fastet man bis zum Abend; dann begeht man im Rahmen von freudigen Agapefeiern (*agape*, das Fest der brüderlichen Liebe) die Eucharistie.

Im Westen waren die Kirchen stärker bestrebt, sich eindeutig von den jüdischen Bräuchen abzugrenzen. Nach und nach wurde die Regelung eingeführt, das Osterfest auf den Sonntag, der dem 14. Nisan folgte, festzulegen. Freitag und Samstag wurden zu Fasttagen erklärt, das Fest der Auferstehung fiel dann auf den «Tag des Herrn», womit gleichzeitig die Existenz eines eigenen christlichen Kalenders bekräftigt wurde. Welche Schwierigkeit bringt diese Abweichung? Wenn der 14. Nisan auf einen Sonntag fällt, dann fasten die Anhänger dieses Termins, während die anderen feiern und umgekehrt. Wenn dies sich dann noch in der gleichen Gemeinde ereignet, dann fehlt nicht viel, um Streit entstehen zu lassen. Und dann kommt noch hinzu, daß die Anhänger des 14. Nisan *(Quattuordecimani)* ja in der Tat ein jüdisches Fest und auch am gleichen Tag wie die Juden feiern ... Leider wurde dann in der Folge der Antijudaismus zu einer abendländischen Tradition.

Die Gegner des Polykrates verstanden es, diesen *casus belli* (Streitfall) dem immer wachsamen Bischof von Rom in den gleißendsten Farben auszumalen. Viktor, der 189 auf Eleutherus folgte, ist Afrikaner und folglich in der Tradition der lateinischen Kultur stehend. In den Kirchen des Westens beginnt das Lateinische das Griechische zu verdrängen[5], womit vor allem auch der Einfluß der alten orientalischen Gemeinden anfängt zurückzugehen. Zusätzlich gleicht Viktor eher Soter als Eleutherus: Selbstgewiß und herrschsüchtig ergreift er sofort die günstige Gelegenheit, um den halsstarrigen Bischof von Ephesus auf Vordermann zu bringen. Er schreibt ihm also vor, daß er sich der Praxis der Mehrheit anzupassen hat, widrigenfalls er mit der Exkommunikation bestraft wird. Und um mit noch größerer Sicherheit Polykrates in die Situation des Unterlegenen zu manövrieren, fordert Viktor ihn auf, eine Synode aller Bischöfe der Provinz Asia einzuberufen, weil er von dieser erwartet, daß sie ihren «Metropoliten» (den Bischof einer Hauptstadt, *metropolis*) nicht länger als solchen anerkennt.

Damit hatte er aber die Entschlossenheit des Polykrates unterschätzt. Seine Antwort ist nicht in einem Ton gehalten, der eine Einigung, noch weniger Unterwerfung verspricht:

> Unverfälscht begehen wir den Tag; wir tun nichts dazu und nichts hinweg. Denn auch in Asien haben große Sterne ihre Ruhestätte gefunden ... nämlich: Philippus, einer der zwölf Apostel, der in Hierapolis entschlafen ist; ... Johannes, der an der Brust des Herrn lag, und in Ephesus ruht; ... ferner Polykarp von Smyrna, Bischof und Märtyrer, und der Bischof und Märtyrer Thraseas aus Eumenea; Sagaris, Bischof und Märtyrer ... Diese alle haben gemäß dem Evangelium das Pascha am 14. Tage gefeiert; sie sind keine eigenen Wege gegangen, sondern der vom Glauben gewiesenen Richtung gefolgt. Auch ich, Polykrates, der geringste unter euch allen, halte mich an die Überlieferung meiner Verwandten, von denen einige auch meine Vorgänger waren. Sieben meiner Verwandten waren nämlich Bischöfe, und ich bin der achte. Und stets haben meine Verwandten den Tag gefeiert, an welchem das Volk den Sauerteig entfernte. Ich nun, Brüder, der 65 Jahre im Herrn zählt und mit den Brüdern der ganzen Welt verkehrt hat und die ganze Heilige Schrift gelesen hat, ich lasse mich durch Drohungen nicht in Schrecken setzen. Denn Größere als ich haben gesagt: «Man muß Gott mehr gehorchen als den Menschen.»[6]

Das letzte Zitat allein würde schon eine Dreistigkeit sein, denn es wiederholt die scharfe Antwort des Petrus vor ... dem Sanhedrin.[7] Also genau der Petrus, auf den unvorsichtigerweise Viktor meint, sich berufen zu können. Angesichts dieser römischen Bestrebungen hält sich Polykrates nicht mit Einzelheiten auf: Ohne sich um die Abstützung seiner Aussagen durch irgendwelche Beweise zu sorgen, stellt er ganz ruhig die «Apostolizität» der Kirche von Ephesus fest. Dionysius von Korinth hatte kürzlich das gleiche Verfahren gewählt: «Ihr führt die Gründung durch zwei Apostel an, na schön, wir auch!»

Seltsamerweise erwähnt Polykrates den Paulus nicht, der doch der einzige ist, von dem wir genau wissen, daß er einmal nach Ephesus gekommen ist.[8] Hingegen werden die erwähnten Philippus und Johannes wahrscheinlich nichts zu tun haben mit den gleichnamigen Männern aus Galiläa ...[9] Genug! Seitdem die Menschen sich um Geschichtsschreibung bemühen, befand sich noch jede Institution in der Situation, sich um die Erfindung entsprechender Gründerväter kümmern zu müssen!

Eine andere Sache bereitet dem Polykrates ein wenig Kopfzerbrechen, aber nicht sehr heftig: die Sache mit der Synode der Bischöfe der Provinz Asia ... Damit gerät er nämlich unter doppelten Beschuß: Einerseits hat er überhaupt keine Lust, den Anordnungen Viktors Folge zu leisten, und zurückweisen kann er sie auch nicht, weil das hieße, sich eine Niederlage einzuhandeln. Andererseits weiß er in Kenntnis der Sachlage, daß er bei einer solchen Versammlung in der Minderheit sein wird. Davon soll es nicht abhängen! Er blufft: «Ich könnte die Bischöfe erwähnen, die bei mir waren und die ich eurem Wunsche gemäß einberufen mußte und auch einberufen habe. Wollte ich ihre Namen niederschreiben: ihre Zahl wäre groß. Obwohl diese wissen, daß ich ein unbedeutender Mensch bin, so stimmen sie doch meinem Briefe zu. Und sie wissen, daß ich nicht vergebens meine grauen Haare getragen, daß ich vielmehr stets in Christus Jesus gewandelt bin.»[10]

Viktor fällt nicht nur auf diese freche Täuschung nicht herein, sondern fühlt sich in seiner Überzeugung gestärkt: Der alte Polykrates ist isoliert. Darüber hinaus geben jetzt auch noch zahlreiche Bischöfe, mehr oder weniger darum ersucht, ihre Auffassung bekannt.[11] Theophilus von Caesarea, Narcißus von Jerusalem, Cassius von Tyros, Clarus von Ptolemais, Bacchylides von Korinth, die Bischöfe von Pontus und die von Osroene (einem Königreich, das zwischen dem Imperium und den Parthern einen Pufferstaat bildete). Alle erklären, daß sie die Regelung, Ostern auf den Sonntag zu legen, befolgen. Viktor bricht in Jubel aus und spricht ohne Zögern offiziell die Exkommunikation aus. Das war ein Fehlgriff! Eusebius, der uns den Bericht über die Angelegenheit übermittelt hat, schreibt milde gestimmt: «Doch nicht allen Bischöfen gefiel dies Vorgehen Viktors. Sie stellten an ihn geradezu die Gegenforderung, für Friede, Einigung und Liebe einzutreten. Noch sind ihre Briefe erhalten, in denen sie Viktor ziemlich scharf angreifen.»[12] Der Bischof von Rom ist zu weit gegangen. Seine Kollegen nehmen es (noch) nicht hin, einfach zuzusehen, wie er allein die Verantwortung für die Wahrung der Einheit der Kirche übernimmt. Und sie schätzen auch nicht gerade, daß er so autoritär vorgeht.

Besonders Irenäus bringt seine Sicht der Dinge laut und deutlich zu Gehör. Er fühlt sich dabei um so wohler, als auch die Kirche von Lyon ihrerseits der Mehrheitspraxis folgt. Aber die unterschiedliche Handhabung erscheint ihm nicht tadelnswert: «Diese verschiedene Praxis im Fasten ist nicht erst jetzt in unserer Zeit aufgekommen, sondern schon viel früher zur Zeit unserer Vorfahren ...»[13] Unduldsamkeit ist immer eine Haltung von solchen, die der Geschichte keine Beachtung schenken. Mit einer gewissen Schadenfreude ruft Irenäus Viktor in Erinnerung, daß seine Vorgänger toleranter waren als er. Indem er ihre Namen aufführt: Anicetus, Pius, Hyginus, Telesphorus, Sixtus, unterstreicht er, daß alle «weder selbst diese Praxis beobachtet, noch sie ihren Gemeinden gestattet haben ... vielmehr schickten sie ..., obwohl sie die Praxis nicht hatten, an die, welche sie hatten, ... die Eucharistie». (Man wird nebenbei bemerkt haben, daß der berühmte Ausdruck «in der Fremde», *paroichia*, dabei ist, ein Substantiv zu werden, das dann in diesem Zusammenhang hier das bezeichnet, was wir heute Diözesen nennen.) Er gibt dazu ein treffendes Beispiel: Polykarp, der hochangesehene Bischof von Smyrna war einst nach Rom gekommen, um die Frage des Ostertermins mit Anicetus zu diskutieren. Jeder blieb bei seiner Position, aber, betont Irenäus im Hinblick auf Viktor, «sie suchten keinen Streit!». Besser noch! Anicetus lud Polykarp brüderlich ein, bei der Eucharistiefeier in Rom den Vorsitz zu übernehmen. Eine gute Lehre für seinen Nachfolger!

Das ist nicht alles. Der Brief von Irenäus enthält fein verpackt noch eine Menge anderer interessanter Belehrungen: «Weder vermochte Anicet(us) den Polykarp zu überreden, jenen Brauch nicht mehr festzuhalten, den dieser mit Johannes, dem Jünger unseres Herrn, und mit den übrigen Aposteln, mit denen er verkehrte, ständig beobachtet hatte, noch überredete Polykarp den Anicet(us), ihn zu beobachten, da dieser erklärte, er müßte an der Gewohnheit der im vorangegangenen Presbyter festhalten.»[14] Beim Lesen dieser Zeilen ist kein Zweifel möglich: Irenäus glaubt, daß Polykarp einige Apostel noch persönlich gekannt hat; er weiß, daß dies bei Anicetus nicht der Fall ist (folglich noch viel weniger bei Viktor). Aus dieser Perspektive sind diejenigen, «welche das Fasten am 14. Nisan halten», sicherlich näher bei der ursprünglichen Tradition als diejenigen «die sich nicht daran halten». Die Formulierungen enthalten eine Menge Anspielungen, aber Viktor kann sich über eines nicht hinwegtäuschen: Wenn Irenäus sich nicht mehr der alten Regelung mit dem 14. Nisan anschließt, dann nur, weil es in seiner Kirche eben einen anderen Brauch gibt, und nicht, weil Petrus oder Paulus oder Viktor das so beschlossen haben würden.

Der rechtschaffene Eusebius hält es zum Abschluß seines Berichts über diese Vorkommnisse für geboten, noch folgende besänftigende Überlegung anzufügen: «In solcher Weise mahnte Irenäus, der seinen Namen verdiente und tatsächlich ein Friedensmann war (*eirene* = Friede), zum Frieden der Kirchen und trat für ihn ein.»[15] Gern würde man auch wissen, welcher Meinung Viktor war.

Was die Anhänger der «Vierzehnerregelung» anbetrifft, so werden sie sich noch lange widersetzen. Das Konzil von Nizäa wird sie vergeblich verurteilen, denn man findet noch einige von ihnen im 16. Jahrhundert.[16]

15. Sequenz:
Der Brief an Diognet, um 195

Jede Fremde ist ihnen Vaterland
und jedes Vaterland eine Fremde

Im Jahre 1436 ist ein junger italienischer Kleriker mit Namen Thomas von Arezzo dabei, in Konstantinopel Griechisch zu studieren.[1] Da er arm ist, versorgt er sich selber. Fromm wie er ist, hält er das Freitagsgebot und kauft an diesem Tag Fisch. Als er eines Morgens seinen Merlan nach Hause trägt, fällt ihm plötzlich auf, daß auf dem Packpapier sonderbare Zeichen sind. Er faltet es aus und entdeckt, daß es sich um einen griechischen Text handelt, eine Handschrift mit regelmäßigen und sorgfältigen Kleinbuchstaben in schwarzer Tinte; Überschriften und Anfangsbuchstaben sind rot. Thomas läßt seinen Bratfisch liegen und läuft so schnell er kann zu dem Fischhändler: «Haben Sie noch mehr Papiere dieser Art?» – «Ich glaube ja, da ist noch ein ganzer Haufen ...» – «Können Sie sie mir verkaufen?» – «Aber sicher doch, mein Junge, nehmen Sie sie nur!» Und für einige Geldstücke erwirbt der junge Student 260 Seiten in mehr oder weniger gutem Zustand. Als er wieder in sein Kämmerlein zurückgekehrt ist, entziffert er sie mit großer Mühe: Es handelt sich um eine Sammlung von 22 apologetischen Schriften aus verschiedenen Epochen und von verschiedener Herkunft; dabei sind Texte von Justin, Cyrill von Alexandrien, Athanasius ... Ein echter Schatz.

Thomas wird ihn nicht behalten. Der junge Mann, entschlossen, die Palme des Martyriums zu erringen, läßt sich von drei Franziskanern überzeugen, alles zu verkaufen, was er besitzt, und sie ins Land der «Ungläubigen» (der Muselmanen) zu begleiten. Er überläßt also seinen teuren Folianten einer bedeutenden Persönlichkeit, dem Kardinal Johannes Stojkovic von Ragusa, einem Sammler alter Handschriften, der sich als Gesandter des ökumenischen Konzils zu Basel in Konstantinopel befindet, um über eine Annäherung zwischen der römischen Kirche und der Ostkirche zu verhandeln.

Machen wir's kurz. Gegen 1795 wird das Dokument in die Stadtbibliothek von Straßburg gelangen. Es wird von dort am 24. August 1870 während des Brandes, den die Granaten der preußischen Artillerie entfachen, verschwinden. Glücklicherweise wurden zwischenzeitlich von ihm einige Kopien angefertigt, von denen die des großen Humanisten und Druckers Henri Estienne aus dem Jahre 1586 und die des gelehrten deutschen Verlegers von Otto aus dem Jahre 1842 besonders hervorzuheben sind.

Auf diese Weise ist in Verbindung mit anderen bereits bekannten Werken ein Text mit unbekanntem Verfasser, gerichtet «an Diognet», von dem die modernen Textkritiker annehmen, daß er in Alexandrien zwischen 190 und 200 verfaßt wurde, zu uns gelangt. Der Autor blieb unbekannt, der Empfänger könnte ein gewisser Tiberius Claudius Diognetus sein, ein hoher römischer Beamter in Ägypten.[2] Aber das sagt nicht viel. Wesentlich ist, daß diese «Apologie» nach einigen polemischen Kapiteln der gewohnten Art gegen Heiden und Juden auf zwei Seiten die Situation der Christen in der Welt auf eine bisher einzigartige und unvergeßliche Weise darstellt:

(Daß sich also die Christen mit Recht von dem allgemeinen Unverstande und Irrtum und von der jüdischen Vielgeschäftigkeit und Prahlerei fernhalten, das hast du, wie ich glaube, zur Genüge erkannt.) Erwarte aber nicht, daß du das geheimnisvolle Wesen ihrer eigenen Gottesverehrung von einem Menschen erfahren kannst.

Denn die Christen sind weder durch Heimat noch durch Sprache und Sitten von den übrigen Menschen verschieden. Sie bewohnen nirgendwo eigene Städte, bedienen sich keiner abweichenden Sprache und führen auch kein absonderliches Leben. Keineswegs durch einen Einfall oder durch den Scharfsinn vorwitziger Menschen ist diese ihre Lehre aufgebracht worden und sie vertreten auch keine menschliche Schulweisheit wie andere. Sie bewohnen Städte von Griechen und Nichtgriechen, wie es einem jeden das Schicksal beschieden hat, und fügen sich der Landessitte in Kleidung, Nahrung und in der sonstigen Lebensart, legen aber dabei einen wunderbaren und anerkanntermaßen überraschenden Wandel in ihrem bürgerlichen Leben an den Tag.

Sie bewohnen jeder sein Vaterland, aber nur wie Beisassen; sie beteiligen sich an allem wie Bürger und lassen sich alles gefallen wie Fremde; jede Fremde ist ihnen Vaterland und jedes Vaterland eine Fremde. Sie heiraten wie alle andern und zeugen Kinder, setzen aber die geborenen nicht aus. Sie haben gemeinsamen Tisch, aber kein gemeinsames Lager. Sie sind im Fleische, leben aber nicht nach dem Fleische. Sie weilen auf Erden, aber ihr Wandel ist im Himmel. Sie gehorchen den bestehenden Gesetzen und überbieten in ihrem Lebenswandel die Gesetze.

Sie lieben alle und werden von allen verfolgt. Man kennt sie nicht und verurteilt sie doch, man tötet sie und bringt sie dadurch zum Leben. Sie sind arm und machen viele reich; sie leiden Mangel an allem und haben doch auch wieder an allem Überfluß. Sie werden mißachtet und in der Mißachtung verherrlicht; sie werden geschmäht und doch als gerecht befunden. Sie werden gekränkt und segnen, werden verspottet und erweisen Ehre. Sie tun Gutes und werden wie Übeltäter gestraft; mit dem Tode bestraft, freuen sie sich, als würden sie zum Leben erweckt. Von den Juden werden sie angefeindet wie Fremde, und von den Griechen werden sie verfolgt; aber einen Grund für ihre Feindschaft vermögen die Hasser nicht anzugeben.

> Um es kurz zu sagen, was im Leibe die Seele ist, das sind in der Welt die Christen. Wie die Seele über alle Glieder des Leibes, so sind die Christen über die Städte der Welt verbreitet. Die Seele wohnt zwar im Leibe, stammt aber nicht aus dem Leibe; so wohnen die Christen in der Welt, sind aber nicht von der Welt. Die unsichtbare Seele ist in den sichtbaren Leib eingegossen; so weiß man zwar von den Christen, daß sie in der Welt sind, aber ihre Religion bleibt unsichtbar. Das Fleisch haßt und bekämpft die Seele, die ihm kein Leid antut, bloß weil es von ihr gehindert wird, seinen Lüsten zu frönen; ebenso haßt die Welt die Christen, die ihr nichts zuleide tun, nur weil sie sich ihren Lüsten widersetzen. Die Seele liebt das ihr feindselige Fleisch und die Glieder; so lieben auch die Christen ihre Hasser.
>
> Die Seele ist zwar vom Leibe umschlossen, hält aber den Leib zusammen; so werden auch die Christen von der Welt gleichsam in Gewahrsam gehalten, aber gerade sie halten die Welt zusammen. Unsterblich wohnt die Seele im sterblichen Gezelte; so wohnen auch die Christen im Vergänglichen, erwarten aber die Unvergänglichkeit im Himmel. Schlecht bedient mit Speise und Trank, wird die Seele vollkommener; auch die Christen nehmen, wenn sie mit dem Tode bestraft werden, von Tag zu Tag mehr zu. In eine solche Stellung hat Gott sie versetzt, und sie haben nicht das Recht, dieselbe zu verlassen.[3]

Bewundernswertes Zeugnis! Sicherlich zu optimistisch und ein wenig selbstzufrieden. Aber welcher Text der damaligen Zeit legt so klar die fundamentalen Bestandteile des «Geheimnisses» des Christentums dar?

Zuerst kommt wieder diese berühmte «Doppelmitgliedschaft». Das Thema ist seit der Äußerung des Paulus gegenüber den Philippern auf der Tagesordnung: «Unser Bürgerrecht *(politeuma)* haben wir im Himmel.»[4] Es wurde niemals so treffend erläutert wie hier. In gewisser Weise waren die Bürger des römischen Imperiums schon darauf vorbereitet, diese Auffassung zu verstehen, denn sie selber dachten in zumindest ähnlichen Bahnen. Cicero, geboren in Arpinum führt aus:

> Ich habe zwei Vaterländer, das eine von Geburt (Arpinum), das andere vom Bürgerrecht her (Rom) ... Aber es ist notwendig, daß das in der Liebe hervorragt, von dem die gesamte Bürgerschaft den Namen des Gemeinwesens hat. Für dies müssen wir sterben, ihm uns ganz ergeben, darein alles, was wir haben, einbringen und gleichsam weihen. Lieb aber ist in nicht viel geringerem Grade das, welches uns gezeugt, als das, welches uns aufgenommen hat. Daher werde ich gar niemals ableugnen, daß dies mein Vaterland ist, wenn auch das erstere gewichtiger ist, dies hier dagegen in ihm eingeschlossen bleibt. Wohlgemerkt hat jeder Mensch eine Heimat, wo er geboren ist, gehört aber auch zur Stadt (Rom) und begreift beides als ein Bürgerrecht.[5]

Für einen römischen Bürger, stamme er nun aus Arpinum, Alexandrien oder Lyon, ist Rom das wahre Vaterland. Alle Nicht-Bürger *(peregrini, paroichoi,* «ortsansässige Fremde», «in der Fremde Weilende») sehnen sich danach, zu diesem Vaterland zu gehören. Die Juden hatten aber auch ihrerseits Identitätsprobleme. Indem sie im Imperium einen Sonderstatus einnehmen, sind sie zwar überall zu Hause, aber ihr Herz gehört Jerusalem, gerade und vor allem seitdem es zerstört ist. Philo von Alexandrien, jüdischer Großbürger, bemerkte: «Die Juden sahen die Heilige Stadt, wo sich der Gott, dem Allerhöchsten, geweihte Tempel befand, als ihre Hauptstadt an, hielten aber die Gegenden, wo das Schicksal ihre Vorfahren hin verschlagen hatte und wo sie geboren und aufgewachsen waren für ihr jeweiliges Vaterland.»[6]

Im Vergleich zu Römern und Juden bildeten also die Christen eine *dritte Gattung*. Aber es funktioniert nicht nach dem gleichen Modell: «Jede Fremde ist ihnen Vaterland und jedes Vaterland eine Fremde.» Die Grenzen verlaufen hier anders: Das «Gemeinwesen» *(res publica, politeia)* der Christen hat das Besondere an sich, daß die ihm Angehörenden, obwohl sie bestrebt sind, alle Rechte und Pflichten, die ihnen aufgrund ihrer sozio-politischen Situation (als Sklaven, Freigelassene und Bürger; als Zugereiste, als Bürger dieser oder jener Stadt, als Römer) zuwachsen, wahrzunehmen, doch gleichzeitig die Existenz einer höheren Macht hervorheben und zur Geltung bringen. Dies führt zu der in den Augen der Heiden übertriebenen Konsequenz, daß sogar römische Bürger sich als «Fremde auf der Durchreise» empfinden. Das ist allerdings nicht gerade die geschickteste Art, sich bei den Ortsansässigen Ansehen zu verschaffen.

Doch wie alle Apologeten unterstreicht der Autor des *Diognetbriefes* zunächst einmal die den Normen und Sitten entsprechende (man könnte schon beinahe sagen «konformistische») Haltung der Christen, sogar was Sprache, Kleidung und Nahrung anbetrifft ... Aber: «Sie gehorchen den bestehenden Gesetzen und überbieten in ihrem Lebenswandel die Gesetze.» Sie wollen also nicht nur rechtschaffene Bürger, sondern noch bessere Bürger sein als die anderen. Ein gewaltiger Anspruch. Sie rechtfertigen diesen durch die noch hochgestochenere Überlegung: «Gerade sie (die Christen) aber halten die Welt zusammen», denn «was im Leibe die Seele ist, das sind in der Welt die Christen».

Wir geraten heute einigermaßen in Schwierigkeit, wenn wir nachzuempfinden versuchen, bis zu welchem Grad diese Begründung den Zeitgenossen als überheblich erschienen sein kann. Für sie ist die Gottheit «die Seele der Welt». Die Stoiker haben schon seit langer Zeit diese auch schon bei Platon zum Ausdruck gebrachte Überzeugung vertreten. Unser Autor scheut sich nicht, sie sich seinerseits zu eigen zu machen und kurzerhand die Christen an die Stelle des Göttlichen zu setzen. Woher nimmt er solche Kühnheit? Wahrscheinlich von den Evangelien! «Ihr seid das Salz der Erde», hat Jesus nach Matthäus[7] zu seinen Jüngern gesagt, wobei er eine jüdische Vorschrift in Erinnerung ruft: «Alle deine Speiseopfer mußt du salzen.»[8] Dies liefert den Hinweis, den Anspruch der Christen als Bestätigung des irgendwie priesterlichen Charakters ihres Gemeinwesens zu begreifen, was wiederum durch einen Satz aus der *Apologie* des Aristides von Athen (aus der Zeit Hadrians) bekräftigt wird: «Auch hege ich keinen Zweifel, daß (nur) durch das flehentliche Gebet der Christen die Welt noch fortbesteht.»[9]

Diese Anmaßung mag uns unerträglich erscheinen. Aber sie kennzeichnet sehr genau das Selbstverständnis der Christen des 2. Jahrhunderts im Schoße des römischen Imperiums, wo sie ja nur eine verschwindende Minderheit darstellten, die verachtet und verfolgt wurde und, wie es schien, dem Untergang geweiht war. Kurz und gut, ihr Hauptkennzeichen ist die Hoffnung: «Als Salz der Erde» oder «Sauerteig»[10] sind sie überzeugt, während ihres «Verweilens» auf dieser Erde eine «Stellung» *(taxis)* halten zu müssen, «die sie nicht aufgeben dürfen».

Der Gipfel der Paradoxie liegt in folgendem: Diese stolze Feststellung bringt nicht irgendeine Eitelkeit zum Ausdruck, denn der Möglichkeit nach hat sie jeden Menschen im Auge. Man wird zwar dem Blut nach als Jude geboren und kommt wegen des Vermögens als römischer Bürger auf die Welt, «aber man wird nicht als Christ geboren, sondern muß es (aus freien Stücken) werden»[11]. Jeder Mann und jede Frau kann also in sich die Seele der Welt entdecken. Folglich ist in der «Republik» der Christen dieses ehrgeizige Streben kein Privatmonopol vor irgend jemand. Aber trotzdem wird es bald einer Elite vorbehalten sein: Während man sich damit zufrieden gab, von der Masse der Gläubigen einen blinden Gehorsam gegenüber moralischen Vorschriften und Riten zu verlangen, sollten sich die Mönche dem Werk geweiht sehen, «die Welt zu retten». Zur gleichen Zeit als der *Diognetbrief* geschrieben wurde, hatte schon Klemens von Alexandrien besondere Unterschiede herausgestellt:

> Indessen gibt es noch solche, die noch mehr auserwählt sind als die Auserwählten ... Sie sind es, die der Logos Licht der Welt und Salz der Erde nennt. Dieses ist der Same, das Bild und die Ähnlichkeit Gottes ... Und alles bleibt erhalten, solange der Same hier auf Erden weilt; aber sobald er eingesammelt ist, wird alles sofort aufgelöst werden.[12]

Anders formuliert: es gibt zwei verschieden schnelle Fahrbahnen des Christentums! Auf der einen Seite der steile aber erhebende Weg der Vollkommenheit, der den amtlich bestätigten Heiligen gewiesen ist; auf der anderen Seite der große und sichere Weg, der mit weniger Aufwand zum Heile führt. Dies hatte natürlich eine unvermeidliche Konsequenz: «Die, die noch mehr als die Auserwählten auserwählt sind», werden bald in sich die Berufung verspüren, «den Verkehr zu regeln», während der gewöhnliche Christ sich schnell daran gewöhnen wird, davon auszugehen, daß das Evangelium sich nicht an ihn wendet, und es daher genügt, wenn er seinem Pfarrer gehorcht.

Der Briefpartner von Tiberius Claudius Diognetus bezeugt allerdings noch einen anderen Ehrgeiz: Für ihn richtet sich die Aufforderung Jesu, sich nicht aus der Geschichte zu flüchten, ohne Unterschied an alle Menschen, über die Christen hinaus.

16. Sequenz:
Klemens, Beichtvater der Bourgeoisie von Alexandrien, im Jahre 200

Oh, wie herrlich ist dieser Handel!

Welcher Reiche wird gerettet werden? Die Zuhörerschaft genießt es mit einer Gänsehaut: «Was für ein Prediger, dieser Klemens![1] Mit welch unnachahmlichem Geschick weiß er Provokation und Verständnis miteinander zu vereinen! Verständnisvoll, und ob! Er ist weitherzig, er ist nicht wie diese Rasenden, die sich die Reichen im Namen des Evangeliums beinahe wie selbstverständlich vorknüpfen ... Und welche Bildung, meine Teuerste! Er kennt nicht nur seinen Homer und seinen Platon auswendig, versteht sich, nein, stellen Sie sich vor, er zögert keineswegs, auch komische und, ich würde sagen[2], sogar gewagte Autoren zitieren. Kurz gesagt, ein Geschenk. Mein Gatte und ich versäumen keine einzige seiner Predigten.»

Die hübsche Frau, die hinter ihrem Schleier ihrer Nachbarin diese Worte zuflüstert, ist behangen mit funkelndem Geschmeide. Man muß sich schon anstrengen, um die Millionen auszugeben, die der dicke Herr an ihrer Seite, ihr Ehemann, verdient, der internationale Geschäftsbeziehungen pflegt und sich speziell auf Getreideexport verlegt hat. An dem Tag, wo der Prediger, aufgelegt zu satirischen Bemerkungen, beinahe Zug für Zug die Karikatur seiner Frau malte, indem er Aristophanes zitierte, muß er sich einfach köstlich amüsiert haben:

> A: Kopfbinden, Bänder für das Haar,
> Natron und Bimsstein, Busenband und Nackenschutz,
> Den Schleier, Schminke, Halsband, Augenschminke auch,
> Ein weiches Kleid, kostbaren Schmuck, ein Netz fürs Haar,
> Ein Gürtelkleid, ein Oberteil, ein feines Hemd;
> Doch ist das Wichtigste noch nicht genannt.
> B: Was denn?
> A: Ohrringe, Steine, Hänger, Spangen, Traubenschmuck, Geschmeide, Schnallen, Reife, Bänder, Schenkelschmuck, Geschnittene Steine, Ketten, Ringe, Pflästerchen, Kopfaufputz, Büstengurt, Olisben (lederner Phallus), Sardenstein, Halstücher, Ohrgehänge.[3]

Heute sind alle ernst gestimmt. Das Thema verdient dies auch: Der Kanzelredner, der das Evangelium vom «reichen Jüngling»[4] auslegt, hat sehr geschickt begonnen, indem er seine Zuhörer zunächst einmal auf die Gegenfährte hetzt: «Diejenigen, die den Reichen Lobreden als Geschenke darbringen, verdienen es, wie mir scheint, daß man ihnen nicht nur den Vorwurf der Schmeichelei und unedler Gesinnung macht, ... sondern auch den Vorwurf der Gottlosigkeit und der Arglist.»[5] Vorteilhafterweise wissen die reichen Großbürger von Alexandrien, die bereits mit den erbaulichen Bibelauslegungen von Klemens vertraut sind, daß diese beunruhigende Einleitung nur eine doch wieder beruhigende Entfaltung des Themas ankündigt. Die unerbittliche Aussage Jesu: «Leichter kommt ein Kamel durch ein Nadelöhr hindurch als ein Reicher in das Reich Gottes hinein», wird freilich für die Auslegung zu einer heiklen Sache: Denn «die einen fassen nämlich das Wort des Herrn ohne Rücksicht auf den Zusammenhang und oberflächlich auf ...»[6] Aber die Reichen brauchen nicht zu verzweifeln, denn «ihre Furcht ist grundlos und der Heiland nimmt sie gern an, wenn sie nur selbst wollen ...»[7]

Wie gut! Man atmet auf. Aber trotzdem, der junge Mann im Evangelium ist «ganz traurig» weggegangen, «denn er hatte viele Güter», nachdem Jesus zu ihm gesagt hatte: «Geh, verkaufe alles, was du hast ...» Klemens macht hier eine Pause, schaut die Zuhörerschaft lange an und fährt dann in eindringlicher Weise fort:

> Was bedeutet das? Er befiehlt ihm nicht, wie manche das Wort in oberflächlicher Weise auffassen, das Vermögen, das er besitzt, wegzuwerfen und auf seinen Besitz zu verzichten, sondern aus seiner Seele die Gedanken an den Besitz zu verbannen, die leidenschaftliche Liebe zu ihm, das gewaltige Verlangen danach, die krankhafte Unruhe darum, die Sorgen, die Dornen des irdischen Lebens, die den Samen des ewigen Lebens ersticken.
>
> Denn es ist nichts Großes und Erstrebenswertes, überhaupt keinen Besitz zu haben, wenn es nicht um des ewigen Lebens willen geschieht. Denn sonst müßten diejenigen, die überhaupt nichts besitzen, sondern völlig mittellos sind und sich ihren täglichen Bedarf erbetteln, die Bettler, die am Wege liegen, aber von Gott und der Gerechtigkeit Gottes nichts wissen, allein deswegen, weil sie so ganz arm sind und nichts für die Fristung ihres Lebens besitzen und sogar des Allergeringsten entbehren, die glücklichsten sein, von Gott am meisten geliebt werden und allein das ewige Leben besitzen. Andererseits ist es aber auch nichts Neues, daß jemand auf seinen Reichtum verzichtet und ihn den Armen oder seiner Heimatstadt schenkt. ...
>
> Was ist es nun, was er als etwas Neues verkündigt, als etwas, das Gott allein zu eigen ist und allein Leben bewirkt, etwas, das den Früheren das Heil nicht gebracht hat? ... daß man nämlich seine Seele selbst und seine Gesinnung von den darinnen vorhandenen Leidenschaften reinigen und aus seinem Herzen alles, was darin keine Stätte haben darf, samt den Wurzeln ausrotten und entfernen soll.[8]

«Das ist doch genau das», überlegt der Geschäftsmann, «was ich mir auch immer dachte: Das Evangelium verurteilt den Reichtum nicht; alles kommt nur darauf an, sich nicht an ihn zu hängen ... Übrigens würde gar keine Gemeinschaft [*koinonia*, K.F.] auf Erden bestehen können, wenn ...» «Wenn niemand etwas besäße?» fährt der Kanzelredner fort, der seinen Text von der Seele seiner Hörer abzulesen scheint.

> Wie könnte irgendeiner einen Hungernden speisen und einen Dürstenden tränken und einen Nackten bekleiden und einen Obdachlosen aufnehmen (und er droht denen, die dies nicht tun, Feuer und die äußerste Finsternis an), wenn zuvor jener selbst nichts von all diesen Dingen besitzt? ... Man darf also das Vermögen, das auch unserem Nächsten nützen kann, nicht wegwerfen; denn es ist ein Besitz, weil es besitzenswert ist und heißt Vermögen, weil es etwas vermag und nützt und zum Nutzen der Menschen von Gott geschaffen ist, da es ja wie ein Stoff und ein Werkzeug zu gutem Gebrauch denen vorgelegt und zur Verfügung gestellt ist, die es zu gebrauchen verstehen.
>
> Deshalb fügt Matthäus auch hinzu: «Selig sind die Armen», woran?, «am Geiste», und wiederum: «Selig sind, die da hungern und dürsten nach der Gerechtigkeit Gottes!» Also sind unglücklich die Armen entgegengesetzter Art, die keinen Anteil an Gott und noch weniger einen Anteil an irdischem Besitz haben und die Gerechtigkeit Gottes nicht geschmeckt haben ... (Über alle Göttlichkeit aber erhaben ist jene Mahnung, nicht zu warten, bis man gebeten wird, sondern selbst zu suchen, wer würdig ist, Wohltaten zu empfangen) und die damit verbundene Zusicherung eines so überaus großen Lohnes für die Mildtätigkeit, nämlich einer ewigen Wohnung. Oh wie herrlich ist dieser Handel, wie göttlich diese Möglichkeit, etwas zu kaufen! Um Geld erkauft sich jemand Unvergänglichkeit, und indem er die vergänglichen Güter dieser Welt hingibt, empfängt er für sie eine ewige Heimat im Himmel. Fahre mit deinem Schiff zu diesem Jahrmarkt, du Reicher, wenn du klug bist.[9]

«Meiner Treu», sagt sich der Import-Export-Kaufmann, das ist gar keine üble Sache: «Ich mache das große Geld, meine Frau übt Wohltätigkeit, und wir beide verdienen uns das Paradies ...» Diese beglückende Sicht der Dinge läßt ihn für einen Moment lang den Faden der Bibelauslegung verlieren. Als er wieder Anschluß findet, ist Klemens gerade dabei, mit einer Aufforderung zur Buße zum Abschluß zu kommen:

> Daher sind auch für den, der in der Hauptsache in seinem Leben recht gehandelt hat, zuletzt aber auf den Irrweg des Lasters geraten ist, alle seine früheren Anstrengungen nutzlos. ... Dagegen ist es für den, der zuvor ein schlechteres und leichtfertiges Leben geführt hat, möglich, wenn er hernach seinen Sinn ändert, den schlechten Lebenswandel einer langen Zeit durch die Zeit nach der Sinnesänderung völlig auszutilgen.[10]

«Das ist gar nicht unbequem. Es liegen also noch gute Jahre vor uns ...» Der Prediger scheint diese Überlegung erraten zu haben und fährt ergänzend fort:

> Deshalb ist es unbedingt notwendig, daß du, der du vornehm und mächtig und reich bist, einen Mann Gottes über dich setzest, der dich zum Kampfe schult und der dein Lebensschiff lenkt ... Nimm dir vor, wenigstens auf einen

einzigen zu hören, wenn er freimütig redet und dich streng zurechtweist und dabei doch freundlich für dich sorgt ... Jener wird aber für dich bitten, wenn er in aufrichtiger Weise von dir als ein Bote Gottes geehrt wird und wenn er nicht durch dich, sondern nur für dich Kummer zu ertragen hat.[11]

Oh! Welch wunderbare Idee! «Madame» ist davon ganz ergriffen. Ein «Lenker» bzw. «Steuermann», welch hübscher Ausdruck. Und wie angenehm dürfte es doch sein, sich von ihm «zurechtweisen» zu lassen, bevor man sich von ihm «umsorgen» läßt ... Die Predigt endet mit einer ergreifenden Anekdote: der heilige Johannes und der junge Räuber. Jetzt ist es eine beschlossene Sache: «Madame» wird sich einen «Seelenführer» nehmen. Und das wird selbstverständlich Klemens sein.

Die gutgestellten Christen von Alexandrien haben großes Glück, daß sie einen solchen Mann zu ihrer Verfügung haben. Er ist ein flotter Sechziger und trägt einen prächtigen weißen Bart, auf den er sehr stolz ist. («Das ist das eindeutige Kennzeichen des Mannes», behauptet er.[12]) Geboren in Athen und in der Welt herumgekommen, hat er sich unter dem Einfluß des berühmten Pantainos, des Gründers der christlichen theologisch-philosophischen Schule von Alexandrien, relativ spät zum Christentum bekehrt. Im Jahre 190 wurde er dann dessen Nachfolger. Klemens, der sicher auch Priester war, widmet sich hauptsächlich der Aufgabe, seine gutbetuchte Klientel mit den geeigneten moralischen Ratschlägen zu versorgen. Neben seinen erbaulichen Bibelauslegungen sind auch seine öffentlichen Vorträge sehr gut besucht. Er entfaltet darin einen heiteren und wohlgestimmten Humanismus, der mehr Anleihen bei der Weisheit der Griechen als beim Evangelium macht. In Wahrheit stellt die Moral für ihn nur die erste Runde einer langen «Gymnastik der Seele» dar, wobei diese über Physik und Theologie bis zur Gnosis, der vollkommenen Gotteserkenntnis, geführt werden muß. Da die Vernunft in Christus Fleisch geworden ist, kann sich der Christ, indem er sich ihr anpaßt, auf die Begegnung mit jenem Gott zubewegen, «der unaufhörlich zurückweicht und sich dem entzieht, der ihn aufzuspüren versucht»[13]. Für Klemens läßt sich das Christentum in dieser großartigen Formel zusammenfassen: «Eine Sehnsucht nach ewigem Leben, die auf der Ebene des Verstandes Wurzeln geschlagen hat.»[14]

Man muß aber zugeben, daß seine «Pädagogik» zu Händen der Reichen diese wohl kaum gestört haben dürfte, wiewohl wir durch sie in sehr nützlicher Weise über Lebensgewohnheiten und Tagesmoden der Bourgeoisie von Alexandrien informiert werden. Zum Beispiel: «Unanständiger Reden aber müssen wir uns selbst gänzlich enthalten, (denn das zeigt den Menschen) als heidnisch, gemein und unerzogen.»[15] Oder auch: «Wenn man die Spannung des Gesichts wie die eines Instruments zu harmonischer Wirkung ein wenig nachläßt, so heißt das Lächeln *(meidiama)*, und so breitet sich Erheiterung über das Gesicht aus; dies ist das Lachen der Verständigen; wenn man aber die Haltung des Gesichts in maßvoller Weise völlig auflöst, so heißt dies, wenn es bei Frauen geschieht, Gekicher *(kiklismos)*, und dies ist das Lachen der Dirnen; bei Männern aber Gelächter *(kankasmos)*, und dies ist das Lachen wie bei den zuchtlosen Freiern und ein Zeichen frechen Übermuts.»[16] Wohlgemerkt: «Das Schnalzen und das Pfeifen und die mit den Fingern hervorgebrachten Geräusche, womit man die Diener herbeizurufen pflegt»[17], sind zu unterlassen; am Tisch soll man «die Füße nicht kreuzweise übereinanderschlagen und auch nicht den einen Schenkel auf den anderen legen»[18]. All dies spricht also für ein schlechtes Benehmen, womit die christliche Moral zu einer Frage der guten Haltung wird.

Das trifft ganz offensichtlich auf die Sexualmoral zu. Prüderie ist allerdings fehl am Platze, man befindet sich schließlich unter kultivierten Leuten, wo man die Dinge beim Namen nennen kann: «Die dem Geschlechtsverkehr dienenden Glieder ... sind nicht unsittlich; Körperteile sind aber auch die Schamglieder des Menschen, die zwar des Schamgefühls würdig, aber keine Schande sind ...»[19] Übrigens «brauchen wir uns auch nicht zu schämen, zum Nutzen der Hörer die dem Gebären dienenden Organe zu nennen, die zu schaffen sich Gott nicht geschämt hat»[20]. In all diesen Dingen gilt die (stoische!) Hauptregel, «der Natur gehorsam zu sein»[21]. Daraus folgt: «Für die Verheirateten ... ist ... der Zweck (der geschlechtlichen Vereinigung) das Erzeugen von Kindern ...»[22] Im Gegensatz zu bestimmten Reinheitsfanatikern ist also Klemens nicht dagegen, daß man sich verheiratet, aber es ist trotzdem Vorsicht geboten: «Denn der Herr will, daß die Menschheit sich vermehre; aber er sagt nicht: Seid ausschweifend, und er hat auch nicht gewollt, daß man sich den Lüsten hingibt, als wäre man nur für den Geschlechtsverkehr geschaffen worden.»[23] Logischerweise folgert er daraus, daß «Geschlechtsbeziehungen» *(synousiai)* während der Menstruation der Frau und in der Schwangerschaft unerlaubt sind, denn: «Wie für einen Landmann aber ist es für den Verheirateten nur dann gestattet, Samen auszustreuen, wenn die Zeit die Aussaat zuläßt.»[24] Und zu guter Letzt: «Der Geschlechtsverkehr ... umhüllt die Sinne wie mit einem Nebel und lähmt auch die Kraft ... Eine kleine Epilepsie nannte der Weise aus Abdera (Demokrit) den Beischlaf, da er ihn für eine unheilbare Krankheit hielt.»[25] Klemens kommt mit seinen Überlegungen zum Schluß, indem er einen seiner Lieblingsautoren, eines der reaktionärsten Bücher der ganzen Bibel zitiert, nämlich Jesus Sirach (Ecclesiasticus): «Denn Wein und Weiber werden Verständige zum Abfall verleiten.»[26]

Das Leben der Reichen ist nicht einfach. Was soll man neben dem Almosengeben mit der ganzen Zeit anfangen, wenn man nicht das Recht hat, «sich entweder am Tage, oder wenn man morgens z.B. von der Kirche oder vom Markt heimkommt, oder zu einer Zeit, die für das Beten und das Lesen und für die ... nützlichen Arbeiten bestimmt ist»,[27] zu lieben und wenn man auch noch zu allem Überfluß «es unterlassen soll, der Lust wegen zu baden ...»[28] Man muß also überlegen, wie man sich beschäftigt. Die Frauen sollten Wolle spinnen und, wenn es nötig ist, auch mal im Haushalt zupacken.[29] Was die Männer angeht, könnten sie sich wohl die Schuhe selber schnüren, auch ein wenig Gartenarbeit wäre nicht schlecht und warum sollte man nicht zum Fischen gehen. Wie man weiß, war dies ja eine Beschäftigung, die auch der Apostel Petrus nicht verschmähte.[30]

Natürlich übergeht diese verblüffende «Soziallehre» absichtlich den politischen Bereich. Der Grund dafür ist einfach, bringt sich aber auf einer unerwarteten Ebene zum Ausdruck, nämlich dem Färben der Stoffe.

> (Man soll weiße und keine gefärbten Kleider tragen.) Solche Kleider sind (nämlich) zum Anschauen, nicht zur Bedeckung da. Und die mit Gold durchwebten Stoffe und die mit Purpur gefärbten und die mit Tierbildern bestickten – ein solches Prunkgewand macht sich freilich gut im Wind – und jenes nach Salben duftende Safrangewand und die kostbaren und bunten Kleider aus den vielbewunderten feinen Häuten, bei denen Tiere auf den Purpur eingestickt sind, all das muß man samt der darauf verwendeten Kunst fahren lassen.[31]

Um dieses Verbot zu rechtfertigen, beruft sich Klemens auf Mose:

> (Er wollte, daß) wir die schillernde und trügerische Sinnesart aufgeben, dagegen die einfache Farbe der Wahrheit, die keinen bunten Schimmer zeigt und nicht zweideutig ist, liebgewinnen.[32]

Man sieht, daß sich alles um den Begriff des «Schillernden, Bunten» *(poikilia)* dreht. Aber ein berühmter Text, der Klemens nicht entgangen sein dürfte, gibt dafür eine sehr einleuchtende Erklärung: Philo, der zur Zeit von Kaiser Caligula in Alexandrien lebte, hatte es unternommen, einen Kommentar zum Leben Josephs, des Sohnes Jakobs, das im Buche Genesis erzählt wird, zu schreiben. Philo notiert, bezugnehmend darauf, daß dieser zum Minister des Pharao aufgestiegene hebräische Hirte nach der griechischen Septuagintaübersetzung ein «buntes Gewand»[33] trug:

> Die Politik ist eine bunte und vielfältige Angelegenheit. Sie umfaßt eine unendliche Menge von Veränderungen, bezogen auf Personen, Aufgaben, Beweggründe, die besonderen Handlungsumstände, die Verschiedenheit der Anlässe und Gelegenheiten. Der Steuermann ändert mit der Windrichtung auch die Manöver, um möglichst günstig zu segeln. Er lenkt das Schiff nicht immer nur auf die gleiche Weise.[34]

Philo fährt dann nach einer Bemerkung über Josephs Fähigkeit zur Traumdeutung fort:

Vielleicht werden einige voreilige Leser/Hörer lächeln? Denn ich werde nichtsdestotrotz sagen, daß der Politiker gut und gerne ein Traumdeuter ist. Natürlich möchte ich ihn nicht unter die Scharlatane einreihen. Es sind der allgemeine Traum und die Träume der Öffentlichkeit, der große Traum derer, die wachen, wie derer, die schlafen, mit deren Untersuchung er sich beschäftigt ... Da das Leben voller Verwirrung, Unordnung und Ungewißheit ist, muß er sich wie ein Weiser daran machen, es einer Analyse zu unterziehen, seine Träume und Illusionen zu verstehen ... In jedem Einzelfall muß er durch wahrscheinlich klingende Vermutungen belegen, warum dieses als edel und jenes als schändlich, dieses als gut und jenes als schlecht usw. anzusehen ist.[35]

Seine Botschafterreise zu Caligula[36] hatte Philo andere Einsichten verschafft, als sie Klemens bei seiner Führung der Seelen gewinnen konnte. Für diesen können «wahrscheinlich klingende Vermutungen», verglichen mit der Wahrheit, der er ungeteilt zu dienen bestrebt ist, sich nur in Luft auflösen. Die Politik, der Raum des Bunten und Schillernden («der schmutzigen Hände») wird wegen ihrer Unreinheit geächtet. Für Klemens von Alexandrien hat der Christ, «angetan mit strahlender Rechtschaffenheit und weißem Linnen», reine Hände. Aber dann hat er gar keine Hände.

Während der Beichtvater seiner Frau für deren Seelenheil betet, was macht da unser Exportmillionär? Er macht Geschäfte!

17. Sequenz:
Aurelia Claudia, römische Bürgerin in Oxyrhynchos, im Jahre 215

So seid ihr nun nicht mehr Fremdlinge
und Beisassen

Begehrenswert ist immer das, was die andern haben. Seitdem «Madame» Aurelia Claudia bei ihrer Freundin Aurelia Artemis die junge Sklavin Tyrannis gesehen hat, träumt sie nur noch davon, dieses schöne Mädchen aus Kleinasien «mit der auffallend hellen Haut» in ihren Diensten zu haben ...

Eine Sklavin kostet kaum mehr als ein Kleid und weit weniger als ein Edelstein. Aurelia Artemis geht gerne auf den plötzlichen Einfall ihrer Freundin ein. Es gibt jedoch eine leichte Unannehmlichkeit. Im römischen Imperium ist jeder Handelsvorgang genauen Vorschriften unterworfen. Um von jemand ganz bestimmtem einen Sklaven zu kaufen, muß man sich erst davon überzeugen, daß dieser auch sein rechtmäßiger Besitzer ist. Davon soll es nicht abhängen! Die beiden jungen Frauen erkundigen sich danach, welche Formalitäten erledigt werden müssen: Es handelt sich nur darum, einen Fragebogen der Verwaltung auszufüllen ... Aber da haben wir's schon! Als Frau hat Aurelia Claudia keine Rechtsvollmacht. Sie muß jeden amtlichen Vorgang durch ihren gesetzlichen Vormund, ihren Ehegatten Aurelius Ammon unterschreiben lassen. Aurelia Artemis hingegen genießt als Mutter einer mehrköpfigen Familie das «Dreikinderrecht» *(ius trium liberorum)*, das von Augustus eingeführt wurde, um die Geburtenfreundlichkeit zu erhöhen. Sie wird also selber unterschreiben dürfen. Schön, aber sie kann nicht schreiben! Dem Mann von Claudia geht es übrigens nicht besser ... Man wird also die Hilfe von Verwandten oder Freunden in Anspruch nehmen müssen, die das Glück hatten, zur Schule gehen zu können. Das Rechtsgeschäft kommt schließlich zustande. Hier die Urkunde[1]:

> An Aurelius Ammonios, Nomarch (oberster Beamter) des Bezirks von Antinoopolis, durch Aurelius Apollo, genannt Severus, im Auftrag von Aurelia Claudia und an ihrer Stelle handelnd, der Tochter von Serapion aus der Stadt Oxyrhynchos, deren gesetzlicher Vormund ihr Mann Aurelius Ammon ist, der Sohn des Dionysos, des Sohnes des Amerimnos, von der Tribus Sosicosmius und dem Volk (demos) von Altheios.
> Willens, von Aurelia Artemis, der Tochter des Amoïs, dessen Mutter Thaphamoïs aus Choenotis im Bezirk von Herakleopolis ist, kraft des Dreikin-

derrechtes ohne Vormund handelnd, eine Sklavin namens Tyrannis, oder mit welchem anderen Namen man sie auch rufen mag, aus Asia stammend, von auffallend heller Hautfarbe und ungefähr 25 Jahre alt, zu kaufen, wird von mir beantragt, die sie betreffende Überprüfung nach Vorschrift durchzuführen. Auf daß Ihnen allzeit Glück beschieden sei.

Im Jahre 24 der Regierung des Kaisers Caesar Marcus Aurelius Severus Antoninus Parthicus Maximus, Germanicus Maximus, Pius, Augustus

Am 18. des Monats Toth hat Aurelia Claudia dieses Formular übergeben.

Ich, Aurelius Ammon, gesetzlicher Vormund meiner Frau, habe unterzeichnet.

Ich, Serenus, Sohn des Serapion, des Chairemon Sohn, aus der Tribus Philaxithalassios und dem Volk von Altheios, habe für ihn geschrieben, da er nicht schreiben kann.

Ich, Aurelia Artemis, billige es.

Ich, Aurelius Kallinicos, genannt Kopreas, Sohn des Heraklides, dessen Mutter Isäis aus Herakleopolis ist, habe für die Frau meines Bruders geschrieben, da sie nicht schreiben kann.

Von der Antwort des mit der Überprüfung beauftragten Beamten, des «Nomarchen», sind uns nur einige Bruchstücke erhalten. Man weiß also nicht, ob Aurelia Claudia sich die Sklavin, auf die sie so scharf war, die hübsche Tyrannis, «oder mit welchem anderen Namen man sie auch rufen mag», hat leisten können. Aber gehen wir doch einmal auf die Namen etwas näher ein. Bei diesem Geschäftsabschluß heißt jeder Aurelius oder Aurelia ... Aber dieses Kennzeichen ist jüngeren Datums, denn die Eltern der Unterzeichneten teilen es noch nicht. Andererseits ist es aber auch der «Sippenname» (der Name seiner *gens*) des Kaisers. Damit aber haben wir die Erklärung. Im Jahre 212 hat Marcus Aurelius Severus Antoninus, den man «Caracalla» nennt, weil er immer gerne mit dem entsprechenden Militärumhang aus Gallien ausstaffiert herumlief, eine weitreichende Entscheidung getroffen:

> Um die gegenüber der Majestät der Allerheiligsten Götter eingegangenen Verpflichtungen mit allem erforderlichen Glanz und Ehrerbietung einzuhalten, erachte ich es für notwendig, daß ich in die Verehrung der Götter auch alle Fremden *(peregrini)*, die sich in die Zahl meiner Untertanen miteingereiht haben, miteinstimmen lasse. Deswegen verleihe ich allen *peregrini* der Welt das römische Bürgerrecht, wobei ihnen das von ihnen vorher schon erworbene eigene Bürgerrecht bleibt. Ausgenommen sind besondere Untertanen *(dediticii)*.[2]

Also werden alle Einwohner des Imperiums, die in ihrer Heimatstadt schon das Bürgerrecht genießen, automatisch zu römischen Bürgern und erhalten den Sippennamen des Kaisers: Aurelius. Welche Beweggründe haben Caracalla dazu getrieben, diese Verfügung zu treffen? Der Historiker Dio Cassius, das alte Lästermaul, will dahinter nichts anderes als die Interessen der kaiserlichen Kasse sehen: «Unter dem Vorwand, sie zu ehren, wurden alle Einwohner des Imperiums zu römischen Bürgern ernannt, in Wirklichkeit aber wollte man die Staatseinkünfte vermehren, denn die *peregrini* zahlten nicht diese Abgaben.»[3] Tatsächlich waren ja die römischen Bürger von der Kopfsteuer und der Grundsteuer befreit, waren aber im Gegenzug dafür wieder allein einer 5 % Erbschaftssteuer unterworfen, die Caracalla übrigens gerade auf 10 % angehoben hatte. Zudem sollte diese Maßnahme einer rechtlichen Vereinheitlichung den Steuereintreibern auch die Arbeit erleichtern ...

Aber Dio Cassius selber gibt als Zeitgenosse des Caracalla indirekt noch einen anderen möglichen Beweggrund an. Die Rede, welche er dem Mäzen in den Mund legt, der vor Augustus gegen Agrippa argumentiert,[4] schlägt eine Religionspolitik vor, die an die Gründe des Ediktes von 212 denken läßt:

> Wenn du daher wirklich unsterblich werden willst, so handle nach meinem Rat, und außerdem verehre nicht nur selbst die Himmelsmacht allenthalben und auf alle Art im Einklang mit den Überlieferungen unserer Väter, sondern zwinge auch alle anderen, sie zu ehren! Diejenigen aber, die unsere Religion etwa durch fremde Riten entstellen wollen, lehne ab und bestrafe sie, nicht nur um der Götter willen, deren Verächter auch keinem anderen Wesen Verehrung erweisen dürften, sondern weil derartige Menschen, indem sie irgendwelche neue Gottheiten an Stelle der alten einführen, viele dazu veranlassen, fremde Lebensformen anzunehmen; und daraus entstehen dann Verschwörungen, Parteien und Klubs, was alles einer Monarchie keineswegs nützt. Laß daher auch niemand dem Atheismus oder der Zauberei huldigen![5]

Es ist jedoch nicht sicher, daß Caracalla die Dinge unter dieser sehr römischen Perspektive betrachtet hat. Sein Vater Septimus Severus, der Nachfolger von Commodus, stammte aus Leptis Magna in der Provinz Tripolitana; seine Mutter Julia Domna war eine Tochter des Hohenpriesters des Baal von Emesa in Syrien. Die religiösen Überzeugungen des neuen Kaisers liefen demnach beinahe selbstverständlich auf eine Art von Synkretismus hinaus. Sicherlich hatte sich das römische Pantheon schon seit langem als sehr aufnahmefähig für alle möglichen fremden Gottheiten erwiesen. Aber der Rückgang der Vormachtstellung Italiens bringt eine Wiedererstarkung der örtlichen Kulte mit sich: Die gallischen Druiden tauchen wieder aus dem Untergrund auf, in den sie die Unterdrückung seit Tiberius getrieben hatte.[6] Und schließlich begünstigte das durch den Ortswechsel von Händlern und Soldaten bewirkte gewaltige Durcheinanderwürfeln der Kulturen eine vielförmige Religiosität, bei der Leichtgläubigkeit und Aberglaube mit Asketismus und Mystik wetteiferten.

Caracalla selber versäumt es niemals im Laufe seiner Feldzüge, überall den Göttern der Heilkunde einen Besuch abzustatten[7]: Asklepios (Äskulap) in Pergamon; Serapis in Alexandrien; der unter der Gestalt des keltischen Gottes Grannus auch in Bayern angerufene Apollon (man begegnet ihm auch in Aachen, *Aquae Granni*, und in Grand in den Vogesen). Zwei seiner Nachfolger werden den Synkretismus noch ein gutes Stück weitertreiben: Elagabal bzw. Heliogabalus (218-222) wird versuchen, Rom den Kult des Baal von Emesa aufzuzwingen, von wo er seinen Namen herleitet (El Gabal, der Herr der oberen Regionen). Er wird auch in seinen Tempel alle anderen Gottheiten überführen; wie es scheint, pflegte er außerdem «zu erklären, daß die Religionsgebräuche der Juden und der Samaritaner und der christliche Kult dorthin zu verlegen seien, damit das Priestertum des Heliogabalus das Geheimnis sämtlicher Kultübungen in sich schließe»[8]. Was Alexander Severus (222-235) anbetrifft, so wird er in seinem privaten Oratorium die Standbilder von Orpheus, Alexander, Abraham und Christus ohne Probleme nebeneinander aufstellen können ...[9]

Die Gestalt Alexanders des Großen scheint die Mehrheit der Herrscher dieser Epoche begeistert zu haben. Selber mißgestaltet und beinahe ein Zwerg verehrt Caracalla ihn abgöttisch und träumt davon, seine Großtaten nachzuahmen. Vielleicht hat man von ihm die Vorstellung einer Herrschaft übernommen, «die sich über eine geeinte Welt erstreckt, deren Bewohner alle untereinander als Untertanen kaiserlicher Allmacht gleich sind»[10]. Zweifellos hat auch die dem Mazedonier zugeschriebene kosmopolitische Utopie die «egalitäre» Politik der Severer-Dynastie nachhaltig beeinflußt: Der Senat wird provinzialisiert (im Jahre 217 sind nur noch 43 % Italiener); das Stadtbürgertum genießt so manche Vergünstigung, besonders in Ägypten; auch in den unteren Klassen blühen die Vereine und Ständevertretungen auf und zögern nicht, ihre Rechte nachdrücklich zu verteidigen (wie z.B. in Arles, wo die Schiffer im Jahre 201 mit einem Streik drohen[11]).

In dieser Atmosphäre gewinnt das Edikt von 212 erst seine volle Bedeutung. Weit davon entfernt, die Verehrung der vaterländischen Götter wieder zu kräftigen, wie es Dio Cassius wünschte, versucht es die Einheit der (römischen) «Welt» auf eine Art universeller religiöser Übereinstimmung zu gründen. Das Imperium ist an seinen Grenzen bedroht, von einer Wirtschaftskrise ausgelaugt, von den vielfältigsten ideologischen Strömungen überflutet und hofft nun, irgendwo eine dynamische Kraft zu finden, von der ausgehend sich der *consensus* erneuern ließe, der dem Reich augenblicklich ganz offensichtlich fehlt.

In dem im Auftrag von Aurelia Claudia ausgefüllten Formular läßt sich eine erstaunliche Zahl von Namen nichtlateinischer Gottheiten erkennen: Antinoos, Apollon, Serapis, Ammon, Dionysos, Artemis, Herakles, Toth, Isis ... Angesichts all dieser orientalischen Gottheiten vertritt nur der Name Aurelius das kaiserliche Bestreben, den Zusammenhalt der *oikumene* zu gewährleisten: Ab sofort wird es keine Fremden mehr geben! Auch hier Synkretismus: All die kleinen Vaterländer werden dem großen angepaßt; alle freien Männer und Frauen, die Bürger von Oxyrhynchos und Souk-el-Khemis wie die von Veleia und Lanuvium sind Bürger der Hauptstadt geworden. Es gibt kein Innen und kein Außen mehr: «Rom ist nicht länger Rom», weil Rom überall ist. Bestimmte Historiker haben dies als «Dekolonisation»[12] bezeichnet. Aber dürfte es sich hier nicht vielmehr um den Höhepunkt (und die Grenze) eines Kolonisationsprozesses handeln, der seinen Urhebern die Illusion vermittelt, damit die Gleichartigkeit ihrer Eroberungen von Schottland bis Mesopotamien und von «Dünkirchen bis Tamanrasset» bestätigen zu können? Die Geschichte lehrt uns in der Tat, daß die Staatsmänner diese wohltönenden Formulierungen und Auszeichnungen («Algerien, das ist Frankreich!») immer dann von sich geben, wenn es schon zu spät ist und die objektive Situation sie schon jeden konkreten Inhalts entleert hat ... Die allgemeine Verleihung des römischen Bürgerrechts enthüllte also vielmehr dessen Unsicherheit, um nicht zu sagen seine Abwertung.

Wer weiß, ob nicht zur gleichen Zeit, als die gute Frau Aurelia Claudia von ihrer Freundin Aurelia Artemis die junge Tyrannis kaufen wollte, in der kleinen Stadt Oxyrhynchos irgendeine andere von ihren Freundinnen, die auch gerade erst den Namen Aurelia erhalten hatte, dabei war, die folgende Stelle aus dem Brief des Paulus an die Epheser zu lesen:

> So seid ihr nun nicht mehr Fremdlinge *(xenoi)* und Beisassen *(paroichoi, peregrini)*, sondern Mitbürger der Heiligen und Hausgenossen *(oikeoi)* Gottes![13]

Unter all denen, die kürzlich durch Übernahme des Sippennamens Aurelius in das *Haus* des Kaisers aufgenommen worden sind, gibt es wahrscheinlich auch eine Menge Bürger, die diese Ehre als weniger wertvoll betrachten, vergleicht man sie mit der, zum *Hause Gottes* zu gehören und damit gewissermaßen den «Sippennamen» Christi zu tragen: also *Christ* zu sein. Dieses ihnen gewährte Bürgerrecht kann schon auf anderthalb Jahrhunderte, wo es universell gilt, zurückblicken. Ihre Mitbürger sind, eher als die römischen Senatoren, die «Heiligen», die für ihren Glauben gelebt haben und gestorben sind: Petrus und Paulus, Ignatius und Polykarp, die Märtyrer von Lyon und anderswo.

Eben auch unter der Regierung von Caracalla begannen die ersten christlichen Grabstätten aufzutauchen, die vor allem wegen der Bezugnahme auf einen Satz des Paulus im Brief an die Epheser auffallen: «Er wurde aufgenommen zu Gott, *receptus ad Deum*»[14]. Während das Imperium in Todesgefahr verzweifelt nach einem Mittel sucht, das seinen Bestand garantiert, entpuppt sich ein in voller Entwicklung befindliches Christentum mehr und mehr als die kommende Kraft ...

Zur gleichen Zeit schreibt der Statthalter von Arabien an seinen Kollegen von Ägypten unter Einhaltung der üblichen Verwaltungsgepflogenheiten, um ihn darum zu bitten, daß er ihm, ausgestattet mit allen notwendigen Geleitbriefen, möglichst schnell eine Person vorbeischickt, die er viel rühmen gehört hat und deren Lehrstunden er gerne mitverfolgen möchte.[15] Dieser unentbehrliche Mann ist kein General, auch kein Diplomat und kein Ingenieur. Es ist der berühmte Doktor, der Klemens in der Führung der christlichen Schule von Alexandrien abgelöst hat: Origenes!

18. Sequenz:
Die bewegte Laufbahn des Calixtus, Bischof von Rom (217-222)

Er schwankt, aber geht nicht unter

«Seht da, den Schönsten!» ... Es ist schon lange her, daß man Calixtus wegen seines Namens (denn im Griechischen heißt *kallistos* der Schönste) geneckt hat. Vor allem, seitdem die christliche Gemeinde in Rom ihn im Jahre 217 zum Nachfolger von Bischof Zephyrinus gewählt hatte, einem biederen Mann ohne besonderen Ehrgeiz, der von den theologischen Streitfragen, die damals in den intellektuellen Kreisen behandelt wurden, ein wenig überfordert war.

Woher hat Calixtus diesen schönen griechischen Namen? Sicherlich rührt er von der Sitte her, Sklaven auf diese Weise herauszuputzen. Denn er wurde um 155 in Rom als Sklave im dichtbewohnten Stadtteil Trastevere, nicht weit von der Marinekaserne der Ravennaflotte, geboren.[1] Durch einen Zufallskauf gelangt er eines Tages in den Besitz von Marcus Aurelius Carpophorus[2], einem Freigelassenen des Kaisers Commodus, der ein Christ ist. War Calixtus schon getauft oder wurde er es erst als Mitglied dieses «Hauses»? So viel ist sicher, daß seinem Herrn sofort klar gewesen sein muß, daß er besondere Fähigkeiten auf dem Gebiet der Finanzen besaß. Dank dieser besonderen Empfehlung gewann Calixtus auch schnell das Vertrauen der Oberen in der römischen Kirche. Er überzeugt sie davon, daß man das schon beträchtliche Vermögen, über das sie verfügen, nicht einfach ungenutzt herumliegen lassen darf, denn: «Das Geld sprießt nicht aus dem Boden»[3]; also muß man sich darum kümmern, daß es Zinsen bringt.

Das Geld steht bei den Christen in schlechtem Ruf. Man hat die berüchtigte Geschichte mit Judas noch nicht vergessen, ebenso das harte Urteil Jesu: «Ihr könnt nicht Gott dienen und dem Mammon.»[4] Sicher, so mancher Prediger versteht es, wie Klemens von Alexandrien[5], diese Härten mit Rücksicht auf eine begüterte Zuhörerschaft zu mildern. Aber die kirchlichen Verantwortlichen lassen sich nur mit äußerstem Widerwillen auf die Erledigung der «zutiefst materiellen» Aufgaben der Rechnungsführung und Verwaltung ein und treten sie daher gerne an den erstbesten «Spezialisten» ab, der sich damit befassen möchte.

So kommt es, daß Calixtus eine richtige christliche Bank gründet. Zahlreiche Brüder lassen sich durch diese neue Einrichtung dazu bringen, ihm ohne Zögern ihre bescheidenen Ersparnisse anzuvertrauen, die sich wegen der galoppierenden Inflation (unter Commodus sind es 20 %)[6] dauernd vermindern. Die Geldentwertung und die Preissteigerungen aber veranlassen die Dahrlehensnehmer, Gold und Silber zu horten. Das berühmte «Gesetz von Gresham»[7] zeigt seine Wirkung: Das minderwertige Geld verdrängt das gute, welches aus dem Zahlungsverkehr gezogen wird. Schlagartig verlangen die stillen Teilhaber ihre Einlagen zurück; mit den Rückzahlungen kommt man in Verzug und damit ist der Bankrott da und eine Katastrophe für Calixtus. Rechtlich gesehen ist Carpophorus, der ja auf seinen Bankier-Sklaven so stolz ist, gegenüber dem Staat für dessen Konkurs verantwortlich und befindet sich wahrscheinlich auch gegenüber der Kirche in einer peinlichen Lage, da er ihn ja dieser wärmstens empfohlen hat... Calixtus versucht dem voraussehbaren Zorn seines Herrn zuvorzukommen, besinnt sich nicht lange und läuft zum Hafen, wo er auf das als nächstes auslaufende Schiff klettert, ohne sich lange über dessen Ziel Gedanken zu machen, da er nur bestrebt ist, zwischen sich und seinen Herrn das offene Meer zu bringen. Pech für ihn, daß er nicht irgendein Sklave ohne Namen und Ansehen ist. Seine Gläubiger bemerken ihn, erkennen ihn, «verpfeifen» ihn. Carpophorus eilt herbei, läßt das Schiff stoppen und geht an Bord. Völlig verwirrt springt Calixtus ins Wasser.

Die Karriere des zukünftigen «Papstes» sollte damit ein jähes Ende finden. Die Matrosen geben der Sache die entscheidende Wendung: Sie springen in ein Boot, fischen den Ex-Bankier aus dem Wasser und übergeben ihn, durchnäßt und steifgefroren, seinem Besitzer, der ihn *illico* (auf der Stelle) zur fürchterlichen Strafe für flüchtige Sklaven verurteilt – die Tretmühle. Apulejus, der einige dieser Unglücklichen dabei beobachtet hat, wie sie die riesigen Mühlsteine drehen, hat uns eine jede Vorstellung überbietende Schilderung hinterlassen:

> Ihr gütigen Götter! Wie viele Menschen gab es da, über und über mit Blutstriemen bezeichnet, den Rücken zerbleut, mit Lumpen mehr beschattet denn bedeckt ... Was für Gebrandmarkte, für Halbgeschorene, für Geschlossene (mit Fußschellen Angeschlossene) sah ich da nicht! Fahl zogen sie einher ... Die Augenwimpern waren ihnen vom Rauch und Dampf des Backofens abgesengt; sie konnten kaum aus den Augen sehen ... Sie waren vom Kopf bis zu den Füßen mit Mehl und Asche gepudert und gar unkenntlich vor Schmutz.[8]

Aber Calixtus ist nicht ganz verloren. Seine christlichen Brüder denken an ihn. Vor allem diejenigen, die dank seiner ihr ganzes Geld verloren haben und sich Hoffnungen machen, ihn dazu bringen zu können, daß er es zurückgewinnt. Carpophorus seinerseits, der sich mit der Forderung der Rückzahlung der seinem Sklaven geliehenen Summen konfrontiert sieht, erklärt fromm: «Ich würde es gerne hinnehmen, meine eigenen Außenstände abzuschreiben, aber mit Rücksicht auf Forderungen der anderen stimme ich der Freilassung von Calixtus zu, damit er seine Schulden erstatten kann ...» Was für ein guter Mensch!

Also, kaum ist er aus der Mühle raus, wird Calixtus wieder Bankier. Sogleich eilt er zu seinen Hauptschuldnern, worunter sich auch einige jüdische Kaufleute befinden. Er gibt es auf, sie zu Hause antreffen zu können. Während des Sabbatgottesdienstes öffnet er mit Gewalt die Tür der Synagoge und verlangt die Begleichung der Schulden. Welch ein Skandal! Die Beziehungen zwischen Juden und Christen, die normalerweise schon sehr gespannt waren, konnten sich daher anläßlich dieses religiöswirtschaftlichen Zwischenfalls nur noch verschlimmern. Die Juden ergreifen den Calixtus und schleppen ihn vor den Präfekten der Stadt, Fuscianus. Man muß annehmen, daß in diesen Jahren (186–189) die jüdische Gemeinde in Rom noch einigen Einfluß besaß, denn Calixtus, dessen Christsein ebenfalls aufgedeckt wird, wird zur Zwangsarbeit in den Bergwerken Sardiniens verurteilt.

Zum drittenmal ist sein Los ungewiß ... Man könnte in Kenntnis der folgenden Entwicklung sagen, daß das Schicksal denjenigen hin- und herzuschütteln beliebt, dem es ein Gespür für die Gefährdung der menschlichen Existenz vermitteln möchte. Marcia, die morganatische Gemahlin (ungeschminkter gesagt, Konkubine; K.F.) des Commodus, ist Christin oder zumindest Sympathisantin. Bischof Viktor hat ihr die Liste der zur Zwangsarbeit verurteilten Brüder aushändigen lassen. Sie erwirkt ohne Schwierigkeit ihre Begnadigung. Aber Calixtus ist in dem Verzeichnis nicht aufgeführt. Viktor, dessen Charakter wir ja kennen[9], verspürt wenig Neigung, sich wegen dieses lästigen Finanzmannes Scherereien zu machen. Der Zufall läßt auf sich warten ... und gibt dann doch Calixtus noch einmal eine Chance. Man weiß nicht, wer sich eingeschaltet hat (vielleicht er selber, wo er doch ein wahnsinniges Bedürfnis gehabt haben muß, sich immer wieder herauszuarbeiten und so viele Hindernisse zu bezwingen). So viel ist sicher, daß er bald wieder auf freiem Fuß ist. Diesmal sogar mit einem neuen Status: als entlassener Sklave gehört er jetzt zu den Freigelassenen; als begnadigter Christ wird er nun als Bekenner *(confessor)* angesehen und von der Gemeinde hochgeehrt.[10]

Aber Viktor läßt sich nicht gerne unter Druck setzen. Insbesondere hält er nichts davon, eine so unternehmungslustige Person im Kreis des römischen Klerus auftauchen zu sehen, wozu ihn sein Titel als *confessor* berechtigt. Er schickt ihn also zur Sommerfrische an die Küste nach Antium (heute Anzio); versehen mit einer ansehnlichen Pension wird Calixtus gebeten, nichts mehr von sich hören zu lassen.

Zehn Jahre vergehen ... Wird ihn sein Glück verlassen? Im Gegenteil. Zephyrinus, der Nachfolger des Viktor, beeilt sich, im Jahre 199 diesen Teufelskerl, der schon so viele Schiffbrüche überlebt hat, in seine Nähe zu rufen. Der neue Bischof, dem die Sorgen um die Leitung einer immer zahlreicher werdenden Kirche ein wenig über den Kopf wachsen, tritt mit Erleichterung die Verwaltungsaufgaben an diesen unangepaßten Fachmann ab, da dieser ihm wegen seines hervorragenden Geschicks, sich immer wieder aus der Affäre zu ziehen, hinreichend geeignet erscheint. Wahrscheinlich wird Calixtus zum Diakon ernannt und besonders mit Aufgaben der Bewirtschaftung und der Leitung der Friedhöfe betraut.

Hier liegt nämlich ein erst neuerdings auftretendes, schwieriges Problem.[11] Lange haben die Christen keine besonderen Begräbnisstätten gehabt. Wie jedermann ließen sie sich einäschern, zumindest seitdem man ihre sterblichen Überreste nach Hinrichtungen nicht in einem Massengrab beisetzte bzw. ihre Asche im Winde zerstreute.[12] Als dann die Gemeinden in die Lage kamen, auch begüterte Brüder in ihren Reihen zählen zu können, Eigentümer von weiträumigen *villae* und prächtigen Grabmälern, kam die Gewohnheit auf, die Verstorbenen in diesen üppigen Gräbern beizusetzen, die nach und nach durch unterirdische, mit Nischen ausgestattete Gänge vergrößert wurden (die man dann später «Katakomben» nennen wird). So wird die *villa* der edlen Familie der Acilii Glabriones an der Via Salaria zu einem der christlichen Hauptfriedhöfe, zusammen mit denen von Pretextatus, Priscilla und Domitilla.

Aber es scheint, daß eine entscheidende Veränderung im Gange ist. Die Ruhe, welche die Kirchen unter der Herrschaft der Severer genießen, die einer «egalitären», für die unteren Klassen vorteilhaften Politik verbunden waren, macht das Entstehen geistlichen (oder genauer: kirchlichen) Besitzes möglich. Dieser bildet sich unter dem Schutz von Bestattungsvereinen, denen Septimus Severus im ganzen Reich gewisse Vorrechte einräumt.[13] Wir kennen mehrere Kirchen, die sich in dieser Epoche offiziell einer eigenen Rechtsfähigkeit erfreuen dürfen (Herakleia am Pontus; Caesarea in Mauretanien[14]). Stellen wir uns vor, wie sich unser Calixtus in den Räumlichkeiten der Präfektur von Rom, wo er einst zur Zwangsarbeit verurteilt wurde, mit einem gewissen Lächeln anschickt, die Satzung des neuen Vereins «für ein ehrenvolles Begräbnis» zu hinterlegen ... Konnte er sich ausmalen, daß er mit der Erfüllung dieser kleinen Formalität eine Immobilienmacht mit unberechenbarem Schicksal gründete?

Immer voller Unternehmungsgeist, voller Projekte und Pläne unternimmt er es, den Friedhof der Acilii in ein größeres Gelände umzubetten, das an der Via Appia liegt und das er sich von der steinreichen Familie der Caecilii hatte anbieten lassen. Seitdem ist dieser Friedhof unter dem Namen «Calixtus-Katakomben» bekannt. Auf der ersten Ebene, der ältesten, sind die Inschriften noch zur Hälfte in Griechisch und zur Hälfte in Latein und sehr knapp gehalten: «Bei Gott. Schlafe in Frieden ...» Vor allem aber tauchen hier das erste Mal die Anzeichen einer eigenständigen christlichen Kunst auf[15]: Fresken, Mosaiken und Skulpturen. Vor dem Hintergrund immer wiederkehrender Motive (Blumen, Vögel, Schmetterlinge, Fische) tauchen häufiger bestimmte Szenen auf, in denen biblische Einflüsse und mythologische Symbole sich auf sonderbare Weise vermischen: «Der gute Hirte ist dem griechischen Orpheus nachempfunden, Jonas unter seinem Rizinusbaum ähnelt dem eingeschlafenen Endymion, Christus als Lehrer trägt Züge des ‹musicos aner› (des Gebildeten mit einem Buch in der Hand).»[16] Das Thema der Rettung, das in diesem «Zeitalter der Angst»[17] von so großer Bedeutung ist, wird behandelt anhand von Darstellungen der Errettung Noahs aus den Fluten, des Jonas vor dem Walfisch, Daniels vor den Löwen und der Susanna vor den Ältesten. Darstellungen von Brot, Fisch und Personen, Männer und Frauen, die um einen Tisch herum sitzen, rufen zugleich das eucharistische Teilen und das himmlische Hochzeitsmahl ins Bewußtsein. Wie oft wohl mag Calixtus, wenn er die Gänge seines Friedhofs durchlief, angehalten haben, um nachdenklich das Schiff, dieses immer wiederkehrende Symbol der Kirche und auch seines eigenen Lebens zu betrachten, als dessen Wahlspruch man sehr wohl angeben könnte: «Er schwankt, aber geht nicht unter!»

Auf den ältesten Gräbern taucht ein Familienname häufiger auf als andere: Aurelius; wahrscheinlich ist dies eine Folge des Edikts von Caracalla[18], das Rom ja so manchen Neubürger zuführte, worunter sicher auch zahlreiche Christen waren.

Ebenfalls genau im Jahre 217, in dem Caracalla im Verlauf eines wie schon so oft ergebnislosen Feldzuges gegen die Parther ermordet wird, stirbt auch der alte Bischof Zephyrinus, aber wahrscheinlich im Bett. Der christlichen Gemeinde von Rom stehen bei der Wahl seines Nachfolgers zwei denkbar gegensätzliche Kandidaten zur Verfügung: Zum einen Calixtus, ehemals flüchtiger Sklave, ehemals gescheiterter Bankier, der Tretmühle und dem Bergwerk entronnen, aber ein Verwaltungsfachmann ohnegleichen; zum anderen Hippolyt(us)[19], gelehrter Priester, Theologe und Exeget, Autor anspruchsvoller Werke, in denen er energisch zu den Streitigkeiten über die göttliche Natur Jesu Stellung bezieht. Hippolyt, fest verbunden mit bestimmten römischen Gewohnheiten, die er *die apostolische Tradition* tauft, träumt tatsächlich von einem «unversehrten» (integralen) Christentum ohne Zugeständnisse und Anpassungen: Wenn man auf ihn hörte, würde man nicht nur Prostituierte und Zuhälter vom Katechumenat ausschließen, sondern auch Steinmetze und Maler (denn sie stellen Idole her!), Schauspieler, Zirkusrennfahrer und Gladiatoren zurückweisen. Die Soldaten müßten sich weigern zu töten und die Beamten ihren Posten räumen. Auch bei den Lehrern «wäre es besser, wenn sie ihre Lehrtätigkeit aufgäben; können sie aber keinen anderen Beruf ausüben, dann soll man ihnen gestatten zu unterrichten.»[20] Eine interessante Einzelheit: Während die Christen in Rom seit zwei Generationen lateinisch sprechen, schreibt Hippolyt griechisch. Wenn später das Latein seinerseits eine tote Sprache geworden sein wird, werden neue Integristen bestrebt sein, es beizubehalten.

Die Gemeinde von Rom dürfte kaum ein Abbild der strengen Reinheitsvorstellung des Hippolyt gewesen sein. Sie zieht ihm daher als Bischof den geschickten Calixtus vor, der die Kirche gerne mit der Arche Noah vergleicht, in der ja Tiere aller Art versammelt sind ... Der empörte Hippolyt tobt seinen Ärger in verleumderischen Schmähschriften aus, in denen er gehässig die skandalösen Stationen der Laufbahn seines Gegners nachzeichnet. Dank ihrer sind letztere uns bekannt.

Aber es gibt noch mehr, worüber man sich aufregen kann. Calixtus, der in moralischen Fragen ebenso realistisch denkt wie in geschäftlichen Angelegenheiten, trifft eine Reihe von Entscheidungen, die sicher für alle diejenigen verblüffend waren, die in der «Disziplin» der Kirche nur eine Sammlung unverletzbarer Tabuisierungen sehen wollen: Während man bisher Ehebruch und außereheliche Geschlechtsbeziehungen als so schwere Sünden ansah, daß sie nicht nachgelassen und die Schuldigen ausgeschlossen wurden, sagte Calixtus nun solchen Beichtigern die Lossprechung zu; er weigerte sich, pflichtvergessene Bischöfe abzusetzen; Kleriker, die sich verheirateten, durften ihr Amt behalten; die Verbindung zwischen einer vornehmen Frau und einem Mann niedrigen Standes, die nach römischem Recht untersagt war, wurde von der Kirche nun anerkannt, was ihr gestattete, in den Kreisen der Aristokratie Anhänger zu gewinnen[21] (auf das Risiko hin, Abtreibungen, die diese verbotenen Verbindungen verschleiern helfen sollten, in Kauf zu nehmen ...). Hippolyt prangert sogleich diese Regelungen als unstatthaft an, insbesondere die Art und Weise, «den Leuten Befriedigung der Lüste ... zu erlauben» und «Ehebruch und Mord zugleich zu lehren»[22]. Man schenkt ihm kein Gehör. Der Wind weht günstig für das *Aggiornamento*. Mit Calixtus behalten zu diesem Zeitpunkt die Anhänger einer Politik der Öffnung und des Dialogs, die sich auch auszuzahlen scheint, die Oberhand: Die Kaiser zeigen sich wohlwollend und die Verwaltung verbindlich; besonders in den wohlhabenden Schichten nehmen die Bekehrungen zu, was wiederum Erbschaften, Schenkungen und fromme Stiftungen zur Folge hat.

Diese «Schätze Gottes» dienen nicht nur dem Unterhalt von Arbeitslosen, Witwen und Waisen, sondern mehr und mehr auch dem des Klerus, dessen Zunahme und Aufblühen wie «ein ausdrückliches Zeichen göttlichen Segens»[23] erschienen. Gegen den Widerstand derer, welche wie Hippolyt zum Klerus nur solche Funktionsträger wie Bischöfe, Diakone und Presbyter zählen wollten, nimmt Calixtus alle auf, die eine kirchliche Arbeit verrichten. Sie werden damit zu «Klerikern» *(ecclésiastiques),* die man seither sorgfältig von den «Laien» abgrenzt. Im Jahre

251 kann die Kirche von Rom stolz mit folgender beeindruckender Liste aufwarten: 1 Bischof, 46 Presbyter, 7 Diakone, 7 Subdiakone, 42 Akkolyten, Lektoren und Türhüter ...[24] Als besondere, ausschließlich männliche und finanziell abhängige Gruppe ist der Klerus auch auf dem Weg zu einem satzungsmäßig geforderten Zölibat. Da sich der Bischof und seine Mitarbeiter plötzlich als Besitzer beträchtlicher Güter wiederfanden und das römische Gesetz nur Privatleuten das Recht der Vererbung zugestand, hätten sie in die Versuchung geraten können, ihrer Familie einen Gewinn zu verschaffen. Ihnen zu untersagen, selber eine Familie zu gründen, ist daher ganz offensichtlich das einfachste, aber auch durchgreifendste Mittel. Dieses ökonomische Argument, zu dem noch andere hinzukamen (die Sorge um rituelle «Reinheit», Angst vor der Sexualität und Frauenfeindlichkeit), wird ausschlaggebend, aber, wohlgemerkt, immer schamhaft verschwiegen werden. Einige schlagende Beispiele erlauben es jedoch, diese entscheidende Bedeutung (der Ökonomie) zu bestätigen: So wird z.B. im Jahre 554 Papst Pelagius I. einen Familienvater nur unter der ausdrücklichen Bedingung zum Bischofsamt zulassen, daß er ein bis ins einzelne gehendes Verzeichnis seines Vermögens aufstellt und nichts darüber hinaus an seine Kinder vererbt.[25]

Für den Augenblick macht das gleichzeitige Anwachsen von Gütern und Klerus die Kirche von Rom unter Calixtus zu einem beneideten Modell. Aber dieser Erfolg hat auch seine Schattenseite, welche Origenes bald sehr scharfsinnig wahrnehmen wird: «Wenn wir aber die Dinge nach Wahrheit und Wirklichkeit und nicht nach der Größe der Zahl, nach den Veranlagungen und nicht nach den zusammengekommenen Massen beurteilen, dann werden wir einsehen, daß wir jetzt noch gar keine Gläubige sind.»[26]

Aber auch diese Periode des Überschwangs wird nicht lange anhalten. Im März 235 wird der letzte Kaiser aus dem Hause der Severer, Severus Alexander, der einen Grundstücksstreit zwischen der Gilde der Wirte und dem christlichen Begräbnisverein zugunsten des letzteren entschieden hatte,[27] ermordet. Sein Nachfolger, Maximinus Thrax, knüpft sich sofort die Günstlinge der vorangegangenen Regierung vor. Unter seinen Opfern befinden sich in den Bergwerken Sardiniens sowohl der Priester Hippolyt, der immer noch eine Anti-Haltung einnimmt, als auch Pontianus, der Bischof von Rom (dem zweiten Nachfolger von Calixtus, der im Jahre 222 verstarb). Am gleichen Tag des Jahres 235 werden Hippolyt und Pontianus, im Tode vereint, auf dem Friedhof des Calixtus beigesetzt. Gerade er aber wird als einziger von all seinen damaligen Kollegen nicht dort, sondern am dritten Meilenstein der Via Aurelia beerdigt. Warum wohl? Es ist das letzte Rätsel einer an Wirrungen reichen Existenz.[28]

117

19. Sequenz:
Ein Theologe mit Lehrverbot: Origenes, im Jahre 231

Wie ein Lustgarten war er für uns

Mit 45 Jahren scheint er, dem seine Freunde den Beinamen *Adamantios*, «Mann aus Stahl», gaben, gebrochen zu sein.[1] Demetrius, der Bischof von Alexandrien, hat ihm untersagt, weiterhin am «Didaskaleion» zu lehren, der Theologenschule, deren Leiter er nunmehr 28 Jahre gewesen war, seit diesem dunklen Jahr 203, in dem der Statthalter Q. Maccius Laetus eine unbarmherzige Hetzjagd auf die Christen Ägyptens veranstaltet hatte.[2]

Der junge Origenes hatte nur davon geträumt, wie sein Vater Leonidas ein Märtyrer zu werden. Seine Mutter mußte ihm sogar seine Kleider verstecken, um zu verhindern, daß er weglief, um sich verhaften zu lassen.[3] Als Vermögen und Haus vom Staat eingezogen wurden, lag es bei ihm als siebzehnjährigem Jungen, die Familie zu ernähren. Seine gediegene klassische Ausbildung erlaubte es ihm, Grammatikstunden zu erteilen, die ziemlich gut bezahlt wurden. Außerdem sorgt er für eine Übergangslösung bei der Taufvorbereitung, während der dafür Zuständige (Klemens) klugerweise das Weite gesucht hatte. Im darauffolgenden Jahr ernennt ihn Demetrius, der offensichtlich mit seiner Arbeit zufrieden ist, zum Leiter des Katechumenats und der Theologenschule. Origenes ist erst 18 Jahre alt, aber seine christliche Unterweisung war nicht weniger gründlich gewesen als seine literarische Schulung. Um seinen Unterricht hatte sich der Vater höchstpersönlich gekümmert, und schon bald überflügelte der Schüler den Lehrer, vor allem in der Lektüre der Heiligen Schriften: «Ja mit dem einfachen und oberflächlichen Lesen der Heiligen Schrift war er nicht zufrieden, er suchte mehr und befaßte sich bereits damals mit dem tieferen Sinn ...»[4]

Nachdem das grelle Feuer der Verfolgung wieder erloschen und die Familie vor der schlimmsten Not sicher war, widmete sich der junge Schulleiter ganz der Lehre, wofür er nicht mehr als tägliche Einkünfte in Höhe von nur 4 Obolen verlangte, was ein richtiger Hungerlohn war. Da er bestrebt war, auch selber das Evangelium, das er verkündete, vorzuleben, besaß er nur ein einziges Gewand, ging barfuß und schlief auf dem Boden.[5] Wie es das Unglück will, stolpert er eines Tages über folgenden Vers bei Matthäus: «Es gibt Verschnittene, die sich selbst verschnitten haben um des Himmelreiches willen» (Mt 19,12). Er meint, auch diesen Satz wörtlich nehmen zu müssen und entmannt sich auf der Stelle ... Als er auf seine alten Tage zum gleichen Text einen Kommentar zu schreiben hat, gibt er mit Humor seinen exegetischen Irrtum von einst zu: «Es mag sicher noch andere Stellen geben, auf die das Sprichwort, daß der Buchstabe tötet, der Geist aber lebendig macht, zutrifft, bei dieser ist es sicher der Fall.»[6]

Sein guter Ruf zieht unterdessen ein immer zahlreicheres und anspruchsvolleres Publikum ins «Didaskaleion». Angesichts des Riesenandrangs, aber auch der Niveauunterschiede sieht sich Origenes bald gezwungen, einen «Anfängerkurs» einzurichten, den er seinem Schüler Herakles anvertraut, und einen «Fortgeschrittenenkurs», den er selber betreut und der sich mit Mathematik, Philosophie und Lektüre der Heiligen Schriften befaßt. Er arbeitet unablässig, studiert gründlich die griechischen Philosophen, lernt Hebräisch, vergleicht die verschiedenen Ausgaben des biblischen Textes und nimmt sein berühmtes Werk der *Hexapla* in Angriff: In sechs Spalten ordnet er zunächst den hebräischen Text an, dann dessen griechische Umschreibung, und dann (in vier weiteren Parallelkolonnen) den Text der Septuaginta und die griechischen Übersetzungen von Aquila, Symmachus und Theodotion. Satz für Satz kennzeichnet er durch bestimmte Zeichen (am Rand) die Abweichungen und versucht so, einen «Urtext» zu erstellen. Es war eine riesige Arbeit, und sie stellt die erste systematische Bemühung um Textkritik dar. Er sucht, entdeckt und entziffert auch alte Manuskripte, wie z.B. eine griechische Übersetzung der Psalmen, die er in Jericho, aufbewahrt in einem Faß, gefunden hat.[7]

Wenn der Text erstellt ist, bleibt noch, ihn zu lesen, besser gesagt, auszulegen ... Die Kommentare häufen sich: zum Johannesevangelium, zur Genesis, zu den ersten 25 Psalmen, zum Buch der Klagelieder *(lamentationes Jeremiae)*; es folgen zwei Bücher über die Auferstehung und das große philosophisch-theologische Werk über die Grundlehren der Glaubenswissenschaft *(De principiis)*.[8] Zur Unterstützung dieser beispiellosen Arbeitskraft wurde von einem gerade erste bekehrten hohen Beamten namens Ambrosius ein gut bestücktes Sekretariat eingerichtet: Schnellschreiber, Abschreiber, Schönschreiber schlossen mit ihrer Arbeit ohne Unterbrechung aneinander an. Zu dieser sorgfältig geplanten Arbeit kamen dann noch die Reisen: im Jahre 214, auf Einladung des Statthalters von Arabien; im Jahre 215 nach Caesarea in Palästina, wo der Bischof ihn nicht nur bittet, Vorträge zu halten, sondern auch bei der sonntäglichen Gemeindeversammlung die Schrift auszulegen (obwohl Origenes ja nicht Priester ist, weswegen auch der Bischof von Alexandrien dies mißbilligt und Origenes auffordert, unverzüglich zurückzukommen); im Jahre 224 nach Antiochien, wo die Syrerin Julia Mamäa, die Mutter von Alexander Severus, den berühmten Doktor zu sehen und zu hören wünscht.

Zu berühmt! Seine Vorlesungen und Vorträge füllen die Säle, seine Bücher interessieren ein breites Publikum; es läßt sich kaum angeben, wieviele Erklärungen und kleinere Schriften wahrscheinlich zusätzlich durch den Bischof verbreitet wurden ... Eusebius von Caesarea teilt uns in seiner unnachahmlich beschönigenden Art mit: «Doch als er (Demetrius) bald darauf sah, welche Erfolge Origenes hatte und wie er groß, berühmt und allgemein geachtet wurde, überkam ihn menschliche Schwäche ...»[9]

Nun ergibt sich so ganz nebenbei, daß die Bischöfe von Palästina während einer neuerlichen Reise des Origenes durch diese Gegend auf die Idee kommen, ihren Lieblingstheologen zum Priester zu weihen! Zum großen Ärger des Demetrius, der nun den angesehensten Laien seiner Kirche in einer Konkurrenzsituation zu sich selber sieht. Er beruft eine Synode der ägyptischen Bischöfe ein: Origenes erhält Lehrverbot und muß den Wohnsitz ändern; sein eigener Vorgesetzter, Demetrius, fügt noch die Aberkennung des Priesteramtes hinzu. Der Urteilsspruch wird allen Bischöfen des Reiches mitgeteilt und wird, ein deutliches Zeichen, von der Mehrheit der Bischöfe des Abendlandes, aber so gut wie von keinem des Orients gebilligt.

Mit 46 Jahren erlebt Origenes, wie plötzlich mit einem Schlag seine ganze Welt einstürzt. Er, der vor allem ein «Mann der Kirche» *(ekklesiastikos[10])* sein wollte, leidet furchtbar darunter, sich an den Rand gedrängt zu sehen. Erneut den Propheten Jeremia lesend, fühlt der «Mann aus Stahl» wie ihn die Kräfte zu verlassen drohen:

> Auch wir sind oft in Gefahr, der ach so menschlichen Versuchung des Propheten zu begegnen. Wenn einer von uns wegen seiner wissenschaftlichen Überzeugung leidet oder wegen seiner Lehre mißhandelt wird, wie so manches Mal wird er denken: Ich gehe weg, was soll ich noch hier? All diesen Ärger habe ich nur wegen meiner Tätigkeit, weil ich unterrichte und meiner Lehre freien Lauf lasse ... Warum sich nicht besser in die Wüste zurückziehen und zur Ruhe setzen?[11]

Einfach mit einem Disziplinarverfahren einem Theologen Lehrverbot erteilen, welch ein Verbrechen an der Vernunft! Gott sei Dank meinten die Bischöfe damals noch nicht, sie müßten immer alle einer Meinung sein. Die von Palästina nahmen ihn mit offenen Armen auf; vor allem Alexander von Jerusalem und Theoktistus von Caesarea bieten ihm das, was ein Theologe, wie jeder andere Mensch, zum Leben braucht: ein wenig Wertschätzung und Zuneigung. Die Jahre von Caesarea sollen die fruchtbarsten eines beinahe schon erfüllten Lebens werden.

Neben Lehrtätigkeit und Predigten erhält er Anfragen von allen Seiten. Im Jahre 233 unterbricht Ambrosius, sein langjähriger Freund, unersetzlicher Mitarbeiter und Ankurbler des wertvollen Sekretariats, für einen Moment seine Tätigkeiten, um Origenes zu gestehen: «Du weißt, daß ich schon seit Jahren nicht mehr bete, und ich weiß nicht mehr, weder wie ich es machen soll, noch zu was es nützt ...» Die Antwort des Meisters, sorgfältig in Kurzschrift niedergeschrieben (denn Ambrosius denkt immer auch an seine Rolle als Herausgeber), stellt eine richtige Abhandlung «Vom Gebet» dar, die erstaunlich modern wirkt:

> Ohne Unterlaß aber betet, wer mit seinen notwendigen Werken das Gebet, und mit dem Gebet die geziemenden Handlungen verbindet, da auch die Werke der Tugend oder die Ausführung der (göttlichen) Gebote mit in den Bereich des Gebetes einbezogen werden. Denn nur so können wir das Gebot: Betet ohne Unterlaß als ausführbar verstehen, wenn wir das ganze Leben des Frommen ein einziges, großes, zusammenhängendes Gebet nennen würden. Ein Teil dieses großen Gebetes ist auch das, was man gewöhnlich Gebet nennt ...[12]

Im selben Jahr 233 kommen in Caesarea zwei junge Jurastudenten aus Kappadozien an: Gregorius und sein Bruder Athenodorus. Sie hatten sich auf den Weg gemacht, um in Berytus (Beirut) Jurisprudenz zu studieren und begleiteten ihre Schwester, die mit ihrem Gatten zusammentraf, der dem Statthalter von Palästina beigegeben war. Wie alle damals wollten sie auf der Durchreise die Lokalberühmtheit kennenlernen. Gregorius erzählt[13]:

> Mit dem ersten Tag aber, an dem er uns bei sich aufgenommen hatte – es war dies in Wahrheit unser erster und, wenn wir so sagen dürfen, unser ehrenvollster Tag, als für uns zum erstenmal die Sonne der Wahrheit aufzugehen begann – gab er sich zunächst alle erdenkliche Mühe, uns an sich zu fesseln, während wir in ähnlicher Weise wie wilde Tiere, Fische oder Vögel, die in Schlingen oder Netze geraten sind, zu entschlüpfen und zu entrinnen suchten ... Dabei bewegte er sich in allen Tonarten und zog, wie man im Sprichwort sagt, an allen Stricken und setzte alle seine Kräfte in Bewegung ...
> Dann geißelte er die Unwissenheit und alle, die in Unwissenheit leben ... die herumgehen, wie wenn sie keine Vernunft hätten ... die nach Reichtum und Ruhm, nach Ehrenbezeigungen vonseiten des Volkes und körperlichem Wohlbefinden trachten und schmachten, wie wenn darin das Gute bestünde, die diese Dinge hoch, ja über alles schätzen, und von den Fertigkeiten nur die, die zu diesen Gütern verhelfen können, sowie von den Berufsarten nur jene, die dazu eine Aussicht eröffnen, den Kriegerstand, den Richterstand und das Studium der Rechte ...
> Er erklärt es nämlich für ganz unmöglich, den Herrn der Welt auch nur richtig zu verehren, – und das ist doch eine Auszeichnung und ein Vorzug, den unter allen lebenden Wesen auf der Welt nur der Mensch besitzt, ... wenn man sich nicht mit der Weisheit befaßt habe ...
> Wie ein Funke, der mitten in unser Herz gefahren, entbrannte und entflammte unsere Liebe gegen das heilige, gegen das liebenswürdigste Wort

selbst, das alle mit seiner unaussprechlichen Schönheit aufs unwiderstehlichste an sich zieht, und zugleich unsere Liebe gegen diesen Mann, den Freund und Herold des Wortes.

Gregorius und Athenodorus werden fünf Jahre in Caesarea bleiben, bezaubert von der Anziehungskraft und Leidenschaft der Pädagogik des Origenes.

> (Wie ein guter Landwirt oder Gärtner) ... so ungefähr nahm er uns in seine Hände, und mit der ihm eigenen Gewandtheit in Bestellung des Erdreichs musterte und durchschaute er nicht bloß, was jedermann sichtbar war und offen in die Augen fallen mußte, sondern er grub das Erdreich auf und prüfte es im tiefsten Grunde, indem er Fragen stellte und vorlegte und auf unsere Antworten hörte; und nachdem er so in uns ein Element erkannt hatte, das nicht unbrauchbar, unnütz und nicht ohne Aussicht auf Erfolg war, grub er und ackerte um und begoß und setzte alles in Bewegung, bot alle seine Geschicklichkeit und Sorgfalt auf und bearbeitete uns beharrlich ... Er war fernerhin bestrebt, mich unempfindlich gegen Leid und jede Art von Unglück, dagegen fest gegründet in innerer Ordnung und innerem Gleichgewicht, endlich in Wahrheit gottähnlich und glückselig zu machen ...
>
> Dieser Mann war der erste und einzige, der mich bewog, mich auch mit der hellenistischen Philosophie zu befassen, dadurch daß er durch die Tat seiner mündlichen Anregung zuvorkam, indem er nicht bloß wohl einstudierte Redensarten vorbrachte, sondern es selbst unter seiner Würde fand, etwas zu sagen, außer mit lauterer Gesinnung und mit dem Bestreben, das Gesagte auch in die Tat umzusetzen ...
>
> (Bei der Lektüre der Schrift) machte er selber den Erklärer und Ausleger, wo etwas dunkel und rätselhaft war, wie ja dergleichen vieles in den heiligen Offenbarungen enthalten ist ... er besitzt ja die Gewandtheit und in höchstem Grade die Einsicht, auf Gott zu hören. Diese höchste Gabe hat der Mann, den wir feiern, von Gott empfangen und vom Himmel ward ihm der herrliche Beruf zuteil, den Sinn der göttlichen Worte an die Menschen zu vermitteln, ... und mit einem Wort, er war in Wahrheit ein Lustgarten, ein Abbild von jenem großen Garten Gottes, ein Paradies, in dem wir uns selbst bebauten wie ein heranreifendes Gewächs oder uns erfreuten und in dem Gefühle schwelgten, daß uns ein solches Gewächs vom Urheber des Weltalls ins Herz gepflanzt worden sei.

Die beiden Brüder werden nach ihrer Rückkehr nach Kappadozien dort Bischöfe. Gregorius, «Thaumaturgus» (der Wundertäter) genannt, wird die Großeltern zweier anderer Brüder, die Bischöfe und Theologen waren, nämlich Basilius von Caesarea und Gregor von Nyssa, zu Schülern haben.

Neben seinen Vorlesungen arbeitet Origenes zwischen zwei Reisen (nach Athen und Arabien) an seinen schriftlichen Kommentaren weiter, unterhält eine umfangreiche Korrespondenz, predigt täglich, wobei er mittlerweile damit einverstanden ist, daß sie von den Stenographen seines Freundes Ambrosius mitgeschrieben werden. So sind uns von einem Werk, das nach einer Aussage des Hieronymus 2000 Bände zählte, beinahe 800 Bücher erhalten.

Origenes selber offenbart gegenüber Gregorius das Geheimnis seiner Exegese: «Wenn du der Schriftlesung obliegst, so suche sorgfältig und mit verständigem Glauben nach dem, was vielen entgeht: dem Geist der göttlichen Schriften. Begnüge dich nicht damit, den Text abzuklopfen und abzusuchen. Was am wichtigsten ist, um den Sinn der göttlichen Buchstaben zu verstehen, ist das Gebet.»[14] Den Geist hinter dem Buch zu suchen, heißt also zunächst einmal, die Bibel als das «Sakrament der Anwesenheit Gottes in der Welt» zu betrachten. Von einem Ende der Bibel bis zum anderen richtet sich Jesus, das Wort Gottes, an den christlichen Leser.

> Diejenigen, die den göttlichen Einklang der Heiligen Schriften nicht begreifen, empfinden bisweilen zwischen Altem und Neuem Testament einen Mißklang ... Aber ein in dieser göttlichen Musik geschulter Mensch, ein wahrer David, wüßte diese Symphonie zum Klingen zu bringen, indem er im rechten Augenblick bald die Saiten des Gesetzes, bald die des Evangeliums, die damit in Einklang schwingen, bald die Saiten der Propheten und bald die der Apostel anschlägt ...[15]

Als Wort Christi ist die Heilige Schrift aber auch ein Abbild seines «mystischen Leibes»[16], der Kirche. In Eva und Rebekka, der Königin von Saba und der Hure Rahab, der Arche Noah und Bileams Eselin, dem Tempel Salomons und der Geliebten im Hohen Lied, überall erscheint die Kirche. Deswegen findet auch das christliche Leben in der Bibel die schönsten Gleichnisse für sich selber. Zwei davon liegen Origenes besonders am Herzen. Das eine ist der Zug der Hebräer durch die Wüste: «Die Stationen auf dem Weg durch die Wüste sind die einzelnen Abschnitte, mit denen man die Reise von der Erde in den Himmel zurücklegt ... Wir sind unterwegs; wir sind nur in diese Welt gekommen, um in den Tugenden zu wachsen, und nicht, um auf der Erde zu bleiben.»[17] Das andere Thema ist die Vereinigung der Liebenden, wie sie das Hohe Lied beschreibt:

> Oft in diesem Lied begegnet der Gemahlin etwas, was der, der es nicht selber erlebt hat, nicht verstehen kann. Oft, Gott ist mein Zeuge, habe auch ich gespürt, daß der Gemahl sich näherte, daß er, soweit es möglich war, mit mir war. Wenn er sich dann unverhofft zurückzog, konnte ich nicht mehr finden, was ich suchte. So seufzte ich denn erneut nach seinem Kommen, und manchmal kam er wieder. Und wenn er mir erschien und ich ihn endlich in Händen hielt, entglitt er mir einmal mehr. Und wenn er verschwunden war, machte ich mich erneut daran, ihn zu suchen. Und dieser Vorgang wird sich solange wiederholen, bis ich ihn für immer besitzen werde.[18]

Origenes ist ein Mystiker. Die Heilige Schrift zu lesen bedeutet für ihn, in ein Gespräch mit Gott zu treten. Folglich betrachtet er die biblischen Texte als eine Einheit, so daß man «sich ihr auch als einem einzigen Körper *(corpus!)* nähern muß. Man kann also die sehr festen Verbindungen seiner Struktur nicht auflösen oder zerbrechen, ohne die Einheit des Geistes, der sich überall in ihm ausgebreitet findet, zu zerstören.»[19] Von daher ergibt sich das Prinzip: «Die Heilige Schrift muß sich selbst auslegen.»[20]

All dies könnte für uns so aussehen, als ob es weit entfernt von unseren heutigen Methoden der Bibellektüre sei. Das stimmt sicher in mancherlei Hinsicht. Die Lehre, die uns Origenes erteilt, ist jedoch nicht zurückzuweisen. Zunächst einmal gilt, daß jede «Geisteshandlung», die sich eine eigene Exegese vornimmt, auf einer gewaltigen Textarbeit aufbauen muß: Erstellung der Varianten, Kritik und Vergleich. Origenes beweist für seine Zeit einen einzigartigen Sinn für Geschichte und unterscheidet sich damit absolut von der Buchstabengläubigkeit, die bereits geraume Zeit einige Sekten hinsichtlich der Apokalypse an den Tag legen, wie aber auch von jenen Eseleien, die noch im 20. Jahrhundert von vatikanischen Würdenträgern bezüglich mancher Seiten aus den Schöpfungsberichten vertreten wurden. Darüber hinaus ruft uns seine Art, das Alte Testament im Lichte des Neuen zu lesen, richtigerweise in Erinnerung, daß die Christen der ersten Jahrhunderte ihre Denkkategorien, ihre Symbole und ihre Mythen nicht aus dem Nichts erschaffen *(creatio ex nihilo)* haben. Das Pascha des Mose und der Durchzug durch das Rote Meer, das Manna, die Wüste, der Tempel, das Königreich (der Gottesherrschaft), die Opfer und das Gesetz, der Bund und der Messias, all dies hat das Material geliefert, aus dem die Kirche, ihre Theologie und ihre Sakramente aufgebaut wurden.[21]

Noch eine letzte Bemerkung: für eine ganze Anzahl unter uns stellt die Bibel heute nicht mehr als einen «Tropfen Wasser im Meer»[22] dar und das Christentum nur ein «kulturelles Phänomen»[23] ... Aber dürfen wir einfach vergessen, wenn wir diese antiken Texte lesen, die ganzen Generationen zum Besten wie zum Schlechtesten gedient haben, was der alte Heraklit über das Orakel zu Delphi sagte: «Es behauptet nichts und verbirgt nichts, es deutet an *(semainei)*»[24]. Jesu Ruf in die Nachfolge und die Antwort darauf (was man klassisch «Bekehrung» nennt) «haben eine formale innere Bindung aneinander, deren Wahrheit durch keine konkrete Benennung ganz eingefangen werden kann ... Jesus ist uns nur zugänglich über Texte, die über ihn dadurch sprechen, daß sie erzählen, was er bewirkte ... Wir haben nicht mehr als bestimmte Ausformungen des Zusammenhangs zwischen Ruf und Entscheidung, nie aber eine genaue Aussage, die, indem sie dem Ruf seinen angemessenen Ort zuordnete, auch der Antwort eine einmalige und echte Bestimmtheit geben würde ... Das ‹Folge mir!› kommt für uns von einer Stimme, die für immer unwiederbringlich verhallt ist ... Wir haben nicht mehr als die Spur eines von ihm als möglich erwiesenen Übergangs ... Seitdem besteht das Eigentliche in jener Operation, die durch ihre Bezugnahme auf den Bruch, dessen Ermöglichungsbedingung für uns die biblische Erzählung (durch ihre schriftlichen Gestalten von gestern und heute hindurch) darstellt, in die entscheidenden Felder unseres sozialen Einsatzes ihre Spur gräbt.»[25]

Vielleicht werden Sie sagen, daß Origenes an all dies gar nicht gedacht hat? Zumindest aber hat er zu denen gehört, dank denen wir es heute denken können.

Was ihn selber betrifft, wird er im Jahre 250, nachdem er (auf Drängen des unermüdlichen Ambrosius) acht Bücher zur Entgegnung auf die Angriffe des Celsus verfaßt hat, im Verlauf der ersten großen, systematisch betriebenen Christenverfolgung verhaftet und gefoltert. Er übersteht zwar diese Prüfung, nach der er sich zeitlebens gesehnt hat, ist aber am Ende seiner Kräfte. Ausgepumpt und ohne Tatkraft wird er sich noch vier Jahre dahinschleppen, um schließlich im Alter von 69 Jahren seinen unbändigen Geist aufzugeben. Er, der soviel für die Freiheit der Forschung und eine freie Meinungsäußerung erduldet hat, konnte mit vollem Recht sagen: «Wir befinden uns im Frieden mit Gott, wenn wir um der Gerechtigkeit willen von den Menschen Verfolgung leiden.»[26]

20. Sequenz:
Das Haus der Christen in Dura-Europos, im Jahre 232

Die Geschichte ist anders als auf den
Gemälden der Römer

«Sie können nicht fehlgehen! Wenn sie von der Straße nach Palmyra kommen, gehen Sie durch das große Tor, das von den Bogenschützen der XX. Kohorte aus Palmyra bewacht wird. 150 Schritte weiter nehmen Sie die dritte Straße rechts, dann die zweite links, und dann ist es das erste Haus zur Linken ...»

Mit diesen genauen Angaben ausgestattet, hatte der Reisende Palmyra verlassen. Diese Wüstenstadt, eine Palmenoase am Knotenpunkt der Wege, die von Damaskus und Antiochien zum Euphrat führen, stellt so etwas wie die «Prachtstraße des Imperiums im Orient»[1] dar. Ihre Quellen, ihre Weiden und ihr ultramoderner städtischer Komfort (seit dem Besuch Hadrians im Jahre 129 hat man Tempel, Plätze, Bäder und Säulengänge errichtet, die bis heute beeindruckende Spuren hinterlassen haben) machen sie zum Stützpunkt der großen Karawanenunternehmen, mittels derer die Mittelmeerhäfen mit den Lagern von Schatt-el-Arab am Persischen Golf Verbindung halten, über die Seide aus China, Pfeffer von den Tamilen, Weihrauch und Gewürze aus Arabien und Indien geliefert werden. Ein amtlicher Tarif vom 18. April 137 legt genau fest, wieviel Steuern für Sklaven, Wolle, Öl, Dirnen und Standbilder zu entrichten sind ...[2] Der Senat der Stadt hat diesen Tarif festgelegt, denn Palmyra genießt seit Hadrian den Status einer «freien Stadt». Caracalla hat sie dann in den Rang einer römischen Siedlung erhoben, die keine Grundsteuern entrichten muß. Seit dem Krieg von Marc Aurel gegen die Parther (161–166) leidet der Handel darunter, daß Palmyra in die militärischen Verteidigungsanlagen einbezogen ist, mit denen der Aufbau eines Verteidigungsgürtels an den Ostgrenzen verfolgt wird.

Dura-Europos am Euphrat ist sicher der am weitesten vorgeschobene Posten des Systems.[3] Es wurde um 300 v.Chr. von den Seleukiden-Herrschern gegründet, von Trajan 115–116 besetzt, von Hadrian 117 den Parthern überlassen und im Jahre 165 wieder zurückerobert. Als der Provinz Syrien angegliederte römische Stadt beherbergt es eine bedeutende Garnison, die vor allem aus jener berühmten XX. Kohorte der berittenen (Kamele!) Bogenschützen besteht. Mittlerweile scheinen die

Zeiten sich so beruhigt zu haben, daß die Soldaten im Ruhestand sich entscheiden, sich dort niederzulassen und ihren Lebensabend zu beschließen. So kauft Julius Demetrius, Veteran der III. thrakischen Kohorte *Augusta*, am 27. Mai 227 von Otarneos, Sohn des Abadad, für 175 Denare ein Grundstück, das zuvor mit 600 Weinstöcken bepflanzt war.[4]

Die Entdeckung ist sicher nicht überraschend, daß in diesem Brückenkopf zwischen römischem Imperium und der persischen Welt die Soldaten dem Mithraskult anhängen.[5] Mithras, der Sonnengott, geboren am 25. Dezember zum Zeitpunkt der Wintersonnenwende, wird von den Hirten verehrt. Er hatte den Stier gefangen und geopfert, dessen Samen und Blut alles pflanzliche und tierische Leben hervorbringen sollte. Seine Verehrung, die den Männern vorbehalten ist, legt verstärktes Gewicht auf den Kampf gegen das Böse und betont die Kameradschaft. Man tritt mit einem Eid *(sacramentum)*, der von Schmerzproben und Peinigungen begleitet wird, welche in den «Initiationsgrotten» *(mithraeum)* durchgeführt werden, in diese «Miliz des Guten» ein. Das Mithraeum von Dura-Europos ist mit Wandmalereien geschmückt, welche Einflüsse der persischen Kunst verraten.[6]

Der gleiche Stil findet sich in der Synagoge von Dura wieder. Diese ist ein umfangreicher Gebäudekomplex mit einem Versammlungsraum, der gemäß den Vorschriften in zwei Hälften geteilt ist, eine für die Männer und die andere für die Frauen. Seit der Verschleppung der Juden durch Nebukadnezzar (587 v.Chr.) gibt es viele von ihnen in dieser Gegend. Die üppigen mehrfarbigen Fresken der Synagoge[7] beweisen, daß man sich nicht immer auf literarische Quellen verlassen soll: Obwohl die Texte der Juden ihnen jede Darstellung von Lebewesen strengstens untersagen, wird einem hier der Beweis geliefert, daß sie nicht davor zurückscheuten, selbst nackte Frauen an die Wände zu malen (die Tochter des Pharao, wie sie Mose aus dem Fluß zieht ...). Diese sehr lebendigen «Filmstreifen» «spiegeln eine Menge Tradition und Glaube der Juden wider und liefern eine plastische Zusammenfassung der jüdischen Geschichte, so wie sie von den Heiligen Schriften erzählt und durch Haggada (der erbaulichen Schriftauslegung der Rabbinen) ausgeschmückt wurde. Die dafür verantwortlichen Künstler beklagen den Untergang Jerusalems und erwarten mit brennender Sehnsucht die Ankunft des Messias und die Auferstehung der Toten.»[8] Einige Historiker meinen, daß die Ähnlichkeiten zwischen diesen biblischen Szenen und der frühen christlichen Kunst den Schluß erlaube, daß letztere sich an jüdischen Vorlagen ausrichtete, womit auch erklärt wäre, warum «die Christen lange Zeit fortfuhren, mehr die Ikonographie des Alten als des Neuen Testaments zu pflegen»[9].

Dieser These steht jedoch haargenau die Wirklichkeit von Dura-Europos entgegen. Gesellen wir uns dem Reisenden zu, der von Palmyra aufbrach. Wenn er den Angaben seiner Freunde folgt, wird er vor einem eingeschossigen Haus angelangen, das den Nachbarhäusern völlig gleicht.[10] Wenn man das Tor hinter sich hat, befindet man sich in einem Flur, der auf einen viereckigen, an der einen Seite durch einen zweireihigen Säulengang begrenzten Hof von acht mal acht Meter Fläche führt. An der hinteren Seite gelangt man über eine kleine Freitreppe von drei Stufen hinauf in einen Saal von 12,5 x 5 Meter Größe. Innen führt ringsherum eine Steinbank. Wenn sie ein wenig zusammenrücken, können sicherlich 60 Personen darauf Platz finden. Welcher Art sind die Versammlungen, die hier stattfinden? Keinerlei Inschrift, keine Verzierung, kein Mobiliar gibt darüber Aufschluß. Trotz allem werden in diesem Saal mit Sicherheit die eucharistischen Versammlungen der Christen von Dura-Europos stattgefunden haben. Denn diese relativ alltägliche Behausung stellt ohne jeden Zweifel das «Haus der Christen» in dieser Stadt dar. Eine der ersten «Kirchen» also, wenn man so will. Äußerlich gesehen unterscheidet sich dieses Bauwerk so gut wie durch nichts von denen, die es umgeben. Selbst wenn die Christen manchmal eigene Friedhöfe haben, so sind sie doch im allgemeinen nur eine Minderheit, die sich nicht gerne groß in der Öffentlichkeit zeigt, da sie immer mit einer Anzeige, einem Polizeiüberfall oder einem Pogrom des Pöbels rechnen muß. Auch wenn diese Situation sie zur Vorsicht mahnt, so beeinträchtigt sie doch übrigens keineswegs den Eintritt neuer Gläubiger. Der Beweis: die Gemeinde von Dura gewinnt neue Anhänger, denn sie hat Taufen vorzuweisen.

In dem kleinen rechteckigen Raum (3 x 6 m), der hinter der Treppe rechts von der Eingangstür liegt, hat man ein gemauertes Bassin (1,60 x 1,07 x 0,95 m) gefunden[11], das von einer Kuppel, verziert mit Sternen auf blauem Grund, abgedeckt war; diese wiederum wurde von zwei Säulen getragen. Hinter der Wanne, in einer Art Apsis, sieht man das Bild eines Schäfers, der, umgeben von seiner Herde, ein Lamm auf den Schultern trägt. In der linken Ecke, zu seinen Füßen und unter einem Baum, erblickt man zwei kleine Personen, einen Mann und eine Frau, bekleidet mit einem weißen Lendenschurz! Seit dem Apostel Paulus[12] ist dieser Gegensatz schon sprichwörtlich: Christus der «Gute Hirte» ist der «Antityp» zu Adam und Eva als Symbolen der sündigen Menschheit. Wir befinden uns hier in einer christlichen Taufkapelle, der ältesten, die wir bis heute gefunden haben.

Die Fresken an den Wänden setzen diese Darstellung des Erlösungsthemas fort. Einer Malvorschrift hellenistischen Ursprungs folgend stellen sie auf zwei sich überlagernden Ebenen gänzlich dem Neuen Testament entlehnte Szenen dar: Ganz unten vor rotem Hintergrund die Frauen, wie sie Spezereien zum Grabe Jesu bringen, die samaritanische Frau am Brunnen und David und Goliath (als einzige Anspielung ans Alte Testament in diesem Zusammenhang); oben, auf weißem Grund, Wunder Jesu: Heilung des Gelähmten und Gang übers Meer. Wohlgemerkt ähnelt dieser «Taufzyklus» denjenigen sehr, die die römischen Katakomben schmücken. Sachverständige aber haben gewisse Unterschiede festgestellt:[13] Die Sterne, welche über dem Grab prangen, sind hier elf oder zwölf an der Zahl, während sie im Abendland nie mehr als sechs oder acht ausmachen. Der Schäfer befindet sich gewöhnlich in der Mitte seiner Herde und nicht wie hier an der Seite. Adam und Eva werden nie von vorne dargestellt usw. Deswegen darf man auf einen eigenständigen orientalischen christlichen Stil schließen. Dies gilt um so mehr, als Besonderheiten in Linienführung und Anordnung sich bei bestimmten heidnischen Malereien, die man auf der Krim entdeckt hat,[14] wiederfinden.

Insbesondere aber kündigen diese Bilder in der Taufkapelle ebenso wie die Abbildungen im Mithraeum oder in der Synagoge bereits das Ende der griechisch-römischen Klassik und den Anfang der byzantinischen Kunst an. Die Steifheit der Figuren, die von vorne gesehen sind, die nach Rang und nicht nach dem Naturmaß angeordneten Proportionen und das Aufgeben des Perspektivischen bezeugen, daß sich zwischen Welt und Mensch eine neue Beziehung anbahnt.[15] Die aufgeklärte Vernunfthaltung, dieses unschätzbare griechische Erbe, hat sicher niemals so ganz richtig die unteren Volksschichten erreicht. Die relative Ruhe aber, wofür die *Pax Romana* sorgte, konnte die Illusion hervorrufen, daß die glänzenden Standbilder der Götter, Kaiser und Vornehmen, welche die Foren und Tempel bevölkerten, jene Stabilität und Ewigkeit der Ordnung, die sie der Welt aufgezwungen hatten, auch selber verkörperten.

Die neuen künstlerischen Formen, die sich im Orient Bahn brechen, gehen Hand in Hand mit dem Erfolg der orientalischen Religionen. Die Maler von Dura-Europos dürften zweifellos dem Apostel Paulus beigepflichtet haben, wenn er sagt, daß die sichtbare Welt nur einen Schleier zwischen dem Menschen und dem Unsichtbaren bildet, welches allein die wahre Wirklichkeit ist.[16] So machen sich auf der kulturellen Ebene ebenfalls jene Auflösungstendenzen bemerkbar, die auch im politischen Bereich am Werke sind: Die Einheit des Imperiums begann unterzugehen.[17]

Eine Inschrift an einer der Wände der Taufkapelle von Dura gibt genau an, daß die Malereien zu einem Zeitpunkt, der dem Jahr 232 unserer Zeitrechnung entspricht, vollendet waren.[18] In diesem Moment hat sich die Situation an den Ufern des Euphrat aber schon stark verändert.[19] Die Parther, die Erbfeinde Roms, haben in Persien die Macht verloren: Am 28. April 224 wurde ihr König Artaban V. durch den iranischen Fürsten Ardachir besiegt. Dieser wird 226 zum «König der Könige» *(schah in schah)* gekrönt und begründet das Königshaus der Sassaniden. Ab 230 greift das persische Heer die Römer in Mesopotamien an. Ohne Erfolg. Aber sie werden nicht locker lassen. Der Nachfolger von Ardachir, Schapur I. (lat. *sapor*) greift in Armenien ein und besetzt Syrien, Kilikien und Kappadozien.[20] Im Jahre 256 nehmen sie nach mehreren erbitterten Belagerungen Dura-Europos ein: In einem unter den Wällen durchgegrabenen Gang hat man die Skelette von 20 Römern und eines riesigen persischen Soldaten gefunden, der wohl in dem Moment getötet wurde, wo er aus dem unterirdischen Gang auftauchte.[21] Um die innere Stadtmauer zu verstärken, hatten die Belagerten eine mächtige Böschung aufgeworfen, wobei sie unter deren Steinen gleichzeitig auch alle Häuser des Viertels begruben. Auch das Haus der Christen wurde derart der vergeblichen Verteidigung der Stadt geopfert und überdauerte die Jahrhunderte unter seinem Betonpanzer. Es wird 1932 darunter entdeckt werden. Was die Stadt Dura anbetrifft, wird sie, nachdem sie dem Erdboden gleichgemacht wurde, eine Beute des Wüstensandes. Auf den Landkarten taucht an ihrer Stelle nur noch die phantastische Angabe auf: *Terra incognita, hic sunt leones* (unbekannter Landstrich, wo es Löwen gibt). Kaiser Julian wird im Jahre 363 Jagd auf sie machen.[22]

Mit dem Fall von Dura war für die Römer die Auseinandersetzung mit den Persern aber noch lange nicht zu Ende. Kaiser Valerian selber fällt im Juni 260 in Edessa mit seinem ganzen Stab und einem Heer von 60 000 Mann in die Hände von Sapor. Dies ist das erste Mal, daß solch eine Katastrophe über das Imperium hereinbricht. Ein halbes Jahrhundert später wird der Christ Laktanz am Anfang des «konstantinischen Friedens» seinem Gott ein Loblied singen, weil er diesen Kaiser, der die Christen verfolgte, den demütigenden Launen seiner Feinde ausgeliefert hat: «So oft nämlich der Perserkönig Sapor, der ihn gefangen genommen hatte, den Wagen oder das Roß besteigen wollte, mußte sich der Römer vor ihm niederkrümmen und ihm den Rücken darbieten; dann setzte ihm der König den Fuß auf den Nacken, indem er ihm unter Hohngelächter vorhielt, das sei die Wahrheit, nicht die Bilder, welche die Römer auf Tafeln und Wände malten.»[23] Es bestand kein Zweifel, daß man nicht mehr so weitermalen konnte wie vorher.

21. Sequenz:
Mani und der Manichäismus, im Jahre 242

Wehe, wehe über den Bildner meines Leibes!

Babylonien, wo er am 14. April 216 geboren wurde, war die Gegend des Partherreiches, die am meisten abendländische Züge trug.[1] Bis zu seinem 25. Lebensjahr hatte Mani hier mit seinem Vater inmitten einer Gruppe von Asketen gelebt, die sich des Wein- und Fleischgenusses und jeder sexuellen Beziehung enthielten. Diese «Elkesaiten» waren eine jüdisch-christliche Täufersekte, bei der der junge Mann sicherlich auch in einer zweifellos ziemlich gnostischen Form Kenntnis von Jesus erlangt hat.[2]

In der Tat ist es eine Art «Gnosis», eine Erkenntnis, die Mani eines Tages sich berufen fühlt zu verkündigen, wozu er von einem Engel im Traume beauftragt worden ist. Aber seine Genossen schätzen diese Besonderheit überhaupt nicht, so daß der neue Prophet im Jahre 240 unter der Anklage, sich dem «Hellenismus» zugewandt zu haben, aus seiner Gemeinschaft ausgeschlossen wird. Begleitet von seinem Vater und zwei Anhängern begibt er sich nach Indien (d.h. nach heutigen Maßstäben Pakistan). Er bekehrt dort einen Landesfürsten, der in ihm einen «neuen Buddha» sieht.

Mani kehrt auf dem Seeweg im Frühjahr 242 in den Iran zurück und erhält von König Sapor I. die Erlaubnis, im ganzen iranischen Reich zu missionieren. Er bereist es in jeder Richtung. Seine Schüler gelangen sogar bis nach Ägypten, vielleicht sogar bis Tibet und China. Mani hat nämlich eine alles erfassende Ausbreitung seiner Lehre im Sinne, von der er glaubt, sie sei dazu bestimmt, alle anderen zu ersetzen:

> Meine Hoffnung aber wird nach dem Westen gehen und auch nach dem Osten. Und man wird die Stimme ihrer Verkündigung in allen Sprachen hören und man wird sie verkündigen in allen Städten. In diesem ersten Punkte ist meine Kirche den früheren Kirchen überlegen; denn die früheren Kirchen waren an einzelnen Orten und in einzelnen Städten erwählt worden. Meine Kirche wird ausgehen in alle Städte, und ihr Evangelium wird erreichen jedes Land.[3]

Die Ausdrücke «Kirche» und «Evangelium» fallen ins Auge. Es sind zweifellos christliche Vokabeln, aber auch, und schon vorher, griechische. Seine ersten Genossen aus der Täuferbewegung hatten sehr wohl die Anziehung bemerkt, die der Hellenismus mit seiner Leidenschaft zu «erkennen» und auch «sich selber zu erkennen» auf Mani ausübte. Sein wahres «Ich» wiederzufinden, das in der Dunkelheit der Materie versunken ist, sich selber zu erfassen als Funke des göttlichen Lichtes, als Teil des Göttlichen, der mißlicherweise mit einem Körper verbunden ist, aber gerettet wird durch die Erkenntnis «dessen, was wir sind, woher wir kommen und wohin wir gehen»; so sieht es der «Manichäismus», den einige (der heilige Augustinus etwa, der ja zuerst Manichäer war) dahingehend zusammenfassen, daß er «zwei Prinzipien» (Geist und Materie, Gut und Böse) sowie «drei Zeitabschnitte» (der vergangene, der gegenwärtige und der kommende) besonders herausstellt.

Von hier aus entfaltet sich ein grandioser Mythos, in dem sich die christlichen Elemente mit Gestalten aus der iranischen Zoroasterreligion und verschlungenen gnostischen Gedankengängen vereinigen: Aus einer Vereinigung dämonenhafter Archonten entsteht der erste Mensch, Adam, der von «Jesus dem Glanz» oder (nach anderen Lesarten) von Ohrmuzd, dem persischen Lichtgott, erlöst wird:

> Er weckte ihn auf aus einem Todesschlaf, damit er von vielen Geistern befreit würde ... ließ ihn sich rühren, rüttelte ihn auf und vertrieb von ihm den verführerischen Dämon und fesselte weit weg von ihm den gewaltigen weiblichen Archonten. Da erforschte Adam sich selber und erkannte, wer er sei. Jesus zeigte dem Adam die Väter in der Höhe und sein eigenes Selbst (die Seele des Adam), hineingeworfen in alles, vor die Zähne der Panther und die Zähne der Elefanten, zerrissen von den Raubtieren, verschlungen von den Verschlingern, verzehrt von den Hunden, vermischt und gefesselt in allem, was ist, gefangen in dem Gestand der Finsternis. Er richtete ihn auf und ließ ihn vom Baume des Lebens essen. Da blickte Adam um sich und weinte. Er erhob mächtig seine Stimme, wie ein brüllender Löwe, raufte seine Haare, schlug (sich die Brust) und sprach: ‹Wehe, wehe über den Bildner meines Leibes, über den Feßler meiner Seele und über die Empörer, die mich versklavt haben!› [4]

Mani ist klug genug zu wissen, daß er nicht der erste ist, der diese «Offenbarung» mitteilt. Er stellt sich daher ausdrücklich als die Fortsetzung von Zarathustra, Buddha und Jesus dar. Allerdings beansprucht er für sich, der «höchste Offenbarer» zu sein. Im Gegensatz zu seinen «Vorgängern» gibt er sich daher alle Mühe, selber seine Botschaft schriftlich festzulegen. Dies war eine gewaltige Neuerung, die sogar wahrscheinlich den gegenteiligen Effekt gehabt haben dürfte, als sich Mani ausgerechnet hatte. Nehmen wir zum Vergleich Jesus: Kommt nicht die allzeit gegenwärtige Macht seines Anrufes gerade daher, daß wir von diesem nur noch viele Echos vernehmen, die von den verschiedenen Antworten, die er hervorgerufen hat, unbestimmt zurückgeworfen werden? Und bezeugt nicht die unglaubliche Freiheit, mit der die Evangelien sich untereinander zu widersprechen wagen, besser die Einzigartigkeit dieser Stimme als noch so fleißige Mitschriften? Mani wollte als Erbe der Gnosis Dogmen, eine Lehre, ein kirchlich verfaßtes System übermitteln. Jesus dagegen, aus dem man dann eine Buchreligion und ein Gesetz gemacht hat, durchschaute von vornherein die Grenzen eines solchen Unterfangens: Er hat seine Botschaft nirgendwo eingeritzt, es sei denn in die Herzen seiner Jünger. Nur ein einziges Mal berichtet uns ein Evangelium, daß er schreibt: Anläßlich des Vorfalls mit der Ehebrecherin malt er mit der Fingerspitze geheimnisvolle Zeichen in den Staub der Straße.[5]

Eifrig bemüht um die exakte Übermittlung seiner «integralen Wissenschaft» macht sich Mani selber die Mühe, sie abzuschreiben und überwacht die Qualität der Übersetzungen. Als Neuerung versieht er auch persönlich seine Texte mit Illustrationen, die bereits an die persischen Miniaturen gemahnen. Genau umgekehrt wie Jesus will er also sehr wohl eine Kirche gründen und für immer jedes Detail ihrer Organisation festlegen. Die erste Folge seines Systems allerdings ist, daß es undurchführbar ist: Die Herauslösung des wahren «Ich» aus dem finsteren Urgestein der Materie setzt eine unerbittliche Askese (besonders sexueller Art) voraus, derer jedoch nur wenige Menschen fähig sind. Man muß also die Gläubigen in zwei Kategorien einteilen: Da sind zuerst die einfachen «Hörer», denen gestattet ist zu heiraten, zu arbeiten (wohl um die anderen zu ernähren ...), Fleisch zu essen und Wein zu trinken; für sie wird es genügen, wenn sie die «Zehn Gebote» halten, welche beinahe identisch sind mit denen des jüdischen Gesetzes. Nur die «Auserwählten» mußten (fast) alles Weltliche vermeiden und werden mancherlei Verboten unterworfen, insbesondere der «Regel der drei Siegel»: dem des Mundes (Abwesenheit jeder Fleischnahrung, vergorener Getränke und lästerlicher Reden); dem der Hände (die Auserwählten dürfen nicht arbeiten, denn das erledigen ja schon die «Hörer» für sie), dem des «Schoßes» (was absolute Enthaltsamkeit bedeutet).

In der Praxis aber ist diese Gemeinschaft von vergeistigten Reinen in einer starren Weise durchgegliedert, was man bei charismatischen Gruppierungen ja häufiger antrifft. «Hörer» und «Auserwählte» sind eingereiht in eine Hierarchie von «Lehrern», «Bischöfen», «Diakonen» und «Priestern», die alle wiederum der Autorität eines *pontifex maximus (imam, princeps)* unterstehen, der seinen Sitz in Ktesiphon, der Hauptstadt des iranischen Reiches, hat. Auch das Ritual ist bis ins kleinste geregelt. Es scheint keine Taufe und auch kein «eucharistisches Mahl» zu geben. Dafür aber zahlreiche Gebete für das Individuum und die Gemeinschaft. Letztere schließen Lieder und Psalmen mit ein, denen man oft die Form der «Antiphon» gibt (d.h. der Chor und die Gemeinde wechseln sich mit der Antwort ab). Es gibt häufiges Fasten, welches von völliger Enthaltsamkeit bezüglich Nahrung und Sexualität begleitet wird. Schließlich finden auch regelmäßig Beichten statt, die gewöhnliche jeden Montag und eine außergewöhnliche Generalbeichte (d.h. einmal im Jahr willigen alle Anwesenden ein, sich einer Liste von öffentlich verlesenen und die Regel der drei Siegel betreffenden Sünden zu unterwerfen).

Noch viele andere Riten tragen dazu bei, die Gemeinschaft in ihrer Abkehr von der Welt zusammenzuschweißen, so beispielsweise der Friedenskuß (Kuß oder Händedruck) und das Niederknien (das man dem persischen Königshof entlehnt hat und das bald auch in Kirche und Staat des Abendlandes übernommen wurde). Jedes Jahr, Anfang März, feiern die Manichäer nach 30tägigem Fasten das Fest der *Bêma* des Mani, ein Sitz, der sowohl «Lehrkanzel» des Predigers schlechthin, «Richterstuhl», von dem aus er alle Menschen richtet, als auch himmlischer «Thron», auf dem er Platz nimmt, in einem ist. Als das eigentliche «Osterfest» der Manichäer verherrlicht das Fest der *Bêma* Leiden, Auferstehung und Himmelfahrt des Gründers, welche übrigens keinerlei Erlösungscharakter haben, sondern den Seelen der Gläubigen nur als Beispiel und Erleuchtung dienen.

Mani starb selber als Märtyrer. Nachdem sein Gönner Sapor I. nicht mehr da war, verschlechterte sich die Situation für ihn zusehends. König Vahram I. schließt sich in seiner Bemühung um nationale Erneuerung eng mit dem Klerus des Mazda zusammen. Die Partherfürsten aus den nördlichen Provinzen (im Süden des Kaspischen Meeres) verachten zugleich die reinen Iraner aus der Persis (das Gebiet von Fars, an der Küste des persischen Golfes) wie auch die in den *Awestas* aufbewahrte Religion des Zarathustra. Die Sassaniden sind bestrebt, indem sie die Klammer «Parther» schließen, auch die ganze pro-hellenische Epoche zu beenden, die mit den Siegen Alexanders über Darius eröffnet wurde. Sie beanspruchen, dessen direkte Nachfolger und Fürsten des «Achämenidengeschlechts» zu sein: Ist nicht «Ardachir» die exakte Umschrift von «Artaxerxes»? So würde auch die Schmach von Marathon (490 v.Chr.) und Salamis (480 v.Chr.) getilgt, die es einst Aischylos erlaubt hatte, das Ende der persischen Vorherrschaft zu besingen:

> Asias Völker, sie fügen
> Fürder sich persischer Macht nicht,
> Fürder sie zinsen uns nicht mehr,
> Herrischem Joche gebeuget;
> Nicht mehr beten im Staub sie
> Schweigsam an, da des Königs
> Zwingende Kraft dahinsank.[6]

Genau diese Macht wollen die Sassaniden wieder aufrichten: Wiedervereinigung der iranischen Provinzen, Zurückforderung Kleinasiens und Syriens vom römischen Imperium (als dem Erben Alexanders), Zentralisation der Verwaltung und Verstärkung polizeilicher Kontrolle, Neuordnung des Militärs (Schaffung einer schweren, gepanzerten Kavallerie) und schließlich Rückkehr zur strengen Rechtgläubigkeit des Ahura Mazda. Letztere Bestrebung wird unterstützt, wenn nicht geführt von den *mobedhs* (Magiern), den Priestern des «Feuerkultes». Einer von ihnen wird sich an die Spitze der Bewegung stellen. Nachdem dieser Kartir Hohepriester *(magupat)* geworden ist, ist er dem König ebenbürtig und verabschiedet mit ihm zusammen Verträge, welche jedem neugegründeten Feuertempel feste Einkünfte zusichern.

Der beträchtliche Einfluß dieser Persönlichkeit springt aus der Inschrift in die Augen, die er in Naqsh-i-Rustam in der Persis genau unter den *Res gestae* (Memoiren) von König Sapor I. hat anbringen lassen. Kartir beglückwünscht sich darin hemmungslos zu seinen Taten:

> ... Viele Magier fanden Glück und Wohlergehen; für viele Feuer und viele Magier wurden Verträge unterzeichnet. Ohrmuzd und die Götter hatten großen Gewinn. Ahriman und die Dämonen wurden gewaltig erschüttert ... Im Reich wurden die Juden, die Schamanen (buddhistische Mönche), die Brahmanen (indische), die Nazarener, die Christen, die Maktaks (Außenseiter der Mazdareligion) und die Zandiks (Manichäer) geschlagen ...[7]

Es ist nicht erstaunlich, daß Mani als erster mit diesem fanatischen Verfechter der amtlichen Orthodoxie ein Hühnchen zu rupfen haben würde. Der manichäische Universalismus konnte in diesem Klima eines übersteigerten Nationalismus nicht anders denn als «Häresie» oder Verrat angesehen werden. Im Februar 276[8] wird Mani zu König Vahram I. gerufen. Ein bei Turfan im chinesischen Turkestan wiedergefundenes Manuskript berichtet über die Begegnung:

> Der König saß zu Tisch und hatte sein Mahl noch nicht beendet. Die Höflinge traten ein und sprachen zum König: «Mani ist angekommen und wartet am Tor». Der König schickte dem Herrn (Mani) folgende Botschaft: «Warte einen Augenblick, bis ich selber zu dir komme». Der Herr setzte sich neben einen Wachtposten und wartete, bis der König sein Mahl beendet haben würde – dieser ging nämlich auf die Jagd.
>
> Der König hob die Tafel auf, legte einen Arm um die Königin von Sakas, den anderen um Kerder (Kartir) und kam zum Herrn. Seine ersten Worte waren: «Ihr seid uns nicht willkommen!» Der Herr antwortete: «Was habe ich Unrechtes getan?» Der König sprach: «Ich habe geschworen, daß ich euch nicht in dieses Land lassen werde.» Und er redete zornig auf den Herren ein: «He! Wozu seid ihr eigentlich gut, da ihr weder in den Kampf zieht, noch zur Jagd geht? Könnte man euch vielleicht als weisen Berater oder als Heilkundigen gebrauchen? Aber auch davon versteht ihr nichts!»[9]

Ein anderer Text, eine Homilie, die sicher später bei den *Bêma*-Feierlichkeiten vorgelesen wurde, faßt die Anschuldigungen des Königs noch genauer:

> «Woher nimmst du deine Überzeugung, daß eure Angelegenheiten wichtiger sind als die der Welt?» Darauf antwortete ihm mein Herr vor allen Edlen: «Befrage alle Menschen nach dem, was sie von mir wissen: ich habe keinen Herrn und keinen Lehrmeister, von dem ich diese Weisheit erlernt oder all diese Dinge übernommen hätte; ich habe sie aber von Gott und seinen Engeln empfangen. Gott selber hat mich beauftragt, daß ich dies in deinem Königreich verkündigen soll. Denn die ganze Welt ist im Irrtum befangen und hat sich verirrt ...» Der König sprach zu ihm: «Wie soll das geschehen, daß Gott gerade dir all dies offenbart, wo doch wir die Herren der Welt sind?»[10]

Der eigentliche Beweggrund ist damit aufgedeckt[11]: Das Verbrechen des Mani besteht darin, daß er zu einem Zeitpunkt, wo das ganze Land für das von Kirche und Staat gemeinsam betriebene Unternehmen der nationalen Erneuerung in Beschlag genommen wird, sich absondert und eine universale Weisheit predigt. Das Bündnis von Säbel und Weihwasserwedel bringt immer Intoleranz und Verfolgung Andersdenkender hervor. Das von Mani verkündete Heil und die Bekehrung, die er empfindet, fallen nicht stark ins Gewicht gegenüber dem von Kartir verkörperten Willen zur Gleichschaltung.

Mani wird verhaftet, in schwere Ketten gelegt und erliegt an einem Montag um die 11. Stunde (17 Uhr) seiner Erschöpfung. Er wurde 60 Jahre alt. Sein Körper wird noch enthauptet und auf die Müllhalde geworfen. Bevor er starb, hatte der Prophet noch einmal seine ganzen Kräfte gesammelt, um ein letztes Gebet an seinen Gott zu richten:

> Oh Richter aller Welten, erhöre das Gebet des Gerechten ... Oh Fürst der Gerechtigkeit, höre die Stimme des Unterdrückten ... Mein Erlöser, oh vollkommener Mensch, Jungfrau des Lichts, zieh meine Seele aus diesem Abgrund zu dir empor ... Du hast mir meinen Auftrag gegeben und mich ausgesandt, erhöre mein inständiges Flehen. Befreie den Gefangenen aus den Händen derer, die sich seiner bemächtigt haben. Befreie den Gefesselten aus seinen Eisenketten![12]

Der Manichäismus wird das Martyrium seines Begründers noch weit überleben.[13] Wegen der Eroberungen der Araber gilt dies zwar nicht für den Vorderen Orient, aber man findet ihn noch im 14. Jahrhundert in China. Im Abendland wird auch Augustinus neun Jahre lang zu den «Hörern» zählen, wonach er dann zum Angriff auf seine ehemaligen Glaubensgenossen übergehen wird. Später wird man ganz einfach all diejenigen als «Manichäer» betrachten (wie z.B. die Katharer, die «Reinen»), die ohne jedes Zugeständnis an die Erfordernisse des Alltags sich auf ein idealistisches Reinheitsideal berufen.

22. Sequenz:
Ein Durchschnittschrist: der Advokat Gaios, um 245

Eine Kultur des Maßes

Wieder einmal jemand aus Phrygien! Nach dem Sklaven Onesimus und seinem Herrn Philemon, nach dem Sklaven und Philosophen Epiktet, nach den Schwärmern Montanus, Prisca und Maximilla[1] begegnen wir hier erneut einem Bewohner dieser herben Berggegend mit ihren ausgeprägten Gegensätzen.

Aber die Grabschrift, die man in Emircik (dem antiken Eumenea) aufgefunden hat, macht uns ganz im Gegenteil mit einem sehr ausgeglichenen Charakter bekannt:

> Mein Name Gaios ergibt die gleiche Summe wie zwei andere Worte: *hagios* (heilig) und *agathos* (gut). Darauf möchte ich öffentlich aufmerksam machen.
> Wer hat sich zu Lebzeiten dieses Grab errichtet? Der Jurist Gaios, den die Musen mit ihrem Schmuck geziert haben. Er hat es auch errichtet für seine teure Gemahlin Tatia und seine heiß geliebten Kinder, damit sie für immer zusammen mit Rubes, dem Diener unseres Gottes des Christus, eine Heimatstatt haben.
> Ich habe nicht viele Reichtümer und nicht viel Geld im Leben besessen und meine ganzen Anstrengungen darauf gerichtet, mich in einer Kultur des Maßes zu üben. Demgemäß habe ich meinen Freunden soviel geholfen, wie ich konnte, und mich um alle eifrig bemüht. Es war mir eine Freude, dem Bedürftigen zu helfen, denn das Wohlergehen der anderen erfreut das eigene Herz.
> Niemand möge sich, geblendet durch den Reichtum, ausschweifender Gesinnung hingeben, denn es gibt nur eine Unterwelt (Hades) für alle und das Ende ist für alle gleich. Ist jemand groß wegen seiner Besitzungen? Nichts bleibt ihm davon. Für sein Grab bekommt er das gleiche Stück Erde zugemessen. Ihr Sterblichen, beeilt euch, erfreut eure Seele, wo immer sich die Gelegenheit bietet, denn das Leben ist sanft und es gibt ein Maß des Daseins. Soweit wären wir nun, meine Freunde. Gibt es darüber hinaus noch mehr? Das hier ist zu Ende. Es ist die Grabsäule, der Stein, der euch das alles erzählt, nicht ich.
> Es gibt wohl eine Tür und Wege in die Unterwelt, aber auf diesen Wegen gibt es keine Rückkehr ins Licht. Aber alle Gerechten weisen den Weg zur Auferstehung ...[2]

Den Vornamen Gaios zu tragen ist damals genau so wenig außergewöhnlich, wie wenn man heute Peter oder Hans heißt. Auch liegt nicht viel Originalität darin, den Beruf des Rechtsbeistandes *(pragmaticos)* auszuüben, denn, gesetzesbeflissen und prozeßversessen wie die Römer waren, haben sie von einem Ende des Reiches bis zum andern die Sucht verbreitet, für jedes Ja und Nein ein Plädoyer zu halten und sich beim geringsten Anlaß einen dieser Spezialisten zu leisten, welchen die Angelsachsen *lawyer* nennen, eine Bezeichnung, deren Vieldeutigkeit von dem französischen (oder deutschen) Titel «Advokat» nur schlecht eingefangen wird. Seine Frau und seine Kinder zärtlich zu lieben entspricht ebenfalls den landläufigen Vorstellungen, zumindest, wenn es auf einem Grabmal kundgetan wird. Dies trifft ganz besonders zu, wenn der Text, wie im vorliegenden Fall, vom Verstorbenen selber abgefaßt wurde.

Aber einem so hoffnungslos alltäglichen Mann wie dem Advokaten Gaios sollte man gerade deshalb seine Aufmerksamkeit schenken, weil man so aller Gemeinplätze ansichtig wird, welche gewöhnlich die Grabmäler zieren. Hier sind sie nämlich wirklich alle verzeichnet: Die Anrede der Vorübergehenden, das Thema der ewigen Wohnung, die Bekräftigung der Gleichheit vor dem Tod, die Einladung, das Leben zu genießen ...[3]

Ganz bestimmt hat dieser Biedermann nichts anderes gemacht als jedermann! Aber das macht ihn vielleicht gerade interessant. Wie sollte man nicht darüber erstaunt sein, daß die Muster der griechisch-römischen Kultur sich so sehr durchzusetzen vermochten, daß man sie in jeder beliebigen Stadt in Gallien, Afrika oder Dalmatien, ja in der hintersten Ecke von Phrygien wiederfinden kann? Auch die Kleinstadt Eumenea besitzt ihre städtischen öffentlichen Einrichtungen (Bürgerversammlung, Senat, Verwaltung) und Baulichkeiten (Forum, Tempel, Theater, Bäder). Abhängig von der bevölkerten und reichen Provinz Asia proconsularia leistet sie in ihrer bescheidenen Situation trotzdem ihren Beitrag zur Hervorbringung des bezeichnendsten Erzeugnisses der Stadtkultur, nämlich des gebildeten Mannes (im Griechischen sagt man: *musicos aner*, ein durch die Musen geformter Mann[4]). Lesen, schreiben und rechnen zu lernen, aber auch etwas von Homer und Vergil mitzubekommen, an sportliche Übungen gewöhnt und mit den Verfahrenstechniken der Rhetorik vertraut zu sein (die Rechtsstreitigkeiten und Geschäftsprobleme werden ja öffentlich, auf dem Forum, abgewickelt; man muß also streiten, argumentieren und überzeugen können), all dies gehört zum Programm der römischen Erziehung (der *paideia*).[5] Als unbarmherziges Instrument sozialer Auslese stellt sie aber auch für diejenigen, die in ihren Genuß kommen, eine solche Aufstiegschance dar («Wissenschaften sind ein Schatz!» ruft der Lumpensammler Echion beim Gastmahl des Trimalcion aus[6]), daß bis an die Enden der (römischen) Welt Tausende von *musicoi andres* («Musensöhnen») sich auf ihrem Grab mit einem *volumen* (einer Buchrolle) in der Hand darstellen lassen.

Unter den Sarkophagen dieser Art findet sich auch derjenige eines 11-jährigen Kindes, dessen Grabspruch verkündet: «Tag und Nacht habe ich an nichts anderes als an die Musen gedacht!»[7], während so eine zweifelhafte Person wie ein Liedermacher und Zuhälter erklärt: «Ich war ein Schüler der Musen ...; nach meinem Tod werden die Musen über meinen Körper verfügen (d.h. seine Maitressen sein)»[8]. Diese Art «kultureller Heroisierung», deren Spuren auf allen ersten, bekannten christlichen Sarkophagen (d.h. Ende des 2. Jahrhunderts[9]) festzustellen sind, stützt sich auf die in der griechisch-römischen Welt allgemein vorhandene Überzeugung, daß «alle, die sich einer geistigen Beschäftigung widmen, Anteil am göttlichen Wesen haben»[10]. Eumenius aus Autun wird es bald bekräftigen: «Es ist völlig angemessen und berechtigt, wenn die Gemüter der Jugend in unmittelbarer Nachbarschaft zu den Göttern ausgebildet werden, da in der Nähe von ihnen als Freunden des Wissens der göttliche Geist selber die Weisheit eingibt.»[11]

Unser guter Gaios hat wohl seine Beziehungen zu den Musen nicht allzusehr strapaziert, denn er gesteht bescheiden ein, daß es ihm um eine «Kultur des Maßes» ging. Es läßt sich nicht übersehen, daß dieser bezeichnende Ausdruck dreimal in seinem Grabspruch wiederkehrt: «Kultur des Maßes», «für das Grab ein Stück Erde zu messen», «das Maß des Daseins» ... Es gibt keinen Ausdruck, der typisch griechischer ist, als das «rechte Maß» *(to metrion)*, das man auf keinen Fall verletzen darf, will man sich nicht den Zorn der Götter zuziehen. Auch die Amme von Medea hatte es dieser schon dringend geraten:

> Maßhalten – haben nicht bereits die Worte einen lieblichen Klang? Und die Tat erst! Sie bürgt für den reichsten Segen. Doch ein Zuviel beschenkt den Sterblichen nimmer mit Heil.[12]

Aber das ist eine Lebensweisheit, die allzusehr auf die kleinen Leute zugeschnitten ist. Platon versprach ganz geringschätzig den wackeren Durchschnittsmenschen *(metrioi)* eine Wiedergeburt als Wespen oder Ameisen, weil sie «der volksmäßigen und bürgerlichen Tugend nachgestrebt haben, die man dann Besonnenheit und Gerechtigkeit nennt, die aber nur aus Gewöhnung und Übung entsteht ohne Philosophie und Vernunft.»[13]

Gaios sorgt sich wohl kaum um die Verachtung der Philosophen und hat wahrscheinlich auch nicht Platon gelesen, hält sich aber auch nicht für einen Intellektuellen. Die Moral des rechtschaffenen Durchschnittsmenschen genügt ihm. Er hat die Losungen der herrschenden Ideologie verinnerlicht: «Wir wollen nichts überanstrengen; allzuviel ist ungesund; man soll nicht größer scheinen wollen als man ist ...» Früher hatte schon Horaz auf die *aurea mediocritas* (das goldene Mittelmaß) ein Loblied gesungen:

> Wer die goldne Mitte sich wählt, hält sicher fern sich von dem Schmutz der verfallenen Hütten, bleibt auch klüglich ferne dem Prunk des Hofs, der Neid nur erwecket.[14]

Die Macht des Imperiums beruht zweifellos zunächst auf seiner Fähigkeit, seinen Bürgern ein unabdingbares Existenzminimum zu garantieren, das sie dann die auffallenden gesellschaftlichen Ungleichheiten hinnehmen läßt, durch die sie sogar in äußerste Notlagen geraten können. Den Schriftstellern fällt bei dieser Formung der Einstellungen ein großes Maß an Verantwortlichkeit zu. Schließlich soll ja jeder dazu gebracht werden, mit seinem Los zufrieden zu sein und all die des Aufruhrs zu verdächtigen, die ihr Schicksal selber bestimmen wollen, statt sich ihm einfach zu unterwerfen. Die Kirchenleitungen spielen oft die gleiche Rolle, denn sie sind viel mehr beeindruckt von den Vorteilen, die sie aus den bestehenden Verhältnissen zu ziehen hoffen, als von dem Mißgeschick der Unterdrückten.

Sind diese Anzeichen von Resignation und Unterwerfung, denen auch Gaios in seiner christlichen Gemeinschaft begegnet sein muß, nicht auch irgendwie in seiner deutlich zur Schau gestellten Bescheidenheit wiederzuerkennen? Sein Grabspruch enthält jedenfalls einen kleinen Satz, der nicht zum gängigen Bestand der erwähnten Art von Literatur zählt und mit einem Schlag die ansonsten farblose Persönlichkeit des phrygischen Advokaten in ein neues Licht taucht: «Es war mir eine Freude, dem Bedürftigen zu helfen, denn das Wohlergehen der anderen erfreut das eigene Herz ...» Welch freudige Überraschung, mitten in so einer festgefahrenen «Normalität» die Funken reiner Großherzigkeit aufsprühen zu sehen! Man könnte ohne weiteres versucht sein, sie seinem christlichen Glauben anzurechnen ... Er selber hat es nicht getan. Schließen wir uns seiner Verschwiegenheit an und verzichten wir auf jede Nachforschung. Die Christen haben schließlich keinen Alleinanspruch auf ein gutes Herz.

Trotzdem regt dieser kleine Satz unsere Neugierde an. Man möchte ihn doch näher kennenlernen, diesen Juristen aus Eumenea. Man wüßte gerne, wer seine Freunde waren, um die er sich so freudig und «mit Eifer» bemüht hat. Wenigstens einen Namen hat er uns noch hinterlassen: «Rubes, der Diener unseres Gottes des Christus». Handelte es sich hier um einen bekehrten Juden (denn Rubes ist die hellenisierte Form von Ruben), oder trugen die Christen bisweilen Vornamen, die man von den großen Persönlichkeiten der Bibel übernahm (Ruben war ja der älteste Sohn von Jakob[15])? Gibt der Ausdruck «Diener *(therapon)* Christi» nur einen einfachen Hinweis auf seine Qualität als Christ oder wahrscheinlicher darauf, daß er in der Gemeinde ein Amt innehatte? Vielleicht war dieses sogar recht wichtig, denn eine weitere Grabschrift von Eumenea ist folgendermaßen abgefaßt:

> Aurelios Zotikos Lykidas, ich rufe Gott zum Zeugen an, daß ich dieses Grab auf meine Kosten angelegt habe. Ich ordne an, daß nur meine beiden Schwestern Phronime und Maxima hier bestattet werden sollen, während mein Bruder Amianos ausgeschlossen ist. Wenn jemand jedoch hier noch eine andere Person bestattet, wird er Schwierigkeiten mit Gott und dem Engel des Rubes bekommen![16]

Die Engelverehrung war in gewissen jüdischen Kreisen, besonders einst in Qumran, stark verbreitet. Die Christen von Phrygien scheinen dafür von Anfang an sehr empfänglich gewesen zu sein, denn Paulus mußte gerade in dieser Beziehung die Gemeinde von Kollossä zur Ordnung rufen.[17] Sie werden nicht davon ablassen, denn im Jahre 364 muß das Konzil von Laodicea (auch wieder in Phrygien) erneut verbieten, die Engel anzurufen.[18] Der Engel des Verstorbenen, der sein Grab beschützt, ist desto mächtiger, je einflußreicher der Verstorbene war. Die Erwähnung des «Engels des Rubes» würde damit also zeigen, daß letzterer in der Kirche zu Eumenea ein Amt innehatte. Jedenfalls muß er aber ärmer gewesen sein als sein Freund Gaios, der ja auch «nicht viel Geld» hatte, denn er scheint nicht die Mittel besessen zu haben, um sich selber ein Grab zu kaufen, so daß sich der Advokat verpflichtet fühlte, ihm in seinem Grab, neben seiner teuren Tatia und seinen geliebten Kindern, einen Platz anzubieten.

In Eumenea sind jedoch nicht alle Christen arm. Man hat auch die Grabstätte eines gewissen Aurelios Eutyches, genannt Helix («der Kumpel»), gefunden, der in mehr als einer Hinsicht auffällig ist.[19] Zunächst einmal ist er Leistungssportler, und als solcher ist er im ganzen Reich herumgereist, um an sportlichen Wettkämpfen teilzunehmen. Auf diesem Weg ist er bis Brindisi gekommen. Wie alle Schaustellerberufe ist auch der des Wettkämpfers bei den Christen eher schlecht angesehen. Einige ganz unerbittliche wie Hippolyt von Rom[20] oder Tertullian fordern sogar, daß Personen, die diesen übel beleumundeten Tätigkeiten, welche regelrechte heidnische Liturgien seien, nachgehen, auszuschließen sind:

> Daher werden sie (die Wettkämpfe) ebenfalls als heilige und als Leichenfeierlichkeiten angestellt und gelten entweder den heidnischen Göttern oder verstorbenen Personen ... Was ist es also Auffallendes, wenn sogar der äußere Apparat der Wettkämpfe durch die Idolatrie befleckt wird, durch unheilige Kränze, durch den Vorsitzenden aus der Priesterschaft, die dienenden Genossenschaften und endlich durch das Opferblut eines Ochsen?[21]

Sollte man nicht einwenden, daß der Apostel Paulus selber das christliche Leben mit einem Wettlauf auf der Rennbahn verglichen hat? Das gibt auch Tertullian zu, aber:

> Du wirst nicht leugnen können, daß, was in den Stadien (Fechtschulen) geschieht, deines Anblickes nicht würdig ist ... Du wirst keinen Beifall spenden den törichten Lauf-, Wurf- und Springübungen, niemals werden schimpfliche und eitle Kraftanstrengungen dein Gefallen finden ...[22]

Schließlich folgt noch diese Analyse der Leidenschaften, worauf später Bossuet zurückgreifen wird:

> Kein Schauspiel geht vor sich ohne starke geistige Erregung. Denn wo es sich um Vergnügen handelt, da ist auch Interesse dafür da, wodurch natürlich das Vergnügen erst seine Anziehungskraft bekommt, und wo Interesse ist, da ist auch Neid und Eifersucht, wodurch das Interesse erst seine Anziehungskraft bekommt. Wo aber Neid und Eifersucht ist, da ist auch Wut, Ärger, Verdruß und so weiter infolge der Dinge, welche samt diesen Affekten mit der sittlichen Zucht unvereinbar sind ... Niemand geht zu einem Vergnügen ohne einen Affekt; niemand erfährt einen Affekt ohne besondere Zwischenfälle.[23]

Trotz all dieser Bannsprüche hat der Christ Helix einen Teil seines Lebens in den Stadien verbracht und ist nicht wenig stolz auf die (doch gar so weltlichen) Trophäen, die er einst vor den begeisterten Massen errungen hat. Jetzt gehört er, in die Jahre gekommen und fülliger geworden, zu den Honoratioren. Beim Volk als guter Kerl beliebt (man nennt ihn stets «den Kumpel»), sitzt er im Senat von Eumenea und im Rat der Alten. Aber auch hier muß er wieder gegen offensichtlich unumstößliche Verbote verstoßen: Jedes öffentliche Amt schließt die Teilnahme an den heidnischen Riten mit ein, was besonders für den Kaiserkult gilt. Tausende von Märtyrern sind gestorben, weil sie sich sichtbar weigerten, diesen «Götzendienst» mitzuvollziehen. Nun gut, das scheint unsern ehemaligen Hochleistungssportler, der zum Stadtverordneten geworden ist, nicht sonderlich zu beunruhigen. Man darf annehmen, daß nicht jedermann die Berufung zum Martyrium in sich verspürte und daß viele Christen im Grunde ganz gut mit etwas zurechtkamen, was den Theologen unlösbare Probleme bereitete.

Das sind also die Freunde des Advokaten Gaios: der «Diener Gottes» Rubes und der Stadtrat Eutyches, genannt «Helix». Vielleicht auch der erwähnte Lykidas und seine beiden unverheirateten Schwestern Phronime und Maxima, die er noch bis ins Grab hinein vor jeder Vermischung der Geschlechter zu bewahren bestrebt war ... Gehörten sie vielleicht zum Stift der Christus geweihten Jungfrauen? Bekanntlich pflegten ja bestimmte jüdisch-christliche Gruppen eine strenge sexuelle Enthaltsamkeit, wie ja auch gerade in Phrygien Montanus und seine Seherinnen diesen Verzicht allen Christen auferlegen wollten.[24]

Man ist ganz beglückt, feststellen zu dürfen, daß der sympathische Gaios diesen unversöhnlichen Strömungen nicht in die Hände geraten ist. Er ist verheiratet, hat Kinder, das häusliche Leben scheint glücklich zu verlaufen, und das Leben ist «sanft» für ihn ... Es macht einen Spaß, sich vorzustellen, wie Gaios mit dem «Kumpel» Eutyches im Rahmen einer «maßvollen» Festlichkeit genüßlich schmaust ... Aber all dies atmet den Geist der Ausgewogenheit und Gediegenheit. Es ist der diskrete Charme eines alltäglichen Christentums, das im 3. Jahrhundert, wie auch ansonsten, das Schicksal der Mehrheit der Gläubigen darstellt. Wozu den Mund verziehen? Ein Mann, der ruhig und redlich seine Pflicht tut, macht seinem Gott mehr Ehre als zwanzig rechthaberische Sittenwächter, die sich mit Gewißheiten gepanzert haben. Ist es übrigens nicht genau das, was Gaios selber durch dieses sonderbare Bestehen auf dem «Gleichmaß der allgemeinen Zuträglichkeit» zu verstehen geben wollte? Ganz im Einklang mit den Gepflogenheiten in jüdischen und jüdisch-christlichen Kreisen ist auch Gaios erpicht darauf, den Zahlenwert jedes Buchstabens seines Namens (die Griechen kennen keine Ziffern und rechnen mit Buchstaben!) zu addieren und so zwischen den Wörtern eine bestimmte Gleichgewichtigkeit herzustellen: Deswegen stellt *Gaios* die gleiche Summe (284) dar wie *hagios* (heilig) und *agathos* (gut), zwei Eigenschaften Gottes *(theos)*, die zusammengenommen also dasselbe Endergebnis erbringen.

Dieses kleine Buchstaben-Zahlen-Spiel drückt durch die Gleichheit, die es zwischen Gaios und seinem Gott herstellt, eine der zentralen Aussagen des Christentums aus: Für den Gläubigen ist jeder Mensch, jede Frau und jeder Mann, wie Christus selber «das sichtbare Bild des unsichtbaren Gottes»[25]. Wie sagte schon Irenäus: «Denn Gottes Ruhm ist der lebendige Mensch.»[26] Mit seiner zurückhaltenden Art gehört Gaios sicher auch zu denen, die ohne großes Aufsehen zu erregen, «den Weg zur Auferstehung weisen».

Warum mußte diese so friedliche Geschichte dennoch ein schreckliches Nachspiel haben? Im Jahre 303 werden Soldaten im Zuge der letzten großen Verfolgung eine kleine Stadt in Phrygien, die zweifellos Eumenea ist,[27] umzingeln. Sie schließen Männer, Frauen, Kinder und Amtsträger, allesamt Christen, in ihren Häusern ein und legen Feuer. Niemand ist entkommen.

23. Sequenz:
Plotin und die Abenteuer der Psyche, 244-270

Sie sind nicht mehr zwei,
sondern beide sind Eines

Die Begegnungen, die nicht stattgefunden haben, regen die Phantasie mehr an als die tatsächlichen ... Es scheint mittlerweile erwiesen zu sein[1], daß der Feldzug des Perserkönigs Sapor I., an dem der Prophet Mani teilnahm, derjenige von 260 gegen Valerian und nicht derjenige von 243 gegen Gordian III. gewesen ist. Schade! Er hätte sonst vielleicht einem alexandrinischen Philosophen von 39 Jahren begegnen können, der das römische Heer begleitete, da «er auch die bei den Persern und bei den Indern gebräuchliche und angesehene Philosophie kennenzulernen trachtete»[2]. Mani und Plotin, der Manichäismus und der Neuplatonismus, der Orient und der Okzident! Was für ein Rendez-vous wurde hier versäumt!

Aber vielleicht hat es anderswo und in anderer Weise stattgefunden. Nach der Ermordung von Gordian und dem überstürzten Rückzug der Legionen hat sich Plotin im Sommer 244 in Rom niedergelassen. Unter den Schülern seiner Philosophenschule sind auch einige Gnostiker, die unter Berufung auf Offenbarungen, die ihnen besonders von Zarathustra eingegeben worden seien, über Platon hinausgehen wollen. Der Meister sieht sich daher bald gezwungen, ihre Thesen zurückzuweisen, und wirft ihnen vor, den Platonismus zu verraten.[3] In Wirklichkeit ist Plotin, im Widerspruch zur Auffassung bestimmter Historiker,[4] in den Grundlagen ein Grieche geblieben. Sein Vertrauen in die Fähigkeit der Vernunft *(logos)*, die Welt, die Harmonie des Kosmos und seiner unveränderlichen Entwicklungsgesetze sowie den gestirnten Himmel zu begreifen, ist ungebrochen.

Seit dem Athen des Perikles hat sich die Welt jedoch sehr verändert. Eine Demokratie mit menschlichem Antlitz ist dem Kaiserreich gewichen, in dem sich der Bürger, obwohl er im Prinzip, ob in Schottland oder im Kaukasus, überall zu Hause ist, doch «überall alleine und absolut auf sich selbst zurückgeworfen»[5] ist. Die Einsamkeit des Individuums gehört nicht umsonst zu den Erfolgsgeheimnissen der Religionen, die ein Seelenheil versprechen. Sicherlich erwartet Plotin keinen Erlöser, denn Zeit und Geschichte haben für ihn keinen Wert. Aber er empfindet zutiefst den «Mangel», was Ernst Bloch später so bewundernswert ausdrücken wird: «*Wir fangen leer an.* Ich rege mich. Von früh auf sucht man. Ist ganz und gar begehrlich, schreit. Hat nicht, was man will.»[6]

Da Plotin zu den Dichtern in die Schule gegangen ist, verleiht er seiner geistigen Unruhe Gestalt durch Anleihen bei der Mythologie. Ovid hatte einst die traurig-schöne Geschichte des hübschen Narziß erzählt, dem ein Seher hohes Alter prophezeit hatte, allerdings unter der Voraussetzung, daß «er sich nicht selbst kennenlernt»[7]. Unempfänglich für die Leidenschaften, die er wachruft, vor allem bei der anmutigen Nymphe Echo, verliebt er sich in sein eigenes Bild, das er im Wasser einer Quelle gespiegelt sieht, und stirbt aus Verzweiflung über die Ungreifbarkeit dieses zweiten Ich ... Später wird man von «Narzißmus und Todestrieb»[8], «dem Stadium der Spiegelung als Herausbildung der Ich-Rolle»[9] sprechen. Plotin denkt da anders: «Derjenige, welcher nur sich selber sucht, wie Narziß über sein eigenes Bild gebeugt, verliert sich im Fluß der sinnenfälligen Dinge und leerem Schein.»[10]

Die Außenwelt ist nur eine Illusion. Unser wirkliches Ich liegt nicht außerhalb unserer selbst. Die Wirklichkeit ist eine. Gott ist Einer. Im Tiefsten unserer selbst sind wir Eines. Etwas Anderes, Unterschiedenes, Gesondertes sein zu wollen, heißt sich ins Nichts zu bewegen: «Jede Bestimmung ist eine Verneinung»[11]. «Die Ursache alles Bösen in der Welt liegt darin, nur sich selbst sein zu wollen.»[12] Die Lösung liegt in der «Flucht des Einsamen zum Einsamen»[13].

> Wie läßt du dich dann davon überzeugen? Nun, du bist in das All eingetreten und nicht in einem seiner Teile verblieben, du sagst auch nicht mehr von dir selber «so und so ausgedehnt bin ich», sondern hast die Ausdehnung fortgetan und bist zu dem Ganzen geworden – gewiß, du warst auch zuvor ein Ganzes; da aber nach dieser Ganzheit noch Anderes zu dir trat, bist du durch den Zusatz kleiner geworden, denn der Zusatz kam nicht aus dem All (denn das kennt keine Zusätze), sondern aus dem Nichtseienden; und wenn einer unter Beihilfe des Nichtseienden geworden ist, so ist er nicht Ganzer, sondern erst dann, wenn er das Nichtseiende forttut. Du wirst dich also größer machen, wenn du das andere forttust, und durch dies Forttun ist dir das Ganze da; wenn nun dir durch dies Forttun das Ganze da ist, aber wenn du mit Anderem verbunden bist, das Ganze nicht erscheint, so kam es nicht, um beizuwohnen, sondern du bist fortgegangen, wann es nicht da ist; und wenn du fortgingst, so gingst du auch nicht von ihm fort – denn es ist zugegen –, sondern du bist da und hast dich nur nach rückwärts umgedreht.[14]

Diese innere Odyssee der Seele zu «ihrer geliebten Heimat» ist eine Wirkung des begehrenden Geistes *(nous eron)*»[15] in uns. Plotin erzählt uns nichts anderes als die Geschichte von Eros und Psyche, von Liebesverlangen und Seele, wenn er ausführt:

Wir werden uns auch nicht mehr verwundern, daß sie so gewaltige Sehnsuchtskräfte erregt, wenn sie gänzlich auch jede geistige Form hinter sich läßt. Legt doch auch die Seele, wenn sie von gespanntem Verlangen nach Jenem ergriffen ist, jede Form ab, die sie hat, auch jede geistige Form, die immer in ihr sein möge ... Wird der Seele Jenes aber glückhaft zu Teil und kommt zu ihr, vielmehr tritt, da es zugegen ist, in Erscheinung, wenn sie ausbiegt vor allem, was gegenwärtig ist, und sich selber zurüstet so schön als möglich und zur Gleichheit mit Ihm gelangt (was diese Zurüstung und Schmückung sei, das ist den sich Rüstenden ohne weiteres klar), und Ihn dann in sich erblickt, wie Er miteins erscheint (es steht ja nichts zwischen ihnen, sie sind nicht mehr zwei, sondern beide sind Eines; du kannst sie nicht mehr sondern, solange Er beiwohnt; ein Abbild hiervon sind übrigens hier unten Liebender und Geliebter, welche die Vereinigung wollen), dann wird sie nicht des Leibes mehr gewahr, daß sie in ihm weilt, ... sondern auf Jenes ist sie aus und begegnet Ihm als gegenwärtig und schaut nur Jenes und nicht sich selber, und hat nicht einmal Muße, darauf zu sehen, was sie ist, wenn sie schaut. Da würde sie Jenes gegen kein Ding der Welt eintauschen, und böte man ihr den ganzen Himmelsbau, denn sie weiß, daß es nichts gibt, das noch besser und in höherem Grade gut wäre; denn höher hinaus kann sie nicht steigen, ... und wenn das andere rings um sie her zunichte wird, so ist das gerade das, was sie will, damit sie allein bei Ihm sei. So groß ist das Wohlsein, zu dem sie gelangt.[16]

Welch außerordentliches Liebeslied, das der größten Mystiker würdig wäre. Sein Schüler Porphyrios teilt uns mit, daß Plotin viermal in Ekstase geriet und «jenem Manne schon oft ... jener Gott erschienen (ist), welcher keine Gestalt und keine Form hat und oberhalb des Geistes und der geistigen Welt thront ...»[17] Das ist der Gipfel der abendländischen Rationalität. Indem der erkennende Geist ans Ziel seiner gewaltigen Bestandesaufnahme des Universums gelangt, entdeckt er auch seine Grenzen: Da er von Natur aus diskursiv angelegt ist, kann er nur das Viele denken, während das Eine dauernd seinem Zugriff entflieht und jenseits aller genauen Bezeichnung und Eigenschaftszuweisung bleibt[18]; letztlich kann man also nichts darüber sagen. «Plotin entdeckt die Macht der Negation als Ausweis der Transzendenz. Darüber hinaus gibt es nur noch Schweigen, d.h. nicht ohnmächtiges Verstummen oder fehlendes Interesse, sondern die ersehnte Fülle einer unmitteilbaren Erfahrung.»[19] Zweifellos deswegen schrieb er seine Untersuchungen auch in einem einzigen Zug nieder und las das Geschriebene nicht noch einmal durch.[20] Es scheint, daß er seine Gedanken gerne mit Hieroglyphen hätte darlegen wollen, für die gilt, «daß jedes Bild ... Weisheit und Wissenschaft ist und zugleich deren Voraussetzung, daß es in einem einzigen Akt verstanden wird und nicht diskursives Denken und Planen ist»[21]. Allerdings stellt er damit nicht nur die Philosophie in Frage, sondern die Sprache selber sowie ihre Beziehung zu den Dingen. Sicherlich stiftet die Sprache Sinn in der Welt, aber sie kann nicht noch einmal ihr Postulat begründen, daß die Welt einen Sinn hat. Wittgenstein wird es so formulieren: «Was *sich* in der Sprache ausdrückt, können *wir* nicht durch sie ausdrücken.»[22]

Diese Auffassung mündet beinahe wie selbstverständlich in die Kunst als Schau des «inneren Auges» und ganzheitlicher, unmittelbarer Erkenntnis. Ihre Formulierung wird im Mittelalter oft aufgegriffen, und «es sind die Formen der mittelalterlichen Kunst, insofern sie etwas antiklassisches an sich haben, die am besten auf dieses neue Programm zu antworten scheinen, dessen Elemente Plotin als erster angegeben hat»[23]. Seit seiner Zeit bringen verschiedene Malereien diese Richtung zum Ausdruck: «Das Verschwinden des Raumes, der Verkürzungen, der Perspektive, der Horizontlinie, des Tageslichts und das Verschwimmen undurchsichtiger Körper.»[24]

Paradoxerweise scheint ab da die Skulptur zu einer Art altertümlichem Klassizismus zurückzukehren, der jedoch zweifellos den «humanistischen» Neigungen des Kaisers Gallienus entspricht; wie Hadrian ist dieser ein Verehrer der Griechen und Athens.[25] Andererseits besuchen Gallienus und seine Frau Salonina regelmäßig Plotin, dessen Schule mittlerweile die «oberen Zehntausend» von Rom anzieht: Darunter sind der Präfekt der Stadt Arkesilas, der Konsul Sabinillus, Intellektuelle (Nikagoras, Dexippus, Longinus), Senatoren sowie reiche und großzügige Frauen ... Diese guten Beziehungen hätten den Philosophen dazu verführen können, eine politische Rolle spielen zu wollen. Aber für ihn «fließt die wahre Regierungskunst für die Gemeinwesen hier unten aus der Betrachtung des Gemeinwesens ganz oben»[26]. Von daher rührt auch seine Vorstellung, eine Stadt in Kampanien wieder aufzubauen, um dort das ideale Gemeinwesen gemäß den im Werke Platons *Politeia* angegebenen Gesetzen zu gründen.[27]

Was muß das für ein Traum gewesen sein, in dieser ehemals griechischen Landschaft die Utopie des «göttlichen Meisters» zu verwirklichen und die Ordnung der Welt, der Seele und des Gemeinwesens in der gleichen Harmonie sich wechselweise entsprechen zu lassen. Aber Gallienus verweigert die Baugenehmigung. Wahrscheinlich war es besser so. Platonopolis wäre Gefahr gelaufen, einem Termitenstaat zu ähneln. Die Lektüre der *Politeia* läßt erschauern: Alles ist hier vorherbestimmt, geplant, geregelt, ohne die leiseste Andeutung von Phantasie und Freiheit. Nichts darf im Halbdunkel bleiben, alles muß durchschaubar sein. Und die Dichter werden bekanntlich ausgewiesen ... «Bewegte Zeiten begünstigen die Entstehung von Utopien.»[28] Aber die strahlenden Konstruktionen der technokratischen Denker entpuppen sich, wenn sie benutzt werden sollen, als farblose «Neustädte», wo Zwang und Langeweile herrschen.

Gott sei Dank hat Plotin nicht die Gelegenheit gehabt, einen solchen Alptraum zu verwirklichen. Entkräftet, beinahe blind und mit Geschwüren bedeckt, die er aber auch nicht behandeln lassen will, zieht er sich nach Puteoli in Kampanien zurück. Der Tod (im Jahre 270) wird ihn nicht überraschen: «(Als er nun sterben wollte, da sagte er): Auf dich habe ich noch gewartet. Er fügte hinzu, daß er versuchen wolle, sein Göttliches in uns hinaufzuheben zum Göttlichen im All ...»[29]

24. Sequenz:
Cyprian, der Papst der afrikanischen Kirche, 248-258

Denn unter uns ist keiner, der sich als
Bischof der Bischöfe aufstellt

Im April des Jahres 146 v.Chr. klagt Scipio Aemilionus vor Karthago, das er soeben zerstört hatte, dem Historiker Polybios, der ihn begleitete, sein Leid: «Polybios, sicher ist es (der Sieg, der Augenblick?) schön, aber ich weiß nicht, wie es kommt: ich habe Angst vor der Zukunft, daß vielleicht einmal ein anderer unserer Vaterstadt dasselbe Urteil spricht.»[1]

Dreihundert Jahre später feiert Apulejus von Madaura, erfolgreicher Romanautor und weltgewandter Vortragskünstler, vor einem ausgesuchten Hörerkreis hoher Beamter und reicher Kaufleute nebst Gattinnen in Karthago mit Überschwang die wiedergewonnene Größe dieser punischen Stadt: «Karthago, ehrwürdige Lehrerin unserer Provinz; Karthago, himmlische Muse Afrikas; Karthago, du Kamene [weissagende altitalische Göttin und Quellennymphe, den griechischen Musen gleichgesetzt, K.F.] des Volkes, das die Toga trägt!»[2]

Nachdem die Sieger es schnell wieder aufgebaut und mit italischen Siedlern bevölkert hatten, wurde die Heimat Hannibals in der Tat wieder zur Perle Afrikas und zu einer der drei oder vier größten Städte des Imperiums nach Rom, Alexandrien und Antiochien. Karthago ist jedoch nicht nur die mit bewundernswerten Bauwerken (besonders die riesigen Bäder des Antonius, das Amphitheater, das Odeon und das Theater, wo Apulejus seine Reden hielt) ausgestaltete ökonomische und intellektuelle Metropole[3], sondern in der Mitte des 3. Jahrhunderts auch das unbestrittene Zentrum des christlichen Afrika.

Direkt auf dem Seeweg dorthin gelangt, hat sich die «Gute Nachricht» in dieser Kornkammer Roms mit der Schnelligkeit eines Lauffeuers ausgebreitet. Bereits um 200 schrieb Tertullian: «Wir bilden schon in jeder Stadt die Mehrheit.»[4] Nach 180 gab es in Scilli, einem so bescheidenen Marktflecken, daß man später von ihm keine Spur mehr auffinden konnte, immerhin schon derart viele Christen, daß bei einer plötzlichen Verfolgung hier ein Dutzend Märtyrer zu verzeichnen war.[5] Auf einer um 200 in Karthago abgehaltenen Synode kamen 70 Bischöfe zusammen.[6] Auf einer weiteren um 240 waren es sogar 90.[7] Nach Umstellung der drei römischen Provinzen Africa proconsularis, Numidien und Mauretanien umfaßte danach die afrikanische Kirche sogar mehr als 150 Bischofssitze.

Der Bischof von Karthago ist also eine beachtenswerte Persönlichkeit. Der gegen Ende des Jahres 248 neugewählte Bischof scheint überdies eine auffallende Persönlichkeit zu sein.[8] Um 200 als Sohn einer reichen, nichtchristlichen Familie geboren, hatte Caecilius Cyprianus mit Erfolg den Beruf des Rhetors ausgeübt. Mit 45 Jahren hat er sich bekehrt, sogleich das Gelübde der Keuschheit abgelegt und einen Teil seines Vermögens an die Armen verteilt. Dieser Eifer des Neugetauften erregt die Aufmerksamkeit der kirchlichen Oberen, die zweifellos auch seine ausgesuchte Bildung und seine Beziehungen schätzen. Er wird bald zum Priester geweiht und wenige Zeit später zum Bischof gewählt, trotz der Opposition einer bestimmten Clique, die durch seine Wahl aber nicht entwaffnet wird.

Sofort macht sich Cyprian daran, die «Disziplin» wiederherzustellen, die seiner Überzeugung nach in der langen Periode der Ruhe, welche die Kirchen genießen durften, in gefährlicher Weise nachgelassen hat:

> Da war jeder nur auf die Vergrößerung seines Vermögens bedacht ... Vergebens suchte man die ergebene Gottesfurcht bei den Priestern ... keine Zucht in den Sitten. Die Männer fälschten den Bart, die Frauen schminkten ihr Gesicht ... Die kirchlichen Vorgesetzten verachtete man in übermütigem Dünkel ... Gar viele Bischöfe ... vernachlässigten ihr göttliches Amt ... verließen ihren Stuhl, ließen die Gemeinde im Stiche, reisten durch fremde Provinzen und trieben auf den Märkten ihr einträgliches Geschäft. Während die Brüder in der Gemeinde darbten, wollten sie Geld im Überflusse haben, brachten Grundstücke durch tückischen Betrug an sich und mehrten durch hohen Wucherzins ihr Kapital.[9]

Als guter Rhetor trägt Cyprian sicher etwas dick auf, aber sein Briefwechsel beweist, daß er wirklich sehr bezeichnende Fälle zu bearbeiten hatte. Der erste war der eines gewissen Geminius Victor (vielleicht ein Bischof, jedenfalls ein Familienvater), der durch Testament einen Priester als Vormund seiner Kinder eingesetzt hatte. Aber eine afrikanische Synode hatte genau diese Praxis verboten, «weil alle, die des göttlichen Priestertums gewürdigt und in ein kirchliches Amt eingesetzt sind, nur dem Altar und Opferdienst sich widmen und ihre Zeit mit Bitten und Gebet verbringen sollten»[10]. In Verfolgung dessen untersagt Cyprian «die Opferfeier für die Seelenruhe» des Schuldigen, woraus sich nebenbei ergibt, daß man schon damals zu Ehren der Verstorbenen die Eucharistie feierte.

Ein anderer Brief bedrängt den Bischof einer kleinen Stadt, die Eröffnung einer Theaterschule durch einen bekehrten Schauspieler nicht zu dulden. Wenn er sonst keinen Lebensunterhalt verdienen kann, dann soll seine Kirche ihn ernähren oder ihn nach Karthago schicken, wo man ihm eine Aufgabe geben wird.[11] Ein ander Mal geht es um einen Diakon, der seinen Bischof beleidigt hatte und den man mit der Exkommunikation bedrohte.[12] Bei einer letzten Angelegenheit handelt es sich um Jungfrauen, die sich entschlossen hatten, sich der Jungfräulichkeit für immer zu weihen (oh, welch verführerische Ausdrücke!), «später aber dabei getroffen wurden, wie sie mit Männern, unter anderem mit einem Diakon, das Bett teilten»[13], wobei sie hinterher allerdings beteuerten, sie seien noch unberührt! Diese ausschweifenden Mädchen müssen sich einer Untersuchung durch Hebammen unterziehen: Wenn «sie noch als Jungfrauen befunden werden», wird man ihnen den Kommunionempfang gestatten; im gegenteiligen Fall wird für sie eine gewisse Bußzeit festgelegt, nach deren Ablauf sie jedoch ein Sündenbekenntnis abzulegen haben. Anschließend werden sie wieder der kirchlichen Gemeinschaft eingegliedert werden. Die Sünde, deren man sie beschuldigt, ist, «gegenüber Christus die (eheliche) Treue gebrochen zu haben»[14].

Der «Papst» von Karthago (so nannte man übrigens Cyprian und wie es scheint, gilt dies für die Mehrheit der Bischöfe[15]) wird nicht die Zeit dazu haben, eigenhändig den von ihm in Gang gesetzten Erneuerungsprozeß zu vollenden. Das erste Mal seit Entstehen der Kirche wird im Jahre 250 eine systematische und umfassende Verfolgung der Christen in die Wege geleitet. Kaiser Decius, der Nachfolger von Philippus Arabs, ist ein Senator aus Pannonien und den römischen Überlieferungen sehr verbunden. Er empfindet zutiefst die politische und ideologische Auflösung des Imperiums, glaubt aber, die Einheit wiederherstellen zu können, «indem er alle Kräfte auf die Schutzgötter des Staates konzentriert»[16]. Ihnen sind sämtliche Einwohner zu opfern verpflichtet, wofür ihnen bestimmte Belege ausgestellt werden. Hatte Decius die Vorstellung, daß die Christen gutwillig gehorchen würden,[17] weil sie sich öffentlich immer als gute und pflichtbewußte Staatsbürger darstellten?

Die Kirchen werden jedenfalls durch den Sturm der Verfolgung schwer zerzaust. Diejenigen, welche den Huldigungsakt ablehnen, werden verhaftet, gefoltert und hingerichtet: Auf diese Weise stirbt an der Spitze mehrerer Priester und Laien auch Bischof Fabianus in Rom.[18] In Alexandrien, wo die Verfolgung dem Erlaß schon zuvorgekommen war, wird eine Art Pogrom auch noch von Plünderungen begleitet. Im Gegensatz dazu bekennen sich aber ebenfalls Soldaten als Christen, und Bauern inszenieren eine gewaltsame Befreiungsaktion für den Bischof.[19] In der Provinz Asia gibt es viele Märtyrer. Darunter sind die Bischöfe von Pergamon, Antiochien und Jerusalem sowie Origenes, der die Folter vier Jahre überleben wird. Verschiedenes deutet darauf hin, daß einige übereifrige Christen montanistischen Zuschnitts da und dort absichtliche Provokationen begangen haben: So etwa zerreißt der Taufbewerber

Polyeuktes in Melitene in Armenien den kaiserlichen Erlaß und tritt ihn mit Füßen. Pierre Corneille wird auf ihn eine Hymne singen, wobei in einer Strophe seltsamerweise das Echo der warnenden Aussagen Scipios über das Schicksal Roms (vor Karthago) widerhallt:

> Wie herrlich euer Glück auch sei,
> In kurzer Zeit ist es vorbei;
> Die Pracht vergeht in Augenblicken,
> Und wie ein gleißend Glas zu Stücken,
> Bricht auch des Glückes Glanz entzwei.[20]

Nicht alle Christen teilten diesen Eifer, sterben zu wollen. Viele willigten ein zu opfern. Einige besonders Schlaue arbeiten mit Bestechungen und bekommen dafür in aller Verschwiegenheit die begehrte Bescheinigung (unter diesen befinden sich zumindest zwei spanische Bischöfe[21]). Auch in Karthago gibt es Fälle von Schwäche: «(Aber einigen, welch ein Frevel, ist das alles entfallen und aus dem Gedächtnis entschwunden). Sie warteten nicht einmal mit dem Emporsteigen zum Kapitol, bis sie etwa ergriffen, mit dem Ableugnen, bis sie gefragt wurden. Vor der Schlacht schon besiegt, ohne Kampf schon niedergestreckt, retteten viele für sich nicht einmal den Schein, als ob sie etwa nur widerwillig den Götzen geopfert hätten.»[22] Auch Cyprian selber zog es vor, sich in einen sicheren Unterschlupf zurückzuziehen.

Im Frühling des Jahres 251 kommt die Verfolgung zum Stillstand. Decius ist mit seinem nationalen Restaurationsversuch gescheitert. Im Juni wird er im Gefecht mit den Goten in Moesien bei Abrittus (Rumänien) getötet. Cyprian kommt nach Karthago zurück und findet dort eine heikle Situation vor: Die Partei, die sich seiner Wahl widersetzt hatte, versuchte, aus seiner Abwesenheit Vorteil zu schlagen und fordert, daß man den Abgefallenen *(lapsi)* ohne weiteres verzeihen soll. Die Bischöfe von Afrika treffen zur Synode zusammen und beschließen: «Diejenigen, welche wirklich geopfert haben, müssen Buße tun und können erst in der Todesstunde mit der Kirche ausgesöhnt werden; diejenigen, welche sich nur eine Opferbescheinigung besorgt haben, werden zum Schuldbekenntnis zugelassen.»[23]

In Rom nimmt Cornelius, der nach 15 Monaten Vakanz als Nachfolger von Fabianus gewählt worden ist, die gleiche Haltung ein. Aber auch er muß sich mit einer schlagkräftigen Opposition auseinandersetzen: Ein Priester namens Novatian, ein einflußreiches Mitglied des römischen Klerus, kann es nicht verwinden, daß Cornelius ihm für den Bischofsstuhl vorgezogen worden ist, und wirft ihm nun heftig vor, er behandle die *lapsi* zu nachgiebig. Novatian wird von seinen Anhängern als Bischof ausgerufen und betreibt sogleich aktive Propaganda. Er schreibt an alle Kirchen, schickt Beauftragte aus, die seine Sache vertreten, und fördert die Wahl unnachgiebig gestimmter Bischöfe. Cyprian bekämpft diese Unruhestifter und unterstützt seinen Kollegen Cornelius, an den er eine kleine Abhandlung «Über die Einheit der katholischen Kirche» richtet. Hat Cornelius dieses Werk aufmerksam gelesen? Wenn, dann dürfte er einigermaßen über dessen Auffassung von der *unitas* gestaunt haben. Für Cyprian bedeutet dieses Wort eher «Einssein» (franz. unicité) als «Einheit» (franz. unité)[24]: Die Kirche ist einzig, es kann von ihr nur eine geben, Vielheit zerstört sie; ihre Katholizität ist zusammengefaßt in der moralischen Einheit der Mitglieder der verschiedenen Ortskirchen, was auch für die Einheit der Bischöfe gilt, von denen zwar jeder Herr im eigenen Hause, aber mit den anderen verantwortlich verbunden ist. Diese Überlegung stützt sich auf eine besondere Auslegung der Aussage Jesu gegenüber Petrus: «Du bist Petrus und auf diesen Felsen will ich meine Kirche bauen»[25].

> Auf einen baut er die Kirche, und obwohl er den Aposteln allen nach seiner Auferstehung gleiche Gewalt erteilt und sagt ... (Joh 20,21-23), so hat er dennoch, um die Einheit (Einssein) deutlich hervorzuheben, durch sein Machtwort es so gefügt, daß der Ursprung eben dieser Einheit (s.o.) von *einem* sich herleitet. Gewiß waren auch die übrigen Apostel das, was Petrus gewesen ist, mit dem gleichen Anteil an Ehre und an Macht ausgestattet, aber der Anfang geht von der Einheit (s.o.) aus, damit die Kirche Christi als *eine* erwiesen werde.[26]

Was also diese Einheitlichkeit der Kirche sichert, ist das Einssein in ihrem Ursprung: Das dem Petrus geschenkte Vorrecht liegt genau hierin. Darüber hinaus ist er auch nur einer der Apostel und in nichts ihnen überlegen. Folglich besitzt der «Nachfolger des Petrus» in Rom keine höhere Würde als die anderen Bischöfe. Seine besondere aber zentrale Rolle besteht darin, diese Einmaligkeit zu symbolisieren und zu gewährleisten. Cyprian schreibt es anläßlich der Cornelius gegen Novatian gewährten Unterstützung diesem sehr deutlich: «... so haben wir beschlossen ... die hier wirkenden Bischöfe (sollten) alle ohne Ausnahme ein Schreiben erlassen ... und ... dich und deine Gemeinschaft, d.i. die Einheit (Einmaligkeit) und zugleich die Liebe der katholischen Kirche mit Entschiedenheit ein für allemal anerkennen.»[27] Hierauf wird Bezug genommen, wenn gesagt wird, «daß jeder Bischof die ganze Fülle des bischöflichen Amtes besitzt und in seiner Amtsführung völlig unabhängig ist, unter der einen Bedingung, daß er mit dem Bischof von Rom vereint ist.»[28] Diese interessante Argumentationsweise, auf die nochmals eines schönen Tages die Gegner eines als Hegemonie verstandenen römischen «Primats» zurückgreifen werden, wird allerdings in dem Konflikt, bei dem Cyprian genau in Opposition zu dem neuen Bischof von Rom gerät, sich auch als zerbrechlich erweisen.

Cornelius stirbt im Juni 253 im Exil, sein Nachfolger Lucius am

5. März 254 ebenfalls, worauf Stephanus I. auf die beiden folgt. Nachdem das Schisma des Novatian beendet ist, stellt sich nunmehr die Frage: Soll man die von den «Ketzern» gespendete Taufe als gültig anerkennen? Einer römischen Gepflogenheit folgend beantwortet Stephanus die Frage mit Ja, wobei zum Zeichen der Wiedereingliederung die Hände aufgelegt werden sollen. Die Kirchen des Orients und Afrikas aber halten seit jeher eine solche Taufe für ungültig, so daß sie wiederholt werden muß. Besser gesagt: sie wird erst dann das erste und einzige Mal gespendet, denn es gilt, wie Cyprian nachdrücklich betont: «Obwohl es doch eine andere Taufe außer der *einen* nicht geben kann, (bilden sie sich ein, taufen zu können ...)»[29]; und weiter: «Alle Ketzer und Abtrünnigen ohne Ausnahme haben keinerlei Macht noch Recht.»[30] Dann fügt er noch in ungewöhnlicher Form hinzu: «Vielmehr soll jeder Vorsteher beschließen, was er für richtig hält (in dem Bewußtsein, daß er einst dem Herrn Rechenschaft geben muß ...).»[31]

Trotzdem wird er mir nichts, dir nichts Stephanus das Recht bestreiten, anderer Meinung zu sein als er selbst. Zur Rechtfertigung beruft er sich auf die Schrift. Er erinnert daran, wie einst auch Petrus dem Paulus nachgegeben habe (vgl. Gal 2,11) und schreibt dann: «So gab er uns doch ohne Zweifel ein Beispiel der Eintracht und Geduld, damit wir nicht hartnäckig an unserer Meinung festhalten, sondern vielmehr alles uns zu eigen machen, was uns nur jemals unsere Brüder und Amtsgenossen zu Nutz und Frommen vorbringen, vorausgesetzt, daß es vernünftig und richtig ist.»[32] Indem er das sagt, denkt er offensichtlich, daß er die richtigen Ideen hat ...

Zwei von Cyprian einberufene afrikanische Synoden (Herbst 255, Frühjahr 256) nehmen seine These einstimmig an und schicken eine Niederschrift des Beschlusses an Stephanus. Das Schreiben endet mit einer höflich formulierten Spitze:

> Das ist es teuerster Bruder, was wir dir in Anbetracht unserer gegenseitigen Hochachtung und aufrichtigen Liebe zu wissen tun ... Wir wissen allerdings, daß manche Leute etwas, was sie sich einmal in den Kopf gesetzt haben, nicht mehr aufgeben wollen und einen gefaßten Vorsatz nicht so leicht wieder ändern ...[33]

Von der Antwort des Stephanus kennen wir nur das, was Cyprian selber in einem Schreiben an einen seiner Amtsbrüder in Tripolis daraus zitiert: «Wenn also welche von irgendeiner Ketzerei her zu euch kommen, so möge man nichts Neues einführen, als was schon überliefert ist *(nihil innovetur nisi quod traditum est)*, nämlich die Handauflegung zur Buße ...»[34] Letztlich hat Stephanus also nur seinen Standpunkt wiederholt. Hat er noch eine Drohung beigefügt? Auf der Herbstsynode von 256, auf der 87 Bischöfe versammelt sind, beschließt Cyprian seine Eröffnungsrede mit unmißverständlichen Worten:

> Es erübrigt nur noch, daß ein jeder einzeln von uns über eben diese Frage seine Ansicht vortrage, ohne daß wir über jemand richten oder ihn vom Rechte der Gemeinschaft ausschließen wollen, wenn er eine entgegengesetzte Ansicht hat. Denn unter uns ist keiner, der sich als Bischof der Bischöfe aufstellt oder seine Amtsgenossen durch tyrannischen Schrecken zu unbedingtem Gehorsam zwingt, da ja jeder Bischof kraft der Selbständigkeit seiner Freiheit und Macht seine eigene Meinung hat und ebensowenig, wie er selbst einen anderen zu richten vermag, von einem anderen gerichtet werden kann.[35]

Man höre und staune! Und wie um nachdrücklich zu beweisen, daß er auch selber diese Toleranz übt, die er von den anderen fordert, schickt der «Papst» von Karthago das Dossier der Verhandlung an seinen Amtsbruder Firmilian von Caesarea in Kappadozien. Er weiß, daß er von dort eine gewichtige Verstärkung zu erwarten hat, denn Firmilian ist ein Schüler des Origenes und hat wenig Hochachtung vor der römischen Theologie. Er teilt Cyprian seine völlige Zustimmung und seine absolute Ablehnung gegenüber Stephanus mit, den er mit «Judas» vergleicht und dem er abstreitet, für seine Haltung die «Tradition» beanspruchen zu können:

> Daß man aber in Rom nicht in allen Punkten die ursprüngliche Überlieferung beobachtet und sich vergeblich auf das Zeugnis der Apostel beruft, kann man auch daraus erkennen, daß man in der Feier des Osterfestes und in vielen anderen Geheimnissen des Gottesdienstes bei ihnen gewisse Abweichungen bemerkt und daß man nicht alles, was in Jerusalem beobachtet wird, auch dort in gleicher Weise hält. So wird ja auch in den meisten anderen Provinzen gar manches je nach der verschiedenen Gegend und Bevölkerung anders gemacht, aber dennoch hat man sich deswegen von dem Frieden und der Einheit der katholischen Kirche noch niemals getrennt ...
>
> Und in dieser Beziehung kann ich mich wirklich empören über diese so offensichtliche und handgreifliche Torheit des Stephanus; gerade er, der sich so sehr seiner bischöflichen Stellung rühmt und die Nachfolge des Petrus innezuhaben behauptet, auf dem die Grundlagen der Kirche errichtet sind, ist es ja, der noch viele andere Felsen einführt und die Gebäude zahlreicher neuer Kirchen aufstellt, indem er mit seinem persönlichen Ansehen dafür eintritt, daß dort die Taufe sei. ... Wie gewissenhaft hat doch Stephanus [ironischer Bezug auf Eph 4,1-6; K.F.] diese heilbringenden Gebote und Mahnungen des Apostels erfüllt und in erster Linie die Demut der Gesinnung und die Milde bewahrt! Denn was gibt es Demütigenderes oder Milderes, als sich mit so vielen Bischöfen in der ganzen Welt zu entzweien und mit den einzelnen auf verschiedene Art der Zwietracht den Frieden zu brechen, bald mit uns Christen des Ostens, was auch euch sicherlich nicht unbekannt ist, bald mit euch, die ihr im Süden wohnt.[36]

Die Heftigkeit der Auseinandersetzung verstellte den Gegnern selber den Blick für die Höhe des Einsatzes. Es liegt hier ein schwerwiegendes theologisches Problem vor: Kann ein Sakrament von einer Person, die nicht «in der Kirche» steht, gültig gespendet werden? Anders gesagt: ist die Wirksamkeit des Sakramentes an die Person des Spenders gebunden? Schon Calixtus hatte unlängst dem Hippolyt ein Ärgernis gegeben, weil er die erste Frage positiv und damit die zweite negativ beantwortet hatte.[37] Wir haben hier also die Wurzeln der berühmten These des *ex opere operato* (d.h. ein Sakrament wirkt aus sich selber, wenn nur seine Durchführung dem vorgeschriebenen Ritus entspricht). Man wird bis zum Konzil von Trient (1547) warten müssen, bis dies definitiv geregelt wird.[38]

Im Moment löst sich der Konflikt durch das Dahinscheiden der beiden Hauptgegner. Stephanus stirbt im Jahre 257, also zu einem Zeitpunkt, wo Kaiser Valerian wieder mit der Verfolgung beginnt, in der er besonders die Bischöfe angreift. Am 31. August wird Cyprian in die Verbannung geschickt. Das Jahr darauf wird er verhaftet, zum Tode verurteilt und am 15. September 258 enthauptet.[39] Fünfzig Jahre später wird der «Donatistenstreit» den Gegensatz zwischen Rom und Karthago unter einem bezeichnenden «nationalistischen» Vorzeichen wieder auffrischen.

25. Sequenz:
Paul von Samosata, «häretischer» Bischof von Antiochien, 260–272

Er behauptet: «Christus ist von unten»

Oh, wie tut das gut, zu lachen und wenigstens für die Zeit einer Komödienvorstellung den Brotpreis und das Herannahen des persischen Heeres zu vergessen! Die Ränge des Theaters von Antiochien sind zum Bersten voll, und das Publikum geht bei allen Spielszenen mit.

Plötzlich tritt eine Schauspielerin vor und zeigt mit gestrecktem Arm in Richtung des rückwärtigen Berges Silpius. Welch köstlicher Einfall wird ihr noch kommen? Mit seltsam verhaltener Stimme ruft sie: «Träume ich, oder was ist das? Das sind doch Perser, was ich sehe ...» Geschlossen dreht sich das ganze Theaterpublikum herum. Über den Stadtmauern zeichnen sich die Umrisse feindlicher Bogenschützen mit den charakteristischen Mützen ab. Schon beginnen die ersten Pfeile zu zischen. Die Wirklichkeit unterbricht damit ihre bloße Erdichtung.[1] Antiochien, die Hauptstadt des römischen Ostens fällt (im Jahre 256) Sapor I. in die Hände.

Bei den Gefangenenzügen, die Richtung Persien marschieren, befindet sich auch eine Anzahl Christen, zu denen Bischof Demetrianus gehört, der im Exil sterben wird.[2] Sein Nachfolger wird ein gewisser Paul aus Samosata, der Hauptstadt der Grenzprovinz Kommagene zwischen Syrien, Armenien und Persien. Eine eigenartige Persönlichkeit ... Zudem erfreut er sich der Unterstützung einer nicht weniger außergewöhnlichen Gestalt: der Königin Zenobia von Palmyra. Noch ist sie nur die Frau von Odaenathus, einem der Vornehmen von Palmyra, der von Rom zum Konsularlegaten von Syrien und Palästina ernannt wurde und dann den Rang eines *dux* (Befehlshaber, «Herzog») der römischen Truppen im Orient erhielt.

Odaenathus schlägt Gewinn aus dem durch die Niederlage und die Gefangenschaft des Kaisers Valerian im Juni 260 entstandenen Machtvakuum und führt eine kühne Offensive gegen die Perser, die er zurückzuwerfen vermag. Er wird mit dem Titel *imperator*, dann mit demjenigen des «Statthalters des ganzen Orient» ausgezeichnet, aber im Jahre 267 unter mysteriösen Umständen ermordet, wobei vielleicht Zenobia nicht ganz unbeteiligt war. Im Jahre 270 herrscht sie an Stelle ihres Sohnes Vaballathus über ein Gebiet, das von Ägypten bis zum Schwarzen Meer reicht, womit sie auch das ganze Verkehrsnetz des orientalischen Großhandels kontrolliert. «Die Stunde von Palmyra hatte geschlagen»[3]: Als Hauptstadt einer Art Ostreich sowie als Zentrum einer griechisch-semitischen Kultur und des synkretistischen Kults eines «Gottes, des Allerhöchsten», vergleichbar Jahwe bei den Juden, erstrahlt sie nach allen Seiten in hellstem Glanz. Einer der Berater der Königin ist der neuplatonische Philosoph Longinus, ein Schüler von Ammonius Sakkas, wie bereits Plotin und Origenes.

Man kann das Interesse von Zenobia, auf dem Bischofsstuhl von Antiochien, der Hauptstadt ihres Reiches, jemand sitzen zu sehen, der ihr ganz ergeben ist, wohl verstehen. Paul von Samosata, versehen mit dem Titel eines *ducenarius* (also eines hohen Finanzbeamten) der Herrscherin, spielt in Antiochien die Rolle eines Vizekönigs von Palmyra[4] und befindet sich damit auch in der Lage, den Gegensatz zu Rom versinnbildlichen zu müssen. Als Einheimischer, der syrisch spricht, genießt er große Popularität[5]: In dieser Metropole mit einer halben Million Einwohner erkennt man ihn auf der Straße und macht ihm den Hof. Die Menge drängt sich förmlich bei seinen Reden und spendet ihm häufigen Beifall. Er empfängt auch eine umfangreiche Post und beantwortet sie ... Selber aus bescheidenen Verhältnissen stammend, sieht er sich nicht zu einem gekünstelten Benehmen verpflichtet: Man kann daher beobachten, wie er sich in aller Öffentlichkeit vor Zufriedenheit auf die Schenkel schlägt ... Es ist überflüssig zu ergänzen, daß die antiochenische Bourgeoisie, die sicherlich auch ziemlich mit Rom sympathisiert, darin – wie einst Klemens von Alexandrien[6] – ein untrügliches Zeichen von Vulgarität sieht. Schlimmer noch: man behauptet, daß der Bischof, im Gegensatz zu den Gnostikern und Montanisten, den Frauen in der Kirche zu singen erlaubt und auch der Existenz von Diakonissen wohlwollend gegenübersteht.[7] Unverblümt gesagt, beschuldigt man ihn, mit ihnen zu schlafen ...[8] Trotz dieses Geredes wird er von seinem Klerus sehr geschätzt, was besonders für die umliegenden Landstriche, also die «Landbischöfe» gilt, eine Art von Pfarrdechanten der besonders in Syrien zahlreichen üppigen Marktflecken.[9]

Die Anhänger Roms und Gegner Pauls (welche oft dieselben sind) wagen eine solch einflußreiche Persönlichkeit nicht offen anzugreifen. Sie arbeiten daher in aller Stille daran, ihn ins Verderben zu stürzen. An der Spitze dieser Partei stehen Domnus, ein Sohn des verstorbenen Bischofs Demetrianus, und ein Priester namens Malchion. «Den Angriffspunkt bildet die theologische Lehre von Paul.»[10] Man wirft ihm insbesondere vor, sich zum «Adoptianismus» zu bekennen, wonach Jesus nur ein Mensch wie alle anderen gewesen wäre, den Gott einfach als seinen Sohn «angenommen» (adoptiert) hat. Es hat jedoch eher den Anschein, daß Paul sich alle Mühe gab, «zugleich die Einheit Gottes und die Menschheit Christi zu betonen»[11], ohne allerdings die Beziehungen zwischen den drei «göttlichen Personen» – Vater, Sohn und Heiliger Geist – näher zu bestimmen. Natürlich ist das ein schwieriges Unterfangen, denn jede Aussage in der einen Sinnrichtung muß sofort wieder durch eine entgegengesetzte ausgeglichen werden.

Im Jahre 264 glauben seine Verleumder, genug Material über ihn zusammengetragen zu haben, um die wichtigsten Bischöfe des Ostens nach Antiochien einladen zu können. Darunter sind die beiden Brüder und Schüler des Origenes, Gregorius und Athenodor, ebenso Firmilian von Caesarea in Kappadozien, der Cyprian so ungestüm gegen Stephanus in Rom unterstützt hatte. Dionysius von Alexandrien ist schon zu alt und läßt sich entschuldigen. Die Kollegen von Paul fühlen sich, am Ort des Geschehens angekommen, jedoch nicht recht wohl in ihrer Haut. Man kommt bei den Diskussionen nicht dazu, die sogenannten Irrtümer des Beschuldigten eindeutig und klar zu belegen. Selbst der ansonsten so bissige Firmilian macht keinerlei Anstalten, die «Häresie» seines Amtsbruders aus den Angeln zu heben. Man trennt sich also unverrichteter Dinge.

Aber im Kreis um Domnus und Malchion kann man sich mit diesem Unentschieden nicht begnügen und bereitet schon weitere Schritte vor. Einige Bischöfe versuchen ihrerseits die Angelegenheit gütlich zu regeln und schicken an Paul eine Art ziemlich traditionell gehaltener Glaubensbekenntnisse mit dem Vorschlag, es gegenzuzeichnen[12]: «Wir bekennen und verkünden, daß der Sohn, der bei Gott ist, auch selber Gott und Herr über alle geschaffenen Dinge ist, daß er durch den Vater vom Himmel gesandt wurde, Fleisch angenommen hat und Mensch geworden ist.» Und dann geradeheraus: «Wenn also jemand sich weigert, zu glauben und zu bekennen, daß der Sohn Gottes auch selber Gott ist, dann glauben wir, daß er außerhalb der Glaubensregel steht, worin alle katholischen Kirchen mit uns einig gehen.» Diese unumwundene Aufforderung hat das Verdienst, den empfindlichen Punkt der Debatte klar zu bezeichnen: die Person Christi. Sie erhellt auch die Art und Weise, wie Theologie betrieben wird: ausgehend von Zitaten aus den christlichen Schriften und im Dienste einer gewissen Übereinstimmung in der Interpretation, zu deren Wortführer sich die Bischöfe machen.

Unterdessen ist eine zweite Synode einberufen worden. Sie tritt Ende des Jahres 268 in Antiochien zusammen. Die Belege über die Zahl der anwesenden Bischöfe schwanken zwischen 12 und 80 Teilnehmern.[13] Es ist keine auffallende Persönlichkeit darunter; die großen Gestalten wie Firmilian und Gregorius fehlen (ersterer ist auf dem Weg nach Antiochien gestorben). Unter diesen Bedingungen spielt der Priester Malchion eine ausschlaggebende Rolle. Zuerst versucht er, Paul in die Lage des Schuldigen zu versetzen und ihn einem regelrechten Verhör zu unterziehen. Als dies erfolglos bleibt, greift er zu einem verabscheuungswürdigen Verfahren: Stenographen werden damit beauftragt, hinter Paul herzuspionieren und alle seine Äußerungen, auch außerhalb der Sitzungen, aufzuschreiben.[14] Daraus greift man dann das heraus, was man gerade benötigt, um zu beweisen, daß seine Lehre «häretisch» ist ...

Vielleicht war sie es wirklich, wenn man von der Wortbedeutung herkommend davon ausgeht, daß eine Häresie darin besteht, einen Aspekt der Überlieferung gegenüber einem anderen auszuwählen. Wer aber darf sich rühmen, dabei völlig das Gleichgewicht zu halten? Und ist die «Orthodoxie» jemals etwas anderes als die Häresie der herrschenden Parteien? Soweit man die Diskussion von Antiochien nachzeichnen kann, gibt sie für diese Beobachtung deutliche Hinweise: Paul von Samosata, der vielleicht durch jüdische und neuplatonische Strömungen beeinflußt war, bei denen er nicht erkennen konnte, wie sie sich mit der «Trinitätstheologie» vereinbaren ließen, scheint zu behaupten[15], daß der Sohn im Vater ist wie das Wort im Menschen, wobei sie ein und dieselbe Person bilden. Anders gesagt: der Sohn ist «von derselben Substanz» *(homoousios)* wie der Vater. Aber das ist genau die Theorie, die seit den Zeiten Tertullians von den westlichen Theologen vertreten wird.[16] Malchion, und mit ihm ungefähr die Mehrheit der Bischöfe des Ostens, vertritt jedoch diesbezüglich den Standpunkt von Origenes: Der Begriff *homoousios* ist nicht in der Bibel enthalten, und es besteht bei ihm die Gefahr, die unumgängliche Unterscheidung zwischen den drei «göttlichen Personen» in ärgerlicher Weise zu verwischen. Das Konzil von Antiochien verwirft also den Begriff *homoousios*. Fünfzig Jahre später werden die Vertreter des Abendlandes auf dem Konzil von Nizäa sich nicht scheuen, ihn verpflichtend einzuführen.

Inzwischen hat diese theologische Auseinandersetzung es ermöglicht, Paul von Samosata zu exkommunizieren, ihn von seinem Bischofsstuhl zu stoßen und an seiner Stelle jemanden «wählen» zu lassen, der seinen Platz schon lange begehrt: Domnus, der Sohn des verstorbenen Bischofs Demetrianus. Um dem ganzen Unternehmen einen amtlichen Anstrich zu geben, wird ein Rundschreiben gerichtet an «Dionysius (den Bischof von Rom), an Maximus (den Bischof von Alexandrien) ... und (an) alle unsere Mitdiener auf dem Erdkreis, Bischöfe und Presbyter und Diakonen, und der ganzen katholischen Kirche unter dem Himmel ...»[17] Es folgt eine lange Liste von Beschuldigungen, wobei die Verleumder sich offensichtlich auf Tratsch und Klatsch stützten (wenn einer schon fähig ist, sich öffentlich auf die Schenkel zu schlagen, warum sollte er nicht im Privatleben auch mit Diakonissen schlafen?). Diesem Schreiben waren heute verlorengegangene Dokumente beigelegt, wobei die Briefunterzeichner eine Stelle besonders hervorhoben, wonach Paul behauptet haben soll, daß «Jesus (Christus) von unten ist», und er es ablehne, mit ihnen zu bekennen, «daß der Sohn Gottes vom Himmel herabgekommen ist»[18]. An Paul von Samosata erstaunt seine Modernität: Die außergewöhnliche Gestalt des Jesus von Nazareth scheint für ihn dadurch, daß sie durch göttliche Kategorien definiert wird, nichts dazu zugewinnen; läuft man nicht Gefahr, die Wirklichkeit seiner menschlichen Geschichte zu verflüchtigen, wenn man aus ihm das präexistente ewige Wort machen will?

Was Zenobia anbetrifft, so kümmert sie sich wenig um theologische Spitzfindigkeiten. Ob *homoousios* oder nicht, sie erwartet, daß der Bischof, den sie für Antiochien ernannt hat, auch dort bleibt. Dies gilt um so mehr, als sie sich jetzt stark genug fühlt, sich auch von Rom abzusetzen: Im Jahre 271 erklärt sie ihren Sohn zum uneingeschränkten Herrscher mit dem kaiserlichen Titel «Augustus»; die Münzen von Palmyra tragen das Bild von beiden.[19] Dies bedeutet ausdrückliche Abspaltung und die Schaffung eines selbständigen Ostreiches. Aber der Wind dreht sich. Im April 270 ist Kaiser Claudius II. Gothicus an der Pest gestorben (es ist der einzige Kaiser dieser Epoche, der nicht ermordet wurde). Die Donaulegionen ernennen einen tatkräftigen Mann zu seinem Nachfolger: Aurelian. Dieser macht sich sofort daran, die Vandalen zurückzuwerfen, welche Italien bedrohen, Rom mit einer soliden Stadtmauer zu umgeben (von der noch ein gut Teil zu sehen ist) und eine Währungsreform anzuordnen, um wenigstens die Inflationsauswirkungen zu begrenzen, wenn man sie schon nicht ganz zum Stillstand bringen konnte.[20]

Im Jahre 272 macht sich Aurelian daran, die Einheit des Imperiums wiederherzustellen. Er zieht ein starkes Heer von der Donaufront ab (wobei Dakien, das heutige Rumänien, endgültig aufgegeben wird), begibt sich nach Kleinasien, macht mit den Truppen von Zenobia kurzen Prozeß und läßt sich die schöne Gefangene vorführen.

> (Als er sie anherrschte): «Zenobia, wie konntest du dich nur erdreisten, römischen Kaisern Hohn zu sprechen?», soll sie gesagt haben: «Dich, den Siegreichen, erkenne ich als Kaiser an, einen Gallienus und Aureolus aber und die anderen Herrscher habe ich nicht anerkannt. Ich hätte gewünscht, mit Victoria, die ich als mir ebenbürtig erachte, die Herrschaft gemeinsam auszuüben, wäre es räumlich möglich gewesen.»[21] (Victoria war die Mutter eines der Führer des «gallischen Reiches», das von 260 bis 270 bestand.)

Zenobia wird in Rom beim Triumphzug des Aurelian mitgeführt, beschließt aber ihre Tage auf einem glänzenden Alterssitz in der Nähe von Tivoli. Das stolze Palmyra wird geplündert, geschleift und der Wüste überlassen. La Bruyère wird es als ein Symbol für die Launen des Schicksals nehmen:

> Weder die Aufstände, *Zenobia*, die Euer Reich beunruhigen, noch der Krieg, den Ihr seit dem Tode des Königs, Eures Gemahls, gegen den mächtigen

> Nachbarn mutig weiterführt, mindern im geringsten Eure Prachtliebe. Ihr habt die Ufer des Euphrat jeder anderen Gegend vorgezogen, um hier einen prächtigen Palast aufführen zu lassen: ... Laßt es an nichts fehlen, große Königin; ... erschöpfet Eure Schätze und Euren Eifer an diesem unvergleichlichen Werk; und nachdem Ihr, Zenobia, die letzte Hand daran gelegt habt, wird eines Tages einer der Hirten, die die nahen Wüsten von Palmyra bewohnen, reich geworden durch den Zoll Eurer Flüsse, mit barem Gelde diesen königlichen Palast kaufen, um ihn noch schöner und seiner und seines Vermögens würdiger zu machen.[22]

Mit einem Schlag hat auch Paul von Samosata die Partie verloren. Mit der Wiederaufrichtung der römischen Macht verschieben sich die Gewichte zugunsten seiner Gegner. In dieser Hinsicht ist ein abschließender Vorfall sehr bezeichnend. Als Paul sich weigert, das «Haus der Kirche» von Antiochien zu räumen, wird der Fall Aurelian vorgetragen, der befiehlt, «denjenigen das Haus zu übergeben, mit welchen die christlichen Bischöfe Italiens und Roms in schriftlichem Verkehre stünden»[23].

Die katholischen Historiker sehen darin eine Anerkennung des «römischen Primats»[24] durch den Kaiser. Zweifellos, aber in einem ausschließlich politischen Sinne: die Einheit der Kirche wird aufgefaßt wie die des Staates, d.h. sie geht von der Spitze aus.

26. Sequenz:
Eumenius, Rektor der Universität von Autun, um 298

Lasset zugleich römische Macht und
Beredsamkeit wieder erblühen

> Nun bereitet es uns Freude, die Weltkarte anzusehen, wo wir endlich kein einziges fremdes Land mehr erblicken.[1]

Mit diesem schönen Schluß hat der neue Rektor soeben seine Rede beendet. Die Menge auf dem Forum, die ihm stehend seit mehr als einer Stunde zuhört, bricht in Beifall aus. Der Statthalter der Provinz Gallia lugdunensis verläßt seinen Sessel, auf dem er sanft vor sich hin geschlummert hatte, und beglückwünscht, mit den Gedanken schon ganz beim folgenden Festessen, den Redner sehr herzlich: «Das war wirklich eine hervorragende Idee von Ihnen, die Weltkarte an den Säulengang der Universität malen zu lassen! Sie haben völlig recht: Die Studenten behalten viel besser das, was sie sehen, als das, was sie hören ... Und welches Mittel wäre besser geeignet, um ihnen Hochachtung vor den Leistungen unserer ruhmreichen Herrscher einzuflößen? Ich werde es nicht versäumen, Ihren Majestäten den äußerst günstigen Eindruck mitzuteilen, den ich von dieser Festveranstaltung hatte.»

Der Statthalter wird alle Hände voll zu tun haben, um sein Versprechen einzulösen: Wenn hier «Majestät» im Plural auftaucht, dann deswegen, weil das Imperium mittlerweile vier Oberhäupter hat. Nach einem Jahrhundert der Kriege, Invasionen und der Anarchie (seit der Ermordung von Commodus im Jahre 192[2] gab es 70 Kaiser, ob legitime oder nicht) hat ein dalmatinischer General 284 die Macht ergriffen. Um eine Wiederherstellung der von allen Seiten bedrohten Einheit zu erreichen (Aufstand der Bagauden in Gallien, widerrechtliche Machtübernahme durch Carausius in Britannien, Barbareneinfälle an Rhein und Donau, Raubzüge der Wüstenbeduinen in Syrien, Aufruhr in Ägypten[3]), hatte sich Diokletian drei weitere Offiziere aus Illyrien beigeordnet. Er selber saß in Nikodemien in Bithynien und kümmerte sich zusammen mit Galerius, der in Sirmium an der Donau residierte, um den Orient. Das Abendland wird Maximianus anvertraut, der sich in Mailand niederläßt und Constantinus Chlorus an der Seite hat, dessen Haupstadt Trier mittlerweile die wichtigste Stadt in ganz Gallien ist.

Reformen der Währung, der Steuern, der Verwaltung und des Militärs folgen schlagartig aufeinander. Diokletian führt diese «Tetrarchie» (eine Herrschaft zu viert) mit eiserner Hand und es gelingt ihm, in 20 Jahren Regierungszeit die Macht des Staates wiederherzustellen. Allerdings nur vorübergehend und um den Preis einer verstärkten Bürokratisierung, deren berühmtestes Beispiel der bekannte «Maximumerlaß» von 301 ist, womit die Höhe der Löhne und der Preise für das ganze Imperium staatlicherseits festgelegt wird. Er wird allerdings nie zur Anwendung kommen.[4]

Die Armeen haben überall wieder die Initiative ergriffen, in Ägypten, Afrika, Britannien und Persien. Rektor Eumenius hat soeben an den entsprechenden Stellen der Landkarte der Universität Autun Siegesfahnen angebracht.[5] An diesem Ort hat eine solche Geste eine doppelte symbolische Bedeutung. Augustodunum erhebt sich gerade neu aus den Ruinen. Diese alte Hauptstadt der Äder[6] nahm am frühesten von allen Städten der Gallia comata römische Prägung an und wurde mit dem größten Theater der Welt und einem beinahe ebenso weiträumigen Amphitheater wie das Kolosseum[7] ausgestattet. Obwohl es schon unter Augustus mit einer sechs Kilometer langen Stadtmauer umgeben worden war, mußte Autun seine Verbundenheit mit Rom teuer bezahlen: Es wurde von Victorinus, dem Herrn über das vorübergehend errichtete gallische Reich (und Sohn jener Victoria, die von Zenobia so bewundert wurde[8]) im Jahre 269 erstürmt und geplündert. Nach seiner Zerstörung und Entvölkerung wird Autun gerade wiedergeboren. Tempel und Häuser sind erneut aufgebaut, und die Legionäre haben die Wasserleitungen wieder in Stand gesetzt. Und auch die Universität findet sich in ihren Mauern wieder.

Es ist schon lange her, daß sie berühmt war. Bereits im Jahre 21 wollte der gallische «Rebell» Sacrovir ihre Studenten, «die vornehmste Jugend Galliens, die dort den Studien (der freien Künste) oblag»[9], als Geiseln nehmen. Das Ziel war gut ausgesucht: Wie man auch zu anderen Zeiten wahrnehmen kann, stellt die Universität immer ein ausdrucksstarkes (manchmal auch explosives) Bild der Gesamtgesellschaft dar. Die höhere römische Schulbildung ist zu allererst, und wen wird das wundern, ein politisches Instrument[10]: Neben den Bädern, dem Zirkus und dem Amphitheater, welche der Freizeitgestaltung (griech. *schole*) ihre Prägung geben, wird den Provinzen über die Schulen (lat. *scholae*) die Sprache und die Kultur der Eroberer aufgezwungen (im Abendland zumindest, denn während die Römer Griechisch gelernt haben, sprechen die Orientalen niemals Latein[11]). Im Jahre 48 bestätigte Kaiser Claudius ja auch den Vornehmen der Gallia comata, daß sie «in Sitte und Bildung»[12] den Römern gleich waren. Und wenn nun die Universität Autun wiedereröffnet wurde, dann nur, um es mit den Worten des Rektors selber zu sagen, weil die Kaiser «fürchteten, daß die für die Berufe des Advokaten, des kaiserlichen Untersuchungsbeamten oder des Haushofmeisters vorgesehenen jungen Leute von den Wogen der Adoleszenz wie von einem plötzlichen Regenschauer überrascht werden und sich dann an zweifelhaften Formen der Beredsamkeit orientieren könnten!»[13]

Die Universitäten, die den sozialen Eliten vorbehalten sind, haben in erster Linie die Aufgabe, Beamte für den römischen Staat auszubilden, der davon immer mehr verbraucht. Seit Vespasian haben die Kaiser die Universitäten mit Vorrechten überhäuft, dies vor allem im steuerlichen Bereich[14]: Wie die Ärzte, so sind auch die Professoren und Studenten von den kostspieligen städtischen Ämtern und dem Beitrag zur Unterbringung der Truppen befreit. Der in diesen höheren Lehranstalten erteilte Unterricht spiegelt übrigens vollkommen den aristokratischen Charakter der römischen Kultur wider. Eumenius sagt es ausdrücklich, wenn er den Kaiser Constantius Chlorus lobt, weil er «zu der Einsicht gekommen ist, daß die Wissenschaft von der gelungenen Rede, die auch diejenige des rechten Tuns ist, in den Zuständigkeitsbereich seiner vorausschauenden Fürsorge fällt: Die göttliche Klarsicht seiner ewigen Vernunft hat ihm eingegeben, daß die Buchstaben die Fundamente der Tugend bilden»[15]. Unabhängig von aller rednerischen Schwülstigkeit übertreibt diese erstaunliche Lobrede wohl kaum, wenn sie dem militärischen Emporkömmling Constantius Chlorus unterstellt, daß er den literarischen und rhetorischen Studien ein solches Interesse entgegenbringt.

Zunächst einmal stimmt dies deswegen schon, weil es gar keine anderen Studien gibt. Erstaunlicherweise haben die Römer, welche doch praktisch begabte und kaum auf Lappalien versessene Leute waren, niemals einen naturwissenschaftlichen und technischen Unterricht eingeführt. Ihre Ingenieure und Architekten wurden am Bau, meistens bei der Armee, ausgebildet. Diese Bauern, für die das Verb *putare* zuerst die Bedeutung von «Bäume beschneiden», dann erst von «zählen» und schließlich von «denken, meinen»[16] hatte, fanden sich plötzlich durch ihre Eroberungen, sozusagen gegen ihren Willen, in die griechische Zivilisation integriert. Die Griechen aber bezeichnen «Zivilisation» und «Erziehung/Ausbildung» mit dem gleichen Wort: *paideia*. Die Römer haben also, abgesehen von einigen Kleinigkeiten, das pädagogische Modell der Griechen oder, genauer gesagt, (seit Alexander) des Hellenismus übernommen. Und in dessen Zentrum steht besonders die Rhetorik, die Kunst der Beredsamkeit, die den Niedergang der griechischen Städte und den Tod der römischen Republik überlebt hat und gegenwärtig vor allem dazu dient, fähige Vortragsredner auszubilden: Plinius der Jüngere, Apulejus, Aelius Aristides, Dio von Prusa ...

Die Rhetorik (die in Frankreich an den Studienkollegs und dann an den Gymnasien bis 1885 unterrichtet wurde), ist eine komplizierte Technik, die aus fünf Bestandteilen besteht[17]:

- *das Auffinden* der Hauptgesichtspunkte und der Mittel und Wege, um auf Ideen zu kommen, insbesondere die Theorie der «Gemeinplätze», *topoi;*
- *Die Stoffgliederung* und das Anordnen der einzelnen Abschnitte der Rede nach einem bestimmten Plan: Einleitung, Erzählung und Darstellung des Sachverhalts, Beweisführung, Ausmalung und Schluß;
- *die sprachlich-stilistische Formulierung:* Redefiguren, Rhythmus, Unterscheidung der Gattungen;
- *Mnemotechnik:* die Methode des Assoziierens von Bildern, Klängen usw.;
- *der Vortrag der Rede:* die Art der Darbietung, die Regulierung von Redefluß und Stimmstärke, der Ausdruckswert von Gesten.

Nach der theoretischen Einführung kommt die Nachahmung der großen Meister (Demosthenes, Cicero), dann folgen eigene praktische Übungen. Diese bestehen meist aus erfundenen Plädoyers zu den ausgefallensten und oft auch albernen Themenstellungen wie die folgende: «Ein hochgeehrter alter Krieger, der im Krieg beide Hände verloren hat, ertappt seine Frau in flagranti beim Ehebruch. Lassen sie nun den Helden sprechen!»[18] Diese Phantastereien werden sonderbarer Weise die mittelalterlichen Novellenautoren beeinflussen und bilden so auch eine der Quellen für die schwärmerischen Traditionen unserer modernen Literatur.[19]

Selbstverständlich dient die Rhetorik besonders der Ausbildung von Advokaten und all dieser «Gesetzeskundigen» (wie Gaios aus Eumeneia), die durch die Entwicklung der Jurisprudenz und der Bürokratisierung des Staates erforderlich geworden sind. Und in diesem Punkt haben die Römer wirklich was Neues eingeführt: Sie haben die Rechtswissenschaft geschaffen und ihre Weitervermittlung organisiert. Eine juristische Karriere eröffnet den jungen Leuten die Perspektive einträglicher Stellen auf allen Ebenen der Verwaltung und des Handels; anläßlich des Gelages des Trimalchion rühmte sich der Lumpensammler Echion, einem seiner Sklaven darin eine Ausbildung zukommen zu lassen: «Ich hab' ihm einige juristische Bücher gekauft, denn ich möchte gern, daß er was vom Recht verstünde, damit man ihn dazu in der Familie (im Hause) gebrauchen könnte. Das Ding trägt Brot ein.»[20]

Constantius Chlorus hatte also gute Gründe, um die Universität von Autun wiederaufbauen zu lassen, als Pflanzschule für Beamte und als Schmelztiegel jener griechisch-römischen Kultur, die seit jeher den Zement für die Einheit des Reiches bildete. Wen aber sollte man mit der Aufgabe, den Schulunterricht in dieser leidgeprüften Stadt wieder einzuführen, beauftragen? In Trier waren ihm die Fähigkeiten seines Kanzlers – er trägt den stolzen Titel *magister memoriae* (Meister des Gedächtnisses) – aufgefallen, eines jungen Mannes von 30 Jahren, zudem noch gebürtig aus Autun, wo sein Großvater bis zum Alter von 80 Jahren Rhetorik unterrichtet hatte. Er heißt Eumenius und wird also im Jahre 297 zum Lehrer und Rektor in einem ernannt.

Aber dieser glanzvolle Untergebene dürfte zweifellos wenig Lust verspürt haben, Trier, seinen Kaiserpalast und seine Feste zu verlassen, um sich in Autun begraben zu lassen, das von einem seiner Bewohner wie folgt beschrieben wird: «Unser Land ist nicht leicht zu erreichen, es gibt keine Straße und auch keinen schiffbaren Fluß, der vor dem Stadttor vorbeifließt ... Es gibt zwar eine Heerstraße, aber die ist voller Löcher und voller Steigungen und Gefällstrecken, so daß sie nur von halbvoll beladenen oder manchmal so gut wie leeren Karren befahren werden kann.»[21] Um ihn die bittere Pille schlucken zu lassen, vielleicht aber auch in der Absicht, ähnliche Begabungen zu wecken, bewilligt der Kaiser Eumenius ein Gehalt von 300 000 Sesterzen, dazu kommen nochmals 300 000, über die er weiterhin kraft seines Amtes, das er aber nicht mehr in Trier ausüben wird, verfügen darf. Welche herrschaftliche Freigebigkeit! Wahrscheinlich wird der Stadtrat von Autun sie weniger schätzen, der diese außerordentlichen Zuwendungen beschaffen muß ...[22] Eumenius ist besorgt darüber, ob er unter diesen heiklen Bedingungen wohl sein Amt wird ausüben können, und spielt daher den Großzügigen: Genau in der Mitte seiner Rede erklärt er, daß das Projekt des Wiederaufbaus der Universität «dank des kaiserlichen Großmuts ohne Kosten für die öffentliche Hand durchgeführt werden kann», und kündigt an, daß er zu diesem Zweck seine 600 000 Sesterzen, «solange wie es die Notwendigkeit erfordert», aufwenden wird.[23]

Dann gibt Eumenius, so als ob er sich für diese, eines Mannes von seinem Rang unwürdigen Auslassungen über Geldangelegenheiten entschuldigen wolle, so ganz nebenbei (das ist die Kunst der Ausschmückung) folgende stolze Bemerkung von sich: «Der schönste Lohn ist doch, wenn man sich – auf die Gefahr hin, seine Nutzung ablehnen zu müssen – mit ehrenhaften Mitteln Geld beschaffen kann; sicherlich hoffen die Kaufleute aus Syrien, Delos und Indien nicht auf Gewinne dieser Art, die doch so wertvoll sind, sich aber ganz selten und nur in den Händen einiger weniger Menschen finden, ich meine das Vermögen, dessen man sich vor seinem Gewissen nicht zu schämen braucht.»[24] Wenn der Vater von Eumenius sein Vermögen nicht dadurch zusammengetragen hat, daß er Gewürze oder Sklaven verkaufte, womit dann hat er seinem Sohn ermöglicht, heute einfach seine Einkünfte unters Volk werfen zu können?

Bevor der Redner zu seiner Schlußbemerkung ansetzt, stimmt er noch einmal das immer wiederkehrende Loblied auf die vier Kaiser an:

> Um so außerordentlicher und unglaublicher sind die Fähigkeit und das kulturelle Niveau *(humanitas)* unserer Herrscher, als sie mitten in wichtigen mili-

tärischen Unternehmungen noch Zeit finden, sich für die Praxis der Literaturwissenschaften zu interessieren, und der Auffassung sind, daß das einzige Mittel, um die ach so weit zurückliegende Epoche wieder aufleben zu lassen, wo – nach Auskunft der Geschichte – Rom zu Wasser und zu Lande die Vorherrschaft ausübte, darin liegt, römische Macht und römische Beredsamkeit in einem Zug wieder zur Blüte zu bringen![25]

Man könnte sich keine bessere Definition des Schulunterrichts als «ideologischem Staatsapparat» erträumen als diese ... Logischerweise müßte sich daraus ergeben, daß die entschiedensten Gegner der kaiserlichen Ideologie auch die römischen Schulen ablehnen werden. Sicherlich zeigen die Christen eine gewisse Ablehnung bei Geschichten von hinterhältigen Göttern und ihren unehrenhaften Abenteuern, von denen die Bücher der Heiden ja nur so strotzen; gewisse Lehrer der Kirche wie Hippolyt und Tertullian verlangten ja auch, daß Lehrer ihren Beruf aufgeben sollten. Aber niemand denkt auch nur im entferntesten daran, Konfessionsschulen zu gründen, oder ist dafür, daß die Kinder aus christlichen Familien nicht mit den anderen in die gleiche Klasse gehen sollten.[26]

Gewiß liegt ein erster Grund darin, daß es wichtig ist, lesen zu können, wenn man sich mit den Heiligen Schriften befassen will. Aber genau diese Notwendigkeit hat die Juden dazu gebracht, ihre eigenen Schulen einzurichten, wo sie seit der Zerstörung des Tempels im Jahre 70 lernen, die Bibel in Hebräisch zu lesen.[27] Wenn die Christen jedoch, aufs Ganze gesehen, so gut mit der «klassischen Kultur» zurechtkommen, so hat dies im Wesentlichen einen Grund, den Henri-Irénée Marrou klar benannt hat: «Haargenau deswegen, weil die Christen der ersten Jahrhunderte in der Welt der Klassik lebten, haben sie die grundlegende Kategorie des hellenistischen Humanismus als in sich ‹natürlich› angenommen: der Mensch, als unbedingter Reichtum an sich, jenseits aller näheren Bestimmung. Man könnte sagen: Um Christ sein zu können, muß man zuerst Mensch sein; d.h. man muß zunächst auf der allgemein menschlichen Ebene eine gewisse Reife erlangt haben, um einen Akt des Glaubens und moralische Handlungen vollbringen zu können (im übrigen steht historisch wie ethnographisch fest, daß das Christentum ein Minimum an Zivilisation voraussetzt). Und wenn schon die klassische Erziehung eine bewundernswürdige Technik zur Heranbildung eines umfassend entwickelten Menschen darstellte, warum sollte man dann überflüssigerweise anderswo weitersuchen oder ein anderes Erziehungssystem entwerfen?»[28]

Wie könnten einem die Grenzen eines solchen Humanismus, seines Elitedenkens[29], seines Idealismus, seines Ethnozentrismus, der sich schon in der Nähe des Kolonialismus bewegt, verborgen bleiben? Aber das sind schon allzu viele Wörter, die mit einem «-ismus» enden, um eine Kultur zu bewerten, die durch ein einfaches Detail gekennzeichnet werden kann.[30] Vergil ist der Autor, der von den Schülern der römischen Schulen am meisten studiert werden mußte. Doch in den Abertausenden von Versen, die sie auswendig können mußten, kommt nicht ein einziges Mal das Wort «Brot» vor. Um dieses alltägliche Nahrungsmittel zu bezeichnen, was ja allzu flach und konkret bzw. materialistisch ist, spricht unser Dichter von *Ceres* oder den *Früchten der Ceres* ... Welcher Abgrund gähnt zwischen dieser Rhetorik wohlgenährter Männer und der «Sklavensprache»[31] der christlichen Texte: Das Wort «Brot» kommt 98 mal im Neuen Testament vor. Wenn also das Christentum auch nur das «Geringste» für sich beansprucht, dann geht es dabei nicht um die Übernahme der Kultur der Herrschenden, sondern darum, immer und entschieden die Partei derer zu ergreifen, die hungern.

27. Sequenz:
Das Konzil von Elvira, um 300

Es ist den Bischöfen untersagt,
sich ihrer Frauen zu enthalten

Das Studium von Rechtsvorschriften ist äußerst aufschlußreich. Wenn man sich ansieht, was die Gesetze der damaligen Zeit verbieten, dann kann man im Umkehrschluß *(a contrario)* daraus folgern, was wohl die gängige Praxis der Leute war. Das Kirchenrecht bildet hier keine Ausnahme. In diesem Sinne unterrichten uns die «Kanones» (Erlaße) des Konzils von Elvira über das christliche Alltagsleben in der Zeit des Übergangs vom 3. ins 4. Jahrhundert.[1]

Elvira (Illiberis) ist eine kleine spanische Stadt in der Nähe des heutigen Granada. Zu einem Zeitpunkt, der nicht hundertprozentig feststeht (um 300, möglicherweise 306) versammeln sich hier 19 Bischöfe und 24 Priester aus Spanien sowie zahlreiche Diakone und Laien, die aber kein Stimmrecht besaßen. Bekannt sind unter anderem die Bischöfe Ossius von Cordoba, Sabinus von Sevilla und Felix von Cadiz, der den Vorsitz bei der Versammlung führte. Diese wurde an einem 15. Mai eröffnet. Man weiß nicht, wie lange sie gedauert hat. Es wurden 81 Kanones verabschiedet, deren Verzeichnis uns lückenlos erhalten geblieben ist. Dabei handelt es sich um das älteste Schriftstück dieser Art in der Geschichte der christlichen Kirchen.

Sein Hauptkennzeichen ist, daß es überhaupt kein dogmatisches Problem aufwirft, sondern sich völlig Fragen von Zucht und Ordnung widmet. Man ist hier weit weg vom Orient und der besonderen Vorliebe der Alexandriner und Antiochener für ideologische Debatten. Spanien ist die älteste römische Provinz. Aus der Provinz Baetica (dem heutigen Andalusien) kamen die Kaiser Trajan, Hadrian und Marc Aurel. Dreiviertel der in Elvira vertretenen Kirchen gehören zur Baetica. Ihre Delegierten bekunden eine übertrieben sorgsame und im Sinne der schärfsten Traditionen des römischen Rechts strenge Haltung.

Wie alle Moralisten zeigen auch die «Konzilsväter» von Elvira einen ausgeprägten Hang zu allem, was die Sexualität betrifft. Ihr werden daher 31 Kanones gewidmet. Vor allem etwas verfolgen sie mit äußerster Unerbittlichkeit, sie nennen es *moechia* (lat. «Ehebruch») und meinen damit wohl jede außereheliche Liebe. Selbstverständlich nimmt man dabei an erster Stelle die Frauen «ins Visier». Das hat einen einfachen Grund, an dem sich bis heute nicht viel geändert hat: Es sind vor allem die Frauen, welche die Kirchen füllen (man achte hier darauf, daß der Begriff *ecclesia* benutzt wird, um das Gebäude und nicht die Gemeinschaft zu benennen). Der Kanon 15 läßt in dieser Hinsicht an Deutlichkeit nichts zu wünschen übrig:

> Auf jede erdenkliche Art muß verhindert werden, daß man junge Christinnen mit Heiden unter dem Vorwand verheiratet, daß sie so zahlreich seien; ausgenommen ist der Fall, daß sie – in voller Blüte stehend *(in flore tumens)* – Gefahr laufen, *moechia* zu begehen.

Die Formulierung ist großartig, sie läßt übrigens auch die Tür für Mischehen (Christen–Heiden) offen, in dem Falle, wo man die Ehemänner so einschätzen kann, daß sie kein Interesse an der Einwirkung auf die Kindererziehung haben, worauf jedoch die Kirche Anspruch erhebt. Dagegen werden Ehen mit Häretikern oder Juden (Kanon 16) und besonders mit heidnischen Priestern (Kanon 17), die sich sicher nicht so leicht gängeln lassen würden, strengstens bestraft.

Die Frauen sehen sich damit in ein enges Netz von Verboten eingezwängt, in denen beinahe alle erdenklichen Varianten verzeichnet sind:

- ein junges Mädchen schläft mit einem Mann und heiratet ihn (Kanon 14a);
- ein junges Mädchen schläft mit einem Mann und heiratet einen anderen (Kanon 14b);
- eine gottgeweihte Jungfrau verliert ihre Jungfräulichkeit (durch *moechia* oder Heirat) (Kanon 13);
- eine Frau lebt mit einem anderen als ihrem Ehemann zusammen (Kanon 64);
- eine Frau verläßt grundlos ihren Mann (Ehebruch) und schläft mit einem anderen (Kanon 8);
- eine Frau verläßt wegen Ehebruch ihren Gatten und möchte einen anderen heiraten (sie muß den Tod ihres ersten Ehegatten abwarten) (Kanon 9);
- eine Frau begeht mit Einwilligung ihres Gatten Ehebruch (Kanon 70);
- eine Witwe schläft mit einem Mann und heiratet ihn (Kanon 72 a);
- der gleiche Fall, nur diesmal heiratet sie einen anderen (Kanon 72 b);
- eine Frau möchte ihren Friseur [die Angabe ist umstritten, K.F.] heiraten oder einen femininen Typ [Eunuchen?, K.F.] mit langen Haaren (Kanon 67);
- eine verheiratete Frau bekommt ein Kind von einem anderen Mann und läßt es abtreiben (Kanon 63);
- der gleiche Fall bei einer Taufbewerberin (Kanon 68);
- eine Prostituierte, die verheiratet und noch Heidin ist, hat aber ihren Beruf aufgegeben (und kann also Christin werden) (Kanon 44).

Bei den allgemeinen Maßregelungen werden sogar die Frauen erwähnt, die zu lange auf dem Friedhof verweilen «und vorgeben zu beten»: Man verdächtigt sie, sich gräßlichen Ausschweifungen hinzugeben (Kanon 35). Und dann gibt es noch welche, die schreiben Briefe, ohne den Namen ihres Ehegatten anzugeben, oder bekommen sogar selber freundschaftliche Briefe (Kanon 81) ...

Seien wir gerecht: Ein Bestimmung bezüglich der Frauen hat sozialen Charakter; es geht um die Herrin, die ihre Bedienstete bis zu einem Grad auspeitschen läßt, daß sie daran stirbt (Kanon 5). Aber während etwa nach Kanon 72 b (s.o.) eine Witwe exkommuniziert wird, werden einer Mörderin im Falle absichtlicher Tötung nur sieben Jahre, im Falle des («versehentlichen») Totschlags nur fünf Jahre Buße auferlegt.

Nach den Frauen gilt die Sorge der Konzilsherren in zweiter Instanz dem Klerus. Dieser wird unter zwei Gesichtspunkten näherhin betrachtet: Sex und Geld!

Was den ersten Punkt anbelangt, dürfen wir davon ausgehen, daß diese Biedermänner sich wohl kaum voneinander falsche Vorstellungen gemacht haben dürften, denn die *moechia* wird sowohl den Bischöfen, wie den Priestern, Diakonen (Kanon 18) und Subdiakonen (Kanon 30) verboten. Um die schon klassisch gewordene Versuchung durch eine hübsche «Dienstmagd» im Pfarrhaus zu vermeiden, schreibt der Kanon 28 allen vor, daß sie in ihrem Hause keine anderen Vertreterinnen des weiblichen Geschlechts beherbergen dürfen als eine Schwester oder Tochter (!), unter der besonderen Bedingung, daß sie sich ganz Gott geweiht haben. Dies bedeutet allerdings nicht, daß den Klerikern verboten ist zu heiraten, denn der Kanon 65 sieht den Fall vor, daß sie ihre Frau im Falle des Ehebruchs entlassen müssen (Ehebruch seitens der Frau natürlich). Aber Kanon 33 läßt bereits die Verpflichtung zum Zölibat erkennen:

> Es ist allen Bischöfen, Priestern und Diakonen und allen Klerikern, die ein Amt innehaben, untersagt, sich ihrer Frauen zu enthalten und Kinder zu zeugen; wer es trotzdem tut, wird aus dem Klerus ausgeschlossen.

Die sonderbare grammatische Konstruktion dieses Satzes, wo eine doppelte Verneinung genau das Gegenteil von dem zu sagen scheint, was sie eigentlich ausdrücken will, dürfte Aufmerksamkeit finden. Dieser *lapsus* bei einem Thema, das für die spätere Disziplin des Klerus von entscheidender Bedeutung sein wird, offenbart eine zwar unbewußte, aber um so tiefersitzende Abwehrhaltung.

Auf der Ebene des Geldes gibt es zwei Bereiche, die Besorgnis erregen: zunächst der internationale Großhandel (Kanon 19) sowie Darlehen auf Zinsbasis (Kanon 20), die von bestimmten Klerikern aufgenommen werden müssen, wobei sie sich in gefährlicher Weise des ihrer Aufsicht unterstehenden kirchlichen Eigentums bedienen. Dann geht es noch um die mehr oder weniger freiwilligen Opfergaben *(oblata)* der Gläubigen: Die Priester dürfen solche anläßlich der Taufe nicht länger annehmen oder verlangen (Kanon 48); die Bischöfe dürfen sie bei der Eucharistiefeier nur von denjenigen in Empfang nehmen, die auch wirklich bei dieser

Feier zur Kommunion gehen (Kanon 28). Die beiden letztgenannten Kanones gilt es hervorzuheben: Denn der erste läßt eine deutliche Gegnerschaft zum «Recht der Stolgebühr» erkennen, also des Brauchs (der immer noch im Schwange ist) der Bezahlung kultischer Verrichtungen; der zweite weist darauf hin, daß man bereits zu Beginn des 4. Jahrhunderts die Praxis einzuführen beginnt, «Opfergaben» für eine Eucharistie abzuliefern, an der man selber gar nicht teilnimmt. Daraus werden sich die «Meßstipendien» entwickeln, die zu einer geläufigen Einrichtung werden, als die vom Bischof geleitete sonntägliche Eucharistiefeier der «Einzelmesse»[2] Platz macht, die von einem Priester in «besonderer Meinung» insbesondere für die «Seelen der Verstorbenen» gefeiert wird. Diese Entwicklung ist bereits im Gange, denn Kanon 34 beglaubigt im übrigen die Ehrung der Toten amtlicherseits, indem er den Brauch gutheißt, «Wachskerzen auf den Friedhöfen anzuzünden, damit die Geister der Heiligen nicht gestört werden».

Nachdem das Konzil dergestalt die strittigen Fälle für Frauen und Kleriker geregelt hat, beschäftigt es sich mit den Männern. Man wird nicht groß darüber staunen, daß es dabei ausschließlich um den Gesichtspunkt ihrer sozialen und politischen Aufgaben geht – mit Ausnahme des Ehebruchs (Kanon 47), der jedoch so gut wie geduldet wird, wenn er mit einer Jüdin oder Heidin begangen wird (Kanon 78). Der bezeichnendste Fall ist derjenige vornehmer Christen, die ein öffentliches Amt bekleiden. Bekanntlich bilden diese Ämter eine unabdingbare Verpflichtung für jeden reichen Bürger: Das System des «Euergetentums»[3] (der Wohltäterschaft) verlangt, daß jedes schwere Vermögen wenigstens teilweise in Gestalt der *munera* (Verausgabungen) – insbesondere für Gebäude und Lustbarkeiten – wieder gesellschaftlich zurückerstattet wird. Aber Schauspiele, Theater, Sportveranstaltungen und Rennen werden von den strengen Moralaposteln (ob Christen oder nicht, man siehe nur Seneca[4]) als unmoralisch und unehrenhaft eingestuft. Zirkusrennfahrer und Schauspieler müssen übrigens (nach Kanon 62) ihren Beruf aufgeben. Die Wettkämpfe im Amphitheater, wo die Gladiatoren sich gegenseitig bestialisch abmurksen, werden ganz einfach als Mordszenen eingestuft. Aber dies ist noch nicht das Schlimmste: Was die Kirchenoberen bei Christen, die das Amt des *duumvir* (oberster Beamter) oder eines «Flamen» (Priester Roms und des Augustus) bekleiden, am meisten fürchten, ist die Verpflichtung, vor den Standbildern zu opfern. Die Bischöfe wollen es jedoch nicht einfach als unvermeidlich hinnehmen, den christlichen Großbürgern völlig die Beteiligung an den Amtsgeschäften ihrer Stadt oder des Staates verbieten zu müssen, denn dies hieße, das ganze Feld den Heiden zu überlassen und jede Hoffnung auf Beeinflussung der oberen Etagen der Macht aufzugeben. Das kommt nicht in Frage! Man muß die Sache also in zwei, wenn nicht gar drei Fälle aufteilen; ein Christ, der als Flame den Götzen opfert und Spiele ausrichtet, wird endgültig exkommuniziert (Kanon 2); wer nur Spiele finanziert kann die heilige Kommunion auf dem Sterbebett empfangen *(in articulo mortis)* (Kanon 3); wer diesen beiden Amtspflichten zu entgehen weiß, wird mit nicht mehr als zwei Jahren Buße rechnen müssen (Kanon 55) ... Was die *duumviri* anbetrifft, begnügt man sich damit, ihnen während ihres Amtsjahres das Betreten der Kirche zu untersagen (Kanon 56).

Es ist immer schon diese gleiche Beunruhigung wegen der «Opfer», die auch die Kanones 40 und 41 bewegt. Der erste verbietet den Großgrundbesitzern, sich dem Brauch anzuschließen, der es den Pächtern erlaubt, einen Teil der abzuführenden Naturalabgaben in Form von Tieren zu entrichten, die den Göttern geopfert werden. Der zweite untersagt den Herren zu dulden, daß ihre Sklaven Götterstandbilder ins Haus bringen, «es sei denn sie hätten deswegen Gewalttaten der Sklaven zu befürchten ...» Diese Klausel besagt eine Menge über die Beziehungen zwischen Sklaven und Herren[5] und über den Rahmen, in dem die spanischen Kirchen ihre Mitglieder gewinnen: Das Stadtbürgertum und die Landaristokratie scheinen in ihnen zahlreicher zu sein als Sklaven und Pächter, die weiterhin *pagani* (Heiden) bleiben und noch stark zu Zauberei und Hexerei neigen (Kanon 6).

Die «religiöse Praxis» dieser gutsituierten Christen scheint sich übrigens nicht durch besondere Regelmäßigkeit ausgezeichnet zu haben, denn man muß vorgehen gegen solche, «die drei Sonntage hintereinander nicht zur Kirche gekommen sind» (Kanon 21), und gegen «Taufbewerber, die sich schon länger nicht mehr in der Kirche haben blicken lassen» (Kanon 45). In diesem Bereich erweckt ein Kanon besondere Aufmerksamkeit: Kanon 43 ermuntert dazu, «das Pfingstfest, den fünfzigsten Tag nach Ostern, zu feiern». Sollten etwa die Jünger des Montanus, die in ihrem Meister die Verkörperung des Heiligen Geistes sahen, in Spanien Anhänger gefunden haben? Jedenfalls muß man gegenüber diesen herumreisenden Christen, die, mit mehr oder weniger echten «Empfehlungsbriefen» ausgestattet, von einer Kirche zur anderen reisen, äußerst mißtrauisch sein: Der Bischof der *prima cathedra* (offensichtlich der älteste Bischofssitz der Provinz) wird beauftragt, hierüber zu wachen und die Echtheit solcher Briefe zu überprüfen (Kanon 58).

Halten wir abschließend fest, daß Kanon 36 «Malereien aus den Kirchen» verbannt. Soll man hierin eine «bilderstürmerische» Tendenz sehen, die von alten jüdischen Verboten jeder Darstellung der Gottheit und ihres Geschöpfes beeinflußt ist, oder handelt es sich eher um Nachwehen der Verfolgungszeit (die ja noch nicht so lange zurückliegt, wenn das Konzil nach Beendigung der von Diokletian zwischen 303 und 305 entfesselten fürchterlichen Verfolgung eröffnet[6] worden ist), in der die

Christen sicherlich ein Interesse daran hatten, ihre Versammlungsorte geheim zu halten?

Was an dem eindrucksvollen Verzeichnis, welches die «Väter» in Elvira angelegt haben, besonders erstaunt, ist die Art und Weise ihrer Besorgnis, deren Spuren sich bis auf den heutigen Tag, zumindest im Abendland, auch bei ihren Nachfolgern immer wieder finden. An erster Stelle kommen die Zwangsvorstellungen in Richtung Sexualität. Man sollte es vermeiden, in die gleiche Falle zu gehen wie die Mehrheit der christlichen Historiker, die ein Schauergemälde des «sittlichen Verfalls» im römischen Reich entworfen haben. Daß dem – zumindest auf Gesetzesebene – nicht so sein dürfte, kann man schon an zwei Beispielen erkennen; Ehebruch ist seit Augustus gesetzeswidrig (*lex de adulteriis coercendis,* 19 v.Chr.), und Abtreibung wird seit den Severern als *crimen extraordinarium* bestraft. Und was die Lasterkataloge angeht, von denen die christlichen Texte nur so überfließen, so erscheinen sie schon bei Vergil und allen Stoikern[7] als Gemeinplätze. Es handelt sich dabei keineswegs um soziologische Analysen; sie beanspruchen auch nicht, den wirklichen Zustand der Gesellschaft zu beschreiben, sondern dienen als Kontrast zu einem Lebensideal, das den «Weisen» vorbehalten ist bzw. durch den Mythos vom goldenen Zeitalter beeinflußt ist.

Sicherlich hat die Redeweise von der «Dekadenz» des römischen Reiches immer ihre Anhänger gehabt, weswegen die Christen auch nicht falsch lagen, wenn sie hier Argumente zu ihrer eigenen Verteidigung sammelten. Cyprian von Karthago schrieb daher im Jahre 251 an den Heiden Demetrius, der die Christen für die Übel der Zeit, vor allem aber die Pest, verantwortlich machte:

> In dieser Beziehung mußt du in erster Linie wissen, daß die Welt bereits alt geworden ist, daß sie nicht mehr in ihrer früheren Kraft steht und sich nicht mehr derselben Frische und Stärke erfreut, in der sie ehemals prangte. Auch wenn wir schweigen und keine Belege aus den heiligen Schriften und den göttlichen Verkündigungen beibringen, so redet schon die Welt selbst eine deutliche Sprache, und sie bezeugt ihren eigenen Untergang durch den sittlichen Verfall aller Dinge.
>
> Nicht mehr reicht im Winter des Regens Fülle aus, um die Samen zu nähren, nicht mehr stellt sich im Sommer die gewohnte Hitze ein, um das Getreide zur Reife zu bringen, nicht mehr kann sich der Frühling seiner früheren Milde rühmen, und auch der Herbst spendet uns die Früchte der Bäume nicht mehr in so reicher Menge. Weniger wird aus den durchwühlten und erschöpften Bergen an Marmorplatten gewonnen, weniger Schätze an Silber und Gold liefern die bereits ausgebeuteten Bergwerke, und die ärmlichen Adern versiegen noch mehr von Tag zu Tag. Mehr und mehr erlahmt und ermattet auf den Fluren der Landmann, auf dem Meere der Schiffer, im Felde der Soldat; es schwindet die Uneigennützigkeit auf dem Markte, die Gerechtigkeit vor Ge-

richt, in der Freundschaft die Eintracht, in den Künsten die Fertigkeit, in den Sitten die Zucht ...
Den Christen legst du es zur Last, daß mit dem zunehmenden Alter der Welt das einzelne dahinschwindet? ... Denn all das geschieht nicht etwa, wie deine falsche Klage und deine der Wahrheit bare Unwissenheit mit Geschrei verkündet, aus dem Grunde, weil eure Götter bei uns keine Verehrung finden, sondern umgekehrt, weil der eine Gott von euch nicht verehrt wird.[8]

Es ist das ewig gleiche Lied der Reaktionäre: Auf Höhepunkte wartet man vergebens, alles wird einem verleidet, die Welt ist nicht mehr das, was sie schon einmal war ... Bezüglich des Begriffs der «Dekadenz» des Imperiums ist anzumerken, daß er heute von den Historikern stark in Zweifel gezogen wird.[9]

Die Angst vor der Geschlechtlichkeit entspringt sicherlich nicht einer Gegenhaltung, hervorgerufen durch die «Woge der Unsterblichkeit», welche die Gesellschaft überflutet haben könnte. Viel tiefgreifender noch geht sie auf Rechnung eines radikalen Pessimismus, den wir sogar schon bei Irenäus von Lyon[10] selber am Werk gesehen haben, den man ja nicht gerade verdächtigen kann, die Inkarnation geringzuschätzen. Ganz im Gegensatz zu dem unversehrten heiteren und vortrefflichen Bild, das die Evangelien von Jesus und den Menschen im allgemeinen zeichnen, scheint die vorherrschende christliche Tradition hartnäckig die Herabminderung des menschlichen Lebens zu betreiben, insofern es etwas mit dem Körper zu tun hat. Für viele Christen wie für die Manichäer[11] sind die Sinne des Menschen nichts anderes als Gelegenheiten zur Sünde. Freude und Vergnügen scheinen aus ihrem Dasein verbannt. Diese Wörter kommen im theologischen Wortschatz nur vor, um die Glückseligkeit des Jenseits zu benennen, verglichen mit dem die gewöhnlichen Dinge des Alltags automatisch minderwertig erscheinen.

Aber die Kanones des Konzils von Elvira zeigen auch, wie diese Verachtung der Sexualität der Machtausübung des Klerus förderlich ist. Die Kleriker, teilweise auch aus ökonomischen Gründen als eine abgegrenzte Gruppe von (angeblich durch die sie umgebende Unreinheit überhaupt nicht in Mitleidenschaft gezogenen) Zölibatären konstituiert, werden dieses «Höhergestelltsein» als Vorwand benutzen zur Sicherung ihrer Autorität in den Familien; dabei spielen sie ihren Einfluß auf die Frauen aus, um die Ehemänner zu lenken, deren gesellschaftliche Verantwortlichkeiten sie wiederum nutzen, um auf die Politik einzuwirken.

Damit hängt ein ganzes Kirchenverständnis zusammen. Es wird im 19. Jahrhundert seinen Höhepunkt erleben, als Papst Pius IX., nachdem er schon das Dogma von der Unbefleckten Empfängnis der Jungfrau Maria (8. Dezember 1854) verkündet hatte, auch noch Druck auf die

Konzilsväter des I. Vatikanum ausübt, auf daß sie der Erklärung der Unfehlbarkeit des Papstes zustimmen (18. Juli 1870).

Die spanischen Bischöfe schauten noch nicht so weit voraus und hatten auch nicht vor, das Gebiet der «Kirchenzucht» zu verlassen. Aber sie hatten völlig begriffen, daß Sex, Geld und Macht zusammenhängen. Es geht immer um die Verbindungen zwischen den Körpern und den Arten von Beziehungen, die sie zueinander unterhalten können: Abhängigkeit oder Wechselbeziehung? Die Bischöfe würden das sicher nicht so gesagt haben, denn ihre Theologie bestand genau darin, es zu verbergen. Aber es ist doch sicher kein Zufall, daß dieses Disziplinarkonzil gerade über all das spricht, was die Dogmen als scheinbar nicht der Rede wert hinstellen wollen. Aber wie der Lapsus im Kanon 33 über die Verpflichtung der Kleriker zur Enthaltsamkeit beweist, versucht man hier genau das krampfhaft zu unterdrücken, was unser Verhalten prägt.

28. Sequenz:
Antonius, der Vater der Mönche, um das Jahr 305

Werde ich zu mir selber finden?

In der kleinen Stadt Oxyrhynchos begibt sich um das Jahr 300 eine Person in den Tempel einer der Lokalgottheiten, um das Orakel zu befragen. Sie hat sich die Fragen, die sie stellen will, aufgeschrieben. Hier sind sie[1]:

– Werde ich Unterstützung bekommen?
– Werde ich ein gutes Geschäft machen?
– Werde ich Geld erhalten?
– Werden meine Besitztümer versteigert werden?
– Werde ich verkauft werden?
– Werde ich zum Bettler werden?
– Werde ich zur Flucht gezwungen sein?
– Wird meine Flucht ein Ende haben?
– Werde ich Mitglied des Stadtrates werden?
– Werde ich mich von meiner Frau scheiden lassen?
– Bin ich vergiftet worden?
– Werde ich zu mir selber finden?

Gerne wüßte man, wie der Gott es angefangen hat, die ungeheure Daseinsangst, die aus dieser in bizarrer Weise uneinheitlichen Liste spricht, zu vertreiben... Welche Verunsicherung, welche panische Angst vor der Zukunft! Dieser bedauernswerte Mensch ist kein Einzelfall: Dutzende von Papyri bezeugen, wie schwierig am Ausgang des 3. Jahrhunderts das Leben in Ägypten war.[2] Man kann beobachten, wie das Ödland immer mehr zunimmt, Bewässerungskanäle nicht mehr gewartet werden und Häuser verfallen. Die Anarchie bei der militärischen Führung des Reiches hat Aufstandsbewegungen und Einfälle (Äthiopier im Süden, libysche Nomaden im Westen) begünstigt; eine Zeitlang hat Ägypten sogar Zenobia, der Königin von Palmyra, gehört. Die Zurückeroberung durch die Römer war begleitet von Vergeltungsmaßnahmen und schweren Zerstörungen. Die militärischen Beschlagnahmungen, die noch zu den Abgaben, Auflagen, Steuern, Frondiensten und vielen Zinsen hinzukamen, machten den kleinen bäuerlichen Betrieben das Überleben äußerst schwer. Wie für den Mann aus Oxyrhynchos gibt es auch für sie alle nur noch eine Lösung: fliehen, in den Busch gehen. Das nennt man *Anacho-*

8. Antonius, der Vater der Mönche, 305
   romanartige Heiligenlegenden
   und die Anfänge der Klostergründungen

rese (Zurückgezogenheit). Einige werden Bettler, andere Räuber. Um letztere zu verfolgen, hebt man dörfliche Milizen aus. Zum Beispiel[3]:

> Das Dorf Soknopaios. An die unten genannten Fahnder nach Räubern ergeht die Aufforderung, sich unverzüglich bei der Dorfobrigkeit zu melden, um die gesuchten Übeltäter zu verfolgen. Andernfalls werden sie selber festgenommen und dem allererhabensten Präfekten vorgeführt. (Es folgen einige ägyptische Namen, einer davon lautet: Paemmis, Mechaniker, *mechanarios*).

Aber die Anachorese nimmt bisweilen auch andere Formen an und kann auch andere Beweggründe haben. So beherbergt um 305 die Wüstenregion um das Nildelta eine Gruppe christlicher Einsiedler, die sich um einen gewissen Antonius geschart haben. Er ist Fellache und halber Analphabet, geboren um 251 in Koma südlich von Memphis. Mit 20 Jahren wurde er in der Kirche seines Dorfes plötzlich bei der Bibellektüre von einer allerdings bekannten Stelle des Evangeliums ergriffen, der Aufforderung Jesu an den reichen Jüngling: «Geh, verkaufe alles, was du hast, und komm und folge mir nach!» Es schlug wie ein Blitz bei ihm ein. Die Formulierung, die er so oft gehört hatte, klang ihm in den Ohren wie eine persönliche Einladung, eine Berufung. Die anpassungsfähigen Interpretationen eines Klemens von Alexandrien waren in Koma offensichtlich nicht im Schwange. Antonius nahm einfach das Evangelium im wörtlichen Sinne ernst. Er verkaufte das wenige von seinen Eltern hinterlassene Land, brachte seine Schwester bei frommen Frauen unter und zog sich zu einem alten Meister der Seelenführung zurück, nahm an dessen Gebetszeiten teil, ebenso an seiner Handarbeit (wahrscheinlich Körbeflechten) und am dauernden Rezitieren der ins Koptische übersetzten Heiligen Schrift, wodurch er sie nach und nach auswendig lernte. Ende zwanzig zog er sich dann noch etwas weiter zurück, nämlich in die Ruinen eines verlassenen römischen Kastells.

Hier ist er nun allein (*monos*; woraus man «Mönch» ableiten wird). Aber man ist nie mit sich allein. Vielmehr deckt die Einsamkeit sehr schnell die Widersprüche in der Persönlichkeit eines Menschen auf, schürt das Feuer gegensätzlicher Begierden und tut die Abgründe auf, die jeder in sich trägt. Während er der Welt, ihren Verlockungen und Eitelkeiten entflohen ist, sieht sich der Mönch plötzlich dem Widerstreit seiner Leidenschaften ausgesetzt. Hier hat die «Askese» ihren Ursprung, das alte sportliche Training der Griechen, das dem Zweck diente, den Körper, aber auch Geist und Herz in Zucht zu halten, um dadurch die innere Einheit zu gewinnen (das war das Projekt eines Plotin). Paradoxerweise zieht diese Art von Einsamkeit die Massen an. Da sich ihm zahlreiche Schüler angeschlossen haben, er aber auch durch unerwünschte Neugierige belästigt wird, muß sich Antonius noch tiefer in die Wüste eingraben, in die Berge von Kolzim nahe am Roten Meer. Eine

Quelle, zwei oder drei Palmen, ein Streifen fruchtbarer Erde für seinen Salat, was will man mehr verlangen? Seinen Schülern gestattet er, ihn einmal im Monat zu besuchen. Sie bringen ihm Oliven mit ... Bei zwei Anlässen wird der Einsiedler jedoch seine Zurückgezogenheit durchbrechen: einmal, um den Durchhaltewillen der Märtyrer von Alexandrien in der Verfolgung unter Diokletian zu stärken; das andere Mal, um Bischof Athanasius auf dem Höhepunkt der arianischen Krise zu unterstützen.[4] Am 13. Juni 356 stirbt Antonius im Alter von 105 Jahren. Er hat noch alle seine Zähne und vermacht seinen Mantel seinem Freund Athanasius, der ihn ihm einst auch geschenkt hatte.

Die Legende vom heiligen Antonius wird zu einem Verkaufsschlager für den Buchhandel werden. Denn seine von Athanasius um 360 in Griechisch verfaßte, aber bald in Latein übersetzte Lebensgeschichte ist ein richtiger Roman.

Die Zeiten sind geeignet dafür, das stimmt. Überall schießen romanartige Erzählungen aus dem Boden, «so als ob der Roman nur entstehen und gedeihen könne in einer Gesellschaft, die vom Zerfall bedroht ist, wo dann auch plötzlich dem Individuum ein Wert beigemessen wird, den bis dahin nur die Imperative der Gesamtgruppe beanspruchen konnten»[5].

Zur gleichen Zeit wie die urwüchsigen «Metamorphosen oder der goldene Esel» von Apulejus erscheint auch der entzückende bukolische Roman «Daphnis und Chloe» (genauer: «Hirtengedicht von Daphnis und Chloe») von Longus. Ebenfalls um 150 herum erzählt Chariton von Aphrodisias «Die Abenteuer von Chaireas und Kallirrhoe». Zu Ehren von Julia Domna, der Mutter des Caracalla (also um 230) beschreibt Philostratos das sehr wundersame «Leben des Apollonios von Tyana», während Xenophon von Ephesus den Liebesroman von Antheia und Abrokomes, kurz «Ephesiaka» genannt, verfaßt und Heliodoros von Emesa seine «Aithiopika», die Geschichte der äthiopischen Königstochter Charikleia und ihres Geliebten Theagenes, veröffentlicht. Später wird der Bischof Achilleus Tatios (aus Alexandrien) die älteren «Abenteuer von Leukippe und Kleitophon» in einen Lobgesang auf die Keuschheit umschreiben.

All diese Geschichten quillen über von schicksalhaften Begebenheiten: von Fahrten, Stürmen, Schiffbrüchen, Räubern, Entführungen, Fehlgriffen, Wiedersehensfeiern, verlorenen und wiedergewonnenen Reichtümern, durchkreuzten Liebesplänen, geglückten Träumen ... Die Helden und Heldinnen dieser Geschichten sind immer jung, schön und reich, müssen sich immer mit streitsüchtigen «Dämonen» herumschlagen und überstehen doch all diese Feuerproben nur, um einander schließlich in die Arme zu sinken; die Metaphorik von Eros und Psyche, Liebe und Seele wird somit unaufhörlich erneuert. Aufs Ganze gesehen faßt Athanasius sein «Leben des heiligen Antonius» genau nach diesem Schema ab. Die erbaulichen Begebenheiten in der Kindheit des Helden kündigen bereits dessen außergewöhnliche Bestimmung an[6]:

> Antonius war ein Ägypter und stammte von edlen Eltern ab, die ein auskömmliches Vermögen besaßen; da sie selbst Christen waren, wurde auch er christlich erzogen. Als Kind wuchs er bei den Eltern auf und kannte nichts anderes als sie und das elterliche Haus. Als er aber zum Knaben heranwuchs und in ein reiferes Alter kam, da wollte er vom Unterricht im Lesen und Schreiben nichts wissen; denn er wünschte sich fernzuhalten vom Verkehr mit den anderen Kindern. Seine ganze Sehnsucht war darauf gerichtet, wie von Jakob geschrieben steht, daß er in Einfalt wohne in seinem Hause. Er besuchte jedoch mit seinen Eltern die Kirche; dabei aber war er nicht, wie Kinder pflegen, ausgelassen oder ein Verächter, wie das bei Erwachsenen der Fall ist. Nein, er war gehorsam den Eltern und merkte auf die Lesungen, um ihren Nutzen in sich zu bewahren. Er, der als Kind in mäßigen Verhältnissen lebte, fiel seinen Eltern auch nicht lästig wegen einer mannigfaltigen und reichlichen Kost; er suchte darin gar keine Ergötzung, sondern ließ sich an dem genügen, was er vorfand, und verlangte nichts weiter.

Als Waisenkind wird Antonius nicht etwa von Räubern verschleppt, sondern unvermittelt durch den Ruf Christi getroffen:

> In solchen Gedanken betrat er das Gotteshaus, und es fügte sich, daß gerade das Evangelium vorgelesen wurde, und er hörte, wie der Herr zum Reichen sprach: «Wenn du vollkommen werden willst, wohlan, verkaufe all deine Habe, gibt den Erlös den Armen, komm und folge mir nach, und du wirst einen Schatz im Himmel haben.» Dem Antonius aber war es, wie wenn ihm von Gott die Erinnerung an diese Heiligen geworden sei und als ob um seinetwillen jene Lesung der Schriftstelle geschehen; er ging sogleich aus der Kirche und schenkte seine Besitzungen, die er von den Vorfahren hatte, den Einwohnern des heimatlichen Ortes: es waren dreihundert Hufen, fruchtbar und sehr schön; denn er wollte nicht, daß sie auch nur im geringsten ihm und seiner Schwester lästig fielen. Seine gesamte übrige bewegliche Habe verkaufte er und brachte so ein schönes Stück Geld zusammen; dies gab er den Armen und legte nur eine geringe Summe mit Rücksicht auf seine Schwester beiseite.
>
> Wieder besuchte er die Kirche und hörte im Evangelium den Herrn sprechen: «Sorget euch nicht um das Morgen»; da brachte er es nicht über sich, länger zu warten, sondern er ging hinaus und gab den Rest den Bedürftigen. Die Schwester vertraute er bekannten, zuverlässigen Jungfrauen an und brachte sie in einem Jungfrauenhaus zur Erziehung unter; er selbst widmete sich von nun an vor seinem Hause der Askese, hatte acht auf sich und hielt sich strenge.

Hören damit die Abenteuer auf? Keine Irrfahrten mehr, keine Stürme, kein Schiffbruch? Aber im Gegenteil! Wie es ja schon Plotin (und auch Athanasius) wußte, ist die Odyssee zuerst einmal eine innere Reise, wo ebenfalls die Hindernisse nicht fehlen. Die das Herz des Helden umtreibenden widersprüchlichen Bestrebungen werden auf ebensoviele Dämonen abgebildet, die immer auf der Lauer liegen und erfindungsreich genug sind, um in der Einsamkeit jene tausend Gefahren wieder wachzurufen, denen ihr Opfer hatte entfliehen wollen:

> Der Teufel aber, voll Haß und Neid gegen das Gute, konnte es nicht ertragen, einen so standhaften Vorsatz in einem so jungen Menschen zu sehen. Was er schon früher ausgeführt hatte, das versuchte er auch gegen diesen. Zuerst machte er sich daran, ihn von der Askese abspenstig zu machen, indem er die Erinnerung an seinen Besitz in ihm wachrief, die Sorge für seine Schwester, den Verkehr mit seiner Verwandtschaft, Geldgier und Ehrgeiz, die mannigfaltige Lust des Gaumens und all die anderen Freuden des Lebens, indem er ihm endlich vorstellte, wie rauh die Tugendübung sei und wie groß die Anstrengung dabei; er wies ihn hin auf die Schwachheit des Leibes und die Länge der Zeit. Mit einem Worte, er erregte einen gewaltigen Sturm von Gedanken in seinem Innern, da er ihn von seinem guten Vorsatz abbringen wollte.
>
> Als aber der böse Feind seine Schwäche gegenüber dem festen Entschluß des Antonius sah, ja als er merkte, wie er niedergerungen wurde durch seine Festigkeit, zur Flucht gezwungen durch seinen starken Glauben und niedergeworfen durch sein beständiges Gebet, da setzte er sein Vertrauen auf die Waffen «am Nabel seines Bauches», und voll Stolz darauf – denn es sind seine ersten Fallstricke für Jünglinge –, stürmte er heran gegen ihn, den Jüngling; er bedrängte ihn nachts und setzte ihm am Tage so zu, daß auch die, welche den Antonius sahen, den Zweikampf zwischen ihm und dem Teufel bemerkten. Der Teufel gab ihm schmutzige Gedanken ein, Antonius verscheuchte sie durch sein Gebet; jener stachelte ihn an, er aber, gleichsam errötend, schirmte seinen Leib durch den Glauben, durch Gebet und Fasten. Der arme Teufel ließ sich sogar herbei, ihm nachts als Weib zu erscheinen und alles mögliche nachzumachen, nur um den Antonius zu verführen. Dieser aber dachte an Christus und den durch ihn erlangten Adel der Seele, an ihre geistige Art, und erstickte die glühende Kohle seines Wahnes. Dann wieder stellte ihm der böse Feind die Annehmlichkeit der Lust vor, er aber, voll Zorn und Schmerz, erwog bei sich die Drohung des ewigen Feuers und die Plage des Wurmes; dies hielt er ihm entgegen und ging aus den Versuchungen unversehrt hervor.

Die berühmte «Versuchung des heiligen Antonius», damit haben wir einen Roman im Urzustand. Was gibt es in der Tat Romanhafteres, als den menschlichen Leidenschaften Gesicht und Ausdruck zu verleihen? Was gibt es für einen Leser Fesselnderes als diese geheimnisvolle Tiefe der Seele, wo sich nur allzuviele «Größen» ein Stelldichein geben, deren Anziehungskraft und Gefahren wir selber nur allzugut kennen: Ehrgeiz, Habsucht, Schlemmerei, Hemmungslosigkeit? Wohlgemerkt aber kann dieses Verfahren nur Erfolg haben, wenn der Leser an Dämonen glaubt. Damals glaubte jeder daran.[7] Gute und böse Geister, gute und schlechte Genien, Gespenster, Engel, Schutzgottheiten (Laren), Faune, Pane, Satyre, Waldgeister und Nymphen bevölkern jeden Winkel der

Alltagswelt. Astrologie, Magie und Wahrsagerei geben vor, sie mehr oder weniger zähmen oder doch beschwören zu können.

Für die Christen ist die Sache klar: Die Dämonen sind nur Schein, eine scheinbare Wirklichkeit, die aber von der Wahrheit als solcher, angerufen durch ein Kreuzzeichen oder einen Vers der Heiligen Schrift, jederzeit ins Nichts zurückgeschleudert werden können. Bezeichnend in dieser Hinsicht ist die Art, wie die romanartige Biographie des großen Bischofs von Karthago, das um 360 verfaßte «Bekenntnis des heiligen Cyprian», das Wesen des Teufels erklärt[8]:

> Glaubt meinen Worten, ich habe den Teufel selber gesehen ... Sein Äußeres glich einer Blume aus Gold, besetzt mit kostbaren Steinen ... Um seinen Thron stand ein äußerst umfangreicher Hofstaat aus Dämonen der verschiedenen Rangordnungen ... Von allen Pflanzen und Geschöpfen des Herrn hat er sich ähnliche Abbilder gemacht, um sich zur Kriegsführung gegen Gott und seine Engel vorzubereiten. Mit deren Hilfe scheint er die Menschen in die Irre führen zu können, obwohl doch in Wirklichkeit nichts daran ist, was standhält ...
> Ich werde euch sagen, aus welchem Stoff diese Schattenwesen gemacht sind: Sie haben keinen anderen Ursprung als in den Opfern. Denn so kommen ihnen, getragen vom Rauch der Opfergaben, Emanationen zu; sie umhüllen sich mit der Wolle, dem Linnen, den Stoffen, den Behängen, den Vorrichtungen und Werkzeugen im Tempel und bedienen sich der Schatten dieser Dinge, um sich eine Form zu geben.

Aber Antonius weiß sehr gut, daß diese Trugbilder auch eine andere Quelle haben: die eigene Person, deren Herz noch nicht hinreichend gereinigt ist. Von daher erklären sich auch die «Bußübungen», denen er sich unterwirft, das Fasten, die Nachtwachen und Kasteiungen, die alle nur Mittel zum gleichen Zweck sind: dem inneren Frieden. Als Antonius nach 20 Jahren völliger Zurückgezogenheit das erste Mal wieder die Verschanzung des Kastells verläßt, erwarten seine früheren Mitbewohner, daß ihnen ein abgemagerter Besessener mit flammenden Augen entgegentritt:

> Wie ihn nun jene sahen, da wunderten sie sich, daß sein Leib das gleiche Aussehen hatte wie vorher, daß er nicht aufgedunsen war wie der eines Menschen, der ohne alle Bewegung gelebt hatte, daß er keine Spuren von dem Fasten und Kampf mit den Dämonen zeigte; denn er sah so aus, wie sie es auch von der Zeit wußten, ehe er sich in die Einsamkeit zurückgezogen hatte. Die Verfassung seines Inneren aber war rein; denn weder war er durch den Mißmut grämlich geworden noch in seiner Freude ausgelassen, auch hatte er nicht zu kämpfen mit Lachen oder Schüchternheit; denn der Anblick der großen Menge brachte ihn nicht in Verwirrung, man merkte aber auch nichts von Freude darüber, daß er von so vielen begrüßt wurde. Er war vielmehr ganz Ebenmaß, gleichsam geleitet von seiner weisen Überlegung und sicher in seiner eigentümlichen Art.[9]

Weise Überlegung! Man sieht, daß Athanasius Alexandriner und ein Schüler des Klemens und des Origenes ist. Sein «Leben des heiligen Antonius» stellt im Grunde ein Porträt des christlichen Weisen dar, der durch die Askese dahin geführt wird, dem Christus Logos immer ähnlicher zu werden.

Nicht alle Anachoreten (es wimmelt bald nur so von ihnen) wissen immer dieses Maß zu wahren. Richtige Wettbewerbe werden sich herausbilden, wozu man die verblüffendsten «Heldentaten der Buße»[10] erfinden wird, bis hin zu Simeon dem Säulensteher, der 37 Jahre lang auf seiner Säule blieb... Einige werden auf diesem Weg geradezu verrückt, wie z.B. jener Heron, der nach strengem Fasten in so unbändiger Weise außer sich gerät, daß man ihn fesseln muß. Als er sich wieder beruhigt hat, stürzt er sich in die gegenteiligen Übertreibungen, besucht Kabarette und Pferderennen und lebt mit einer Schauspielerin zusammen (was für Bischof Palladios, der diese Ereignisse berichtet, den Gipfel der Abscheulichkeit darstellt[11]). Gott sei Dank wacht die Vorsehung: Heron wird aus dieser unstatthaften sexuellen Beziehung durch ein Karfunkel am Zeugeglied errettet...

Ein weiterer traditioneller Bestandteil der romanartigen Heiligenlegenden ist das wunderbare Zusammenwohnen von Einsiedlern und wilden Tieren. Da die Leser der Lebensbeschreibungen der heiligen Mönche daran gewöhnt waren, in den Arenen Löwen, Bären und Hyänen vorgeführt zu bekommen, die mit Bedacht darauf abgerichtet waren, ihren Raubtierinstinkten freien Lauf zu lassen, mußten sie umso verblüffter sein, nun zu sehen, wie sie unter den Händen der «Wettkämpfer der Askese» fromm wie die Lämmer wurden. Wie später bei Franziskus und dem Wolf von Gubbio so ist auch hier der erste Zweck dieser paradiesischen Visionen, über die gegenseitige Übereinstimmung aller Geschöpfe eine innere Aussöhnung und den Frieden des Herzens zu beschwören, dessen ansteckende Wirkungen gar nicht anders als sich ringsum ausbreiten können. Aus dem Strauß dieser entzückenden *fioretti* (Blümchen) wollen wir die Anekdote vom heiligen Makarios[12] herausgreifen: Während er betete, kam eine Hyäne und knabberte ihm an den Füßen, dann zog sie ihn an seinem Umhang. Er folgt ihr zu ihrem Schlupfwinkel und findet ihre Jungen, die blind sind. Er betet und heilt sie. Zum Dank schleppt ihm die Hyäne das Fell eines riesigen Widders herbei, woraus sich der heilige Mann eine Decke macht, die von seinen Mitbrüdern ehrfurchtsvoll aufbewahrt wird...

Die Ausstrahlung der Mönche erreicht aber nicht nur die wilden Tiere. Noch zu Lebzeiten des Antonius nimmt die Zahl der Anachoreten, vor allem mit Hilfe des Makarios, in Ägypten zu. Ein ehemaliger Zenturio, Pachomius, gründet Gruppen, die zusammen nach einer gemeinsamen Regel leben *(koinos bios, vita communis)* und Obere haben. Bei seinem Tod im Jahre 356 hinterläßt er neun Männerklöster und zwei Frauenklöster. In Palästina, in Syrien und in Kappadozien wimmelt es nur so von Klöstern.[13] Dann erreicht die Welle auch das Abendland. Athanasius, der im Jahre 336 nach Trier verbannt wurde, macht seinen Freund Antonius bekannt, dessen Leben er später beschreiben wird. Die lateinische Übersetzung dieser Schrift (s.o.) wird bald in die Hauptstadt des Reiches gelangen, wo junge höhere Beamte, Freunde von Augustinus, sie mit Entzücken um 380 herum entdecken werden.[14] Währenddessen läßt sich Martinus (der «heilige Martin») in Ligugé nieder, Honoratus in Lérins, Cassianus in Marseille ... In dem Augenblick, wo das Christentum Staatsreligion wird und damit auch in die Gefahr gerät, seinem eigenen Triumph zu erliegen, halten die Möche jene grundsätzliche Unruhe des Antonius und seiner Schüler wach, die auch in der Frage des Mannes aus Oxyrhynchos anklingt: «Werde ich zu mir selber finden?»

29. Sequenz:
Konstantin und das christliche Imperium, im Jahre 313

Ich bin der Bischof für die
äußeren Angelegenheiten

Macht teilt sich nicht. Am allerwenigsten sind diejenigen, die sie innehaben, geneigt, sie zu teilen. Auch die von Diokletian eingerichtete Tetrarchie war immer von ihm beherrscht. Als daher dieser alte illyrische Soldat nach 20 Jahren Herrschaft im Jahre 305 beschließt, sich in seinen prächtigen Palast nach Split zurückzuziehen, bricht das von ihm eingeführte System sogleich zusammen.[1] Man muß zugeben, daß es aber auch reichlich kompliziert war: Zwei Herrscher mit dem Titel «Augustus» wurden assistiert von zwei Männern mit dem Titel «Caesar» (zwei Mitkaiser), die wiederum den ersteren automatisch nachfolgten und dann wieder ihrerseits zwei neue Anwärter mit dem Titel «Caesar» benennen mußten ... Aber der zweite «Augustus», Maximinian, sträubt sich dagegen, sich zur gleichen Zeit wie Diokletian vorzeitig zur Ruhe zu setzen. Und die beiden neuen «Augusti», Galerius und Constantius Chlorus, sinnen nur darauf, sich gegenseitig auszuschalten. Schließlich bekommen die Söhne von Maximinian, Maxentius, und von Constantius Chlorus, Konstantin, einen Tobsuchtsanfall, als sie bei der Benennung der beiden neuen «Caesaren» zugunsten von Maximinus Daia und Flavius Severus übergangen werden.

Damit werden viele Konkurrenten um die Macht geschaffen, die jeder aber letztlich allein ausüben möchte. Bei den entstehenden Machtbündnissen wird es daher darum gehen, die richtigen Partner zu wählen und von sich aus alles beiseite zu lassen, was Spaltungen hervorrufen könnte. Das erste Mal in ihrer Geschichte (nicht das letzte Mal ...) befinden sich die christlichen Kirchen in einer Situation, wo sie das Züngelein an der Waage spielen können.

Zum Zeitpunkt selber würde es sicher kein Christ gewagt haben, eine solche Diagnose zu stellen. Denn nach 19 Jahren Toleranz, die es ihnen auch gestattet hatte, überall geräumige Gebäude zu errichten, war im Jahre 303 über sie die schrecklichste aller Verfolgungen hereingebrochen: Kirchengebäude wurden zerstört, die heiligen Bücher beschlagnahmt, der Klerus eingekerkert und das Kaiseropfer unter Todesstrafe verpflichtend gemacht. Besonders im Osten wüten Galerius und Maximinus Daia gegen die zahlreichen, begüterten und einflußreichen Gemeinden. Im Abendland dagegen werden die Erlasse kaum durchgeführt, was besonders für Gallien zutrifft, wofür wiederum Constantius Chlorus zuständig ist.

M. Flavius Constantius, genannt «Chlorus» (der «Gründliche») ist trotzdem kein glühender Anhänger des Christentums. Als illyrischer Offizier und Schwiegersohn des Maximinian hing er wie viele Soldaten dem Sonnenkult des Apollo *Sol invictus*[2] («die unbesiegbare Sonne») an, der in Rom einen Tempel hatte, seitdem Aurelian diesen Kult im Jahre 274 aus Palmyra mitgebracht und eingeführt hatte. Die Astrologiewelle begünstigt den Erfolg dieser Art von Monotheismus, der alle Gottheiten unter den Schutz jenes Gestirns stellt, das die Zeitzyklen und die Entwicklungsphasen der Welt bestimmt. Das Fest des *Sol invictus* fällt auf den 25. Dezember. Vielleicht hat Constantius Chlorus in dieser angenehmen, aber auch etwas verschwommenen Ideologie Gründe entdeckt, um sich gegenüber den Christen tolerant zu erweisen. Auf jeden Fall wird sein Sohn aus dieser Haltung Vorteil ziehen.

Als Constantius Chlorus plötzlich in York am 25. Juli 306 stirbt, läßt sich Konstantin unverzüglich von den Soldaten zum Kaiser ausrufen. Im Gegenzug legt sich Maxentius, der Sohn des Maximinian, in Rom den Purpur an, und sein Vater gibt den erzwungenen Ruhestand auf und eilt an seine Seite. Severus wird bei einer Schlägerei getötet. Galerius fordert voller Wut Diokletian auf einzugreifen. Im Jahre 308 zwingt dieser Maximinian erneut sich zurückzuziehen, unterstützt Galerius und Maximinus Daia im Osten, läßt Konstantin im Westen gelten, setzt ihm aber zusätzlich Licinius, eine Kreatur des Galerius, als Mitkaiser in den Pelz. Tatsächlich bleibt die Lage weiterhin ungeklärt; wenn man genau nachzählt, gibt es nun sieben Kaiser: Im Osten Galerius und Maximinus Daia; im Westen Licinius und Konstantin, aber auch Maxentius und sein Vater Maximinian sowie noch Alexander, der in Afrika eine Abtrennung herbeigeführt hat. Aber dann vereinfacht sich die Sache zusehends: Maximinian, der von Konstantin in Marseille belagert wird, tötet sich selbst im Januar 310; Maxentius besiegt und tötet 311 Alexander in Afrika; im Mai 311 stirbt Galerius an Krebs. Also bleiben übrig: Licinius und Maximinus Daia im Osten; Konstantin und Maxentius im Westen.

Konstantin ist wie sein Vater ein Verehrer des *Sol invictus*. Schon seit seiner Heirat im Jahre 307 mahnte ihn die zum gegebenen Anlaß gehaltene Rede daran, daß Constantius Chlorus zwar am Ende der Welt, in Britannien, sterben, aber am nächtlichen Lauf der Sonne teilnehmen und mit ihr im östlichen Zenit wieder auftauchen würde.[3] Im Sommer des Jahres 310 beweist Konstantin, wie geschickt er sich dieser Astralideologie zu bedienen weiß. Auf der Durchreise macht er in den Vogesen beim Tempel des Apollo Grannus (im heutigen Grand) halt und wird dort einer Vision teilhaftig[4]: Apollo, begleitet von der Göttin des Sieges, verleiht ihm einen Lorbeerkranz, der die Ziffer XXX enthält. Tagtraum, Machwerk der gallischen Priester, sorgsam vorbereitete Inszenierung? Es kommt nicht mehr darauf an.[5] Wesentlich ist, daß es nichts zu deuteln gibt: Konstantin sieht sich von ganz oben 30 Jahre Herrschaft zugesichert.

Bald wird er seine Propagandakunst unter Beweis stellen, indem er eine weitere Geschichte von einer Erscheinung in Umlauf bringt. Diesmal aber eine christliche. Zwischenzeitlich hat sich Konstantin beim Streben nach Popularität von Licinius überholen lassen. Diesem ist es nämlich gelungen, dem sterbenden Galerius die Unterschrift unter ein Toleranzedikt für die Christen (30. April 311) abzunötigen. Die Gründe dafür sind sehr bezeichnend[6]: Denn da diese Leute «ein solcher Eigenwille erfaßt hatte» und da sie auch «sehr viele» waren, «haben wir ... diese unsere bereitwilligste Nachsicht auch auf die Christen ausdehnen zu müssen geglaubt», deren Aufgabe es sein wird, «zu ihrem Gott zu beten für unsere Wohlfahrt», nachdem sie ihre Versammlungsstätten wieder haben herstellen dürfen. Damit ist das Christentum im Osten «amtlich anerkannt» und Licinius hat den Rücken frei.

Vor dem endgültigen Zusammenstoß, der sich zwischen Licinius und Konstantin abzeichnet, muß jeder zuerst noch einen Rivalen aus dem Feld räumen. Im Osten sind die Dinge 313 bereinigt: Maximinus Daia wird besiegt und begeht Selbstmord. Im Westen sichert sich Konstantin zunächst alle Chancen, bevor er sich mit Maxentius mißt, der Italien und Rom innehat, welche ja für die Macht im Imperium und der Kirche die ausschlaggebende symbolische Bedeutung haben. Was hat sich wohl am 28. Oktober 312 in der berühmten Schlacht an der Milvischen Brücke in der Nähe Roms wirklich ereignet? Was war das genau für ein Zeichen, das Konstantin im Traum erblickte und auf den Schildern seiner Soldaten anbringen ließ? Waren es die drei X aus der Verheißung des *Sol invictus*, oder war es das «Christuszeichen», welches man durch Ineinanderschieben der beiden ersten griechischen Buchstaben von *Christos*, X und P, bildete? Bald schon nahm sich die Legende der Sache an. Im folgenden geben wir die älteste Darstellung wieder, welche Laktanz zwei Jahre nach dem Ereignis verfaßt hat:

> Konstantin ward im Traume ermahnt, das himmlische Zeichen Gottes auf den Schildern anbringen zu lassen und so die Schlacht zu beginnen. Er kommt dem Befehle nach, und indem er den Buchstaben X waagerecht legte und die oberste Spitze umbog, zeichnete er Chr(istus) auf die Schilde. Mit diesem Zeichen gewaffnet, greift das Heer zum Schwert ... Bei seinem Anblicke verschärft sich der Kampf, und die Hand Gottes waltete über dem Schlachtfelde.

Schrecken befällt das Heer des Maxentius; er selbst wendet sich zur Flucht und eilt der Brücke zu, die teilweise abgebrochen war. Die Masse der Fliehenden stürzt ihm nach und drängt ihn in den Tiber hinab. So war endlich der erbitterte Krieg zu Ende.[7]

Was immer auch Konstantin persönlich geglaubt haben mag und obwohl er fortfuhr, in seine Münzen das Viergespann des Apollo einschlagen zu lassen, «es gelang ihm, einem dreifachen Zweck zu genügen: a) sich eines magischen Zeichens, eines glückbringenden Talisman zu bedienen; b) zu geloben, im Falle des Sieges, den Gott der Christen anzuerkennen; c) in seine Feldlager den Gott überwechseln zu lassen, dessen Eindruck auf einen Teil der römischen Bevölkerung er genau kannte und mit dem auch Maxentius seinerseits sich zu verbünden gesucht hatte»[8]. Jedenfalls ist er ohne Zweifel sehr bemüht, von «Bekehrung» zu sprechen...

Aber im Augenblick dreht sich alles ums Heiraten. Das Los der Frauen in den Herrscherhäusern ist keinesfalls beneidenswert.[9] Diokletian hatte eine seiner Töchter Galerius zur Frau gegeben, der wiederum seine Tochter an Maxentius gibt. Constantius Chlorus hatte Helena, die Mutter von Konstantin, verstoßen, um die Stieftochter von Maximinian zu heiraten, dessen Tochter Konstantin sich zur Frau nahm ... Was wird bei den blutigen Kämpfen, in denen sich diese Männer gegenüberstehen, aus den jeweiligen Frauen werden? Nach dem Tod von Diokletian Ende des Jahres 313 wird Licinius seine Frau und eine seiner Töchter hinrichten lassen. Im Februar 313 treffen sich Konstantin und Licinius, bevor sie sich gegenseitig aus dem Weg räumen, in Mailand und unterzeichnen zusammen das Toleranzedikt für die Christen.[10] Was ist besser geeignet, um eine solche Übereinkunft, die rein taktischer Art ist, abzusegnen als eine Heirat. Licinius heiratet die Schwester von Konstantin. Die beiden Schwager, Kämpfer vom gleichen Kaliber, werden sich über mehrere Jahre genauestens beobachten und ihre Kräfte in Form begrenzter Geplänkel messen. Der entscheidende Zusammenstoß wird im Jahre 324 stattfinden. Konstantin wird als alleiniger Herr des Imperiums zurückbleiben.

Zwischenzeitlich sah er sich veranlaßt, sich in einer Form in die Religionspolitik zu stürzen, welche die Beziehungen zwischen Kirche und Staat nachhaltig verändern würde.[11] Die Gelegenheit wurde ihm dazu durch die schwieriger gewordene Situation in Nordafrika geboten. In der Zeit nach der Verfolgung durch Diokletian tauchte der beinahe schon klassische Gegensatz zwischen denen, die heldenhaft ihren Glauben «bekannt» hatten, und jenen überlegt Vorsichtigen wieder auf, die man beschuldigte, die heiligen Bücher der Obrigkeit ausgeliefert zu haben. Die Partei der Kompromißlosen in Karthago hat Bischof Cäcilian, den sie als zu schwach empfindet, abgesetzt und ersetzt ihn ab 313 durch eine tatkräftige und unternehmungsfreudige Persönlichkeit: Donatus. Die Kirche von Afrika ist zweigeteilt; das bedeutet Schisma.

Konstantin nimmt die Sache in die Hand, nachdem der Prokonsul ihn in Kenntnis gesetzt hat und er von den «Donatisten»[12] bestürmt worden ist, einzuschreiten. In eigener Machtvollkommenheit benennt er vier Bischöfe, welche diese Debatte beenden sollen, in der er nur Belanglosigkeiten verhandelt sieht, die ihm aber wegen der sich daraus ergebenden gesellschaftlichen Spaltungen Kummer bereitet. Die vier Bischöfe sind nicht zufällig ausgewählt worden: der Bischof von Rom, dessen Einfluß ihm bekannt ist, und drei Bischöfe aus Gallien, die er persönlich kennen und schätzen lernen konnte. Hier der Brief von Konstantin an Miltiades, den Bischof der Römer, und an Markus (seinen Beigeordneten und zukünftigen Nachfolger):

> Da von Anylinus, dem erlauchten Prokonsul Afrikas, mehrere derartige Schriftstücke mir zugesandt wurden, aus denen hervorgeht, daß Cäcilianus, der Bischof der Stadt der Karthager, von einigen seiner Amtsgenossen in Afrika vieler Dinge beschuldigt werde, und da es mir als äußerst schwerwiegende Sache erscheint, daß in diesen sehr bevölkerten Provinzen, welche die göttliche Vorsehung meiner Ergebenheit ohne mein Zutun anvertraut, das Volk, in Spaltung begriffen, auf schlimmem Wege sich befindet und die Bischöfe unter sich uneins sind, so dünkte es mich gut, daß Cäcilianus selbst mit zehn Bischöfen aus den Reihen seiner Ankläger und zehn anderen, die er nach eigenem Urteil für seine Sache als nötig erachtet, sich nach Rom einschiffe, auf daß er dort vor euch sowie vor Reticius, Maternus und Marinus, euren Amtsgenossen, denen ich Befehl erteilte, zu diesem Zwecke nach Rom zu eilen, einem Verhör unterzogen werde. Ihr sollt genauen Einblick gewinnen, um dem verehrungswürdigsten Gesetze zu entsprechen. Damit ihr euch aber über die ganze hier vorliegende Frage vollkommen unterrichten könnet, habe ich Abschriften der von Anylinus mir zugeschickten Schriftstücke meinem Briefe beigefügt und sie an eure oben genannten Amtsgenossen abgesandt. Wenn eure Strenge sie liest, wird sie ermessen, auf welche Weise die erwähnte Streitsache gewissenhaftest zu untersuchen und nach Gerechtigkeit beizulegen sei. Denn eurer Sorgfalt ist es keineswegs verborgen, welch große Ehrfurcht ich der anerkannten katholischen Kirche zolle und daß ich daher nicht will, daß auch nur eine Spur von Spaltung oder Uneinigkeit an irgendwelchem Orte durch euch belassen werde.
>
> Die Göttlichkeit des großen Gottes möge euch, Hochgeehrter, erhalten auf viele Jahre![13]

Man muß annehmen, daß dieser Schiedsspruch nicht die erhofften Ergebnisse gebracht hat, denn im folgenden Jahr (im August 314) ergreift Konstantin die Initiative und ruft in Arles alle Bischöfe des Abendlandes zusammen. Bei dieser Gelegenheit gewährt er ihnen das Privileg, die Wagen und Stützpunkte der kaiserlichen Post kostenlos zu benutzen.[14] Vierundvierzig Kirchen schicken ihre Abgesandten:[15] zehn aus Italien;

sechs aus Spanien; neun aus Afrika; drei aus Britannien (York, London, Lincoln); sechzehn aus Gallien (Arles, Vienne, Lyon, Vaison, Marseille, Bordeaux, Eauze, Autun, Rouen, Reims, Trier und Köln sind durch einen Bischof vertreten; Apt durch einen Priester; Orange, Nizza und Gévaudan durch einen Diakon). Das Konzil begnügt sich jedoch nicht damit, die «Donatisten» zu verurteilen, sondern hebt auch zwei alte Regelungen der Kirche von Afrika auf, die einst von Cyprian streng befolgt wurden: den Zwang für bekehrte Häretiker, sich erneut taufen zu lassen, und die Nichtigkeit der von Sündern gespendeten Weihen. Dies bedeutete allerdings, die «Schismatiker» damit zu Helden der afrikanischen Tradition zu machen: Der Donatismus wird sich, vom Staat im Namen der Kirche verfolgt, zu einem nationalistischen Aufstand ausweiten, der zusätzlich von Klassenkämpfen überlagert ist.[16]

Solcherart gezwungen, den Verteidiger der Rechtgläubigkeit zu spielen, nimmt Konstantin diese Rolle dann auch sehr ernst.[17] Die Kirche erhält das Recht, Vermächtnisse anzunehmen und Sklaven freizulassen. Der Sonntag, der ja immer schon als «Tag der Sonne» bezeichnet wurde, wird ein arbeitsfreier Feiertag; außereheliche Geschlechtsbeziehungen werden schärfstens bekämpft; die Gesetze von Augustus gegen den Zölibat werden abgeschafft. Den Bischöfen wird eine kirchliche Gerichtsbarkeit zugestanden, womit das Rechtsprechungsmonopol des Staates gebrochen ist. Zahlreiche Christen rücken in hohe Verwaltungsämter auf: Konsulat, Präfektur von Rom und der Prätorianergarde. Der Dichter Laktanz wird Lehrer der Söhne des Kaisers, Bischof Ossius von Cordoba zum Berater für religiöse Angelegenheiten. Konstantin bietet dem Bischof von Rom seinen Lateranpalast an und beschließt den Bau einer Basilika zu Ehren des heiligen Petrus auf dem vatikanischen Hügel. Die Christen werden nicht nur bevorzugt, das «Heidentum» beginnt sogar verdächtig zu werden: Konstantin «vergißt» im Jahre 315, die Säkularspiele durchzuführen, und weigert sich, zum Kapitol hinaufzugehen. An den Kalenden des Februars 319 wird der Kreis endgültig geschlossen mit einem Erlaß, der den Weg des «christlichen Imperiums» bestimmt: «Diejenigen, die ihren Aberglauben weiter ausüben wollen, dürfen ihre eigenen Riten öffentlich durchführen.»[18] Ab sofort sind es also die Nicht-Christen, welche geduldet werden. Ihre Verfolgung läßt nicht mehr lange auf sich warten. Im Jahre 324 stellt eine Münze den Kaiser dar, wie er mit dem Kreuz, dem Kennzeichen Christi, die Schlange des Heidentums durchbohrt. Die Symbole des Sonnenkults machen eines nach dem anderen den Sinnbildern der Christen Platz. In einer unter der Basilika von St. Peter gelegenen Totenstadt hat man ein Mosaik aus jener Zeit gefunden: Christus ist dort in der Gestalt des Apollo abgebildet, mit einem Kranz aus sieben Strahlen ums Haupt, die Zügel der Quadriga führend und umgeben von einem Schmuck von Weinblättern vor einem Goldhintergrund.[19]

Genau dieses Bild entwirft Eusebius von Caesarea in seiner Festansprache, die er in Konstantinopel (der neuen Hauptstadt[20]) zum 30. Jahrestag der Regierung Konstantins am 25. Juli 336 hält:

> Wie schon das Sonnenlicht mit seinem Glanz alles erfüllt, so bescheint der Kaiser mit seinen Strahlen, d.h. den vier Cäsaren (seinen drei Söhnen und seinem Neffen), die Bewohner auch der abgelegensten Gegenden der Erde ...
>
> Nachdem er zunächst die vier tapferen Cäsaren wie Pferde eines Viergespanns an seinem königlichen Wagen festgebunden hat, treibt er sie, gleich einem Wagenlenker über ihnen stehend, vorwärts. Dann macht er einen Umritt über die ganze Erde, soweit wie die Sonne scheint, sich um alles kümmernd und alles prüfend. So herrscht er, ganz erfüllt vom Bild des himmlischen Königreiches und die Augen nach oben gerichtet, dem idealen Urbild eines Herrschers entsprechend, über die Menschen hier unten und nimmt zu an Kraft und Herrlichkeit durch Nachahmung der Hoheit des göttlichen Monarchen. Also wurde einem einzigen Menschen auf Erden durch den göttlichen Herrn dies gewährt, daß ihm gemäß dieser Ordnung der königlichen Gewalt eine einzigartige Autorität über alle zukommt.[21]

Die Vision im Tempel in den Vogesen hat endlich ihren Sinn gefunden: Der christliche Kaiser ist als Monarch göttlichen Rechts zugleich Stellvertreter Gottes auf Erden und der «weltliche Arm» der Kirche. Konstantin hat das selber offensichtlich sehr deutlich unterstrichen: «Ihr seid von Gott zu Bischöfen dessen bestellt, was innerhalb des Bereiches der Kirche liegt, ich aber wohl zum Bischof dessen, was außerhalb desselben liegt.»[22]

Es wird immer schwieriger werden, kein Christ zu sein: Der neuplatonische Philosoph Sopatros wird 331 hingerichtet; die Bücher von Plotin und Porphyrios werden ein Raub der Flammen. Man schreitet zur Bestandesaufnahme des Besitzes der «heidnischen» Tempel, beraubt sie und zerstört mehrere.

Andererseits wird es spiegelbildlich dazu auch immer weniger leicht, Christ zu sein. Es ist kein Zufall, daß die größten Wellen der Anachoretenbewegung, der Flucht in die Wüste, ab 325 zu verzeichnen sind. Das abgekartete Spiel zwischen Kirche und Staat findet nicht bei allen Anklang. Zum gleichen Zeitpunkt, wo sozusagen die Gesamtheit der Bischöfe sich dem Kaiser in die Arme wirft, gibt es auch noch Leser des Evangeliums, die nicht vergessen haben, wie Jesus vor Pilatus stand, und die sich auch noch an die Überlegung des Epiktet erinnern: «Das war also die Macht? Alles war nichts; und ich hatte mich gegen bedeutende Dinge gewappnet!»[23]

Konstantin selber ist nie offiziell Christ gewesen. War es wegen seiner persönlichen Überzeugung, aus Bescheidenheit (?) oder nur in Befolgung eines damals häufig geübten Brauches? Er ließ sich jedenfalls erst am Vorabend seines Todes im Mai 337 auf dem Sterbebett taufen. Dabei kann man sehen, was die Frauen für eine Rolle spielen: Unter dem Einfluß seiner Schwester, der Witwe des Licinius, wird gerade der Kaiser, welcher in Nizäa bei der Verurteilung der arianischen Häresie den Vorsitz geführt hatte, von einem arianischen Bischof getauft.

30. Sequenz:
Das ökumenische Konzil von Nizäa im Jahre 325

Der Kaiser erreichte es schließlich

Vexilla regis rodeunt:
Fulget crucis mysterium.

Die Fahnen des Königs ziehen voran:
Es erstrahlt das Geheimnis des Kreuzes in hellem Glanz.

So wird im 6. Jahrhundert der Dichter Venantius Fortunatus, Bischof von Poitiers, singen. So könnten auch die Soldaten Konstantins singen, die ihre mit dem Monogramm Christi beschlagenen Standarten (das *labarum*) schwenken, als sie an diesem Septembertag des Jahres 324 nach ihrer endgültigen Vernichtung der Truppen des Licinius am Bosporus zurückmarschieren. Der neue Herr des Imperiums hält einen triumphalen Einzug in Nikomedien. Im Lauf des Novembers trifft er eine historische Entscheidung. Er will eine eigene Hauptstadt gründen, ein zweites Rom: Konstantinopel.[1] Damit wurde ein Schlußstrich gezogen; die Achse der Welt hatte sich verschoben. Ein neues Zeitalter beginnt.

Im Augenblick aber hat Konstantin Sorgen mit der christlichen Kirche, die er doch für «katholisch» hält und an der er mit Verwirrung entdeckt, daß sie voller Unterschiede, eine zusammengesetzte Größe und von gegensätzlichen Strömungen durchzogen ist.[2] Wenn nicht die Religion einen gleichmäßigen und unverbrüchlichen Zement im Staate bildet, wo kommen wir dann hin?

Natürlich ist die «Häresie» in Alexandrien entstanden. Die Leute dort gefallen sich darin, spitzfindige Diskussionen zu führen und Haarspaltereien zu betreiben ... Sie sind noch griechischer als die Griechen: «Flink ist ihr Sinn, nichtswürdig ihre Frechheit, schlagfertig ihre Rede und ...»[3] Konstantin ist nicht viel anderer Meinung als Eusebius von Caesarea: «Ich fühle mich sehr veranlaßt, die alten Römer für die Art und Weise zu bewundern, mit der sie durchschaut haben, daß die theologischen Theorien der Griechen unangebracht und unnütz sind ...»[4]

Seit fünf Jahren liegt Arius[5], ein Priester in Alexandrien, im Streit mit seinem Bischof Alexander. Arius ist beim Nachdenken über das Einssein Gottes, wie einst Plotin und Origenes (ebenfalls Alexandriner wie er) zu der Schlußfolgerung gekommen, daß das Wort (d.h. der Logos, Christus) seiner Substanz nach ein vom Vater verschiedenes Geschöpf und von ihm als Sohn adoptiert worden ist. Dies läuft darauf hinaus, daß Christus nicht Gott ist. Diese grobe Reaktion auf sehr verbreitete, einfältige Vermischungen der trinitarischen Personen enthält unglücklicherweise einen tödlichen Schlag gegen die klassische Inkarnations- und Erlösungstheologie. Bischof Alexander hat unverzüglich zurückgeschlagen: Synode, Verurteilung, Exkommunikation. Aber Arius gibt sich nicht besiegt. Er findet Unterstützung bei mehreren orientalischen Bischöfen, die von Origenes beeinflußt sind, sowie unter anderem auch bei dem gelehrten Historiker Eusebius von Caesarea und dem verschlagenen Bischof von Nikomedien, der ebenfalls Eusebius heißt. Als geschickter Publizist bringt Arius in Alexandrien selber in Verse gesetzte Schmähschriften in Umlauf, die vollen Erfolg haben. Die Alexandriner als große Liebhaber solcher intellektueller Gefechte summen alsbald seine Vierzeiler vor sich hin und streiten sich auf der Straße über «den Vater, der allein nicht gezeugt ist» und über einen Vers aus dem Buch der Sprüche (8, 22), den man sowohl übersetzen kann mit «mich hat Jahwe gezeugt» als auch mit «mich hat Jahwe geschaffen». Ebenfalls Bischof Alexander informiert seinerseits und auf seine Art die Mehrzahl der Bischofskollegen in Ost und West. Kurz nachdem die Kirche sich jetzt nicht nur der Duldung, sondern sogar der Anerkennung seitens der Staatsmacht erfreut, ist sie auch schon sofort gespalten und wird eine Beute von Propaganda und Tumulten.

Glücklicherweise hat Konstantin einen Mann an der Hand, der für Ordnung sorgen soll, nämlich den Berater in Kirchenfragen, Ossius von Cordoba.[6] Geboren um 256 hatte er schon den Vorsitz beim Konzil von Elvira inne. Der Kaiser schätzt seine Härte und Durchsetzungskraft sowie das Römische an seiner Abneigung gegen Streitereien über Ideen. Athanasius, der ihn gut gekannt hat, spendet ihm dieses hinterhältige Lob: «Er trug seinen Namen (im Griechischen bedeutet *hosios* heilig) zu recht, denn er war ein richtiger Heiliger; sein Leben war untadelig, zumindest wenn man ihm nicht seinen Haß gegen die Häresie vorhält ...»[7] Konstantin schickt also diesen «Ketzerfresser» nach Alexandrien. Er trägt einen Brief bei sich, von dem Konstantin glaubt, daß er diesem fruchtlosen Durcheinander ein Ende setzen wird:

> Ich erfahre also, daß dieses der Ursprung des gegenwärtigen Streites gewesen ist. Als du, o Alexander, deine Priester fragtest, was wohl ein jeder von ihnen über eine gewisse Stelle in der Heiligen Schrift oder vielmehr über einen nichtigen Punkt der Frage denke, hast du unüberlegt entgegengehalten, o Arius, was du entweder von Anfang an nicht denken oder doch wenigstens hättest totschweigen sollen; so wurde unter euch die Zwietracht angefacht, der Verkehr aufgehoben und das heilige Volk, in zwei Parteien gespalten, aus der Gemeinschaft des Leibes losgerissen.

> Darum soll ein jeder von euch in gleicher Weise dem andern Verzeihung gewähren und das annehmen, was euch euer Mitknecht mit vollem Rechte rät. Was ist aber dies? Man hätte weder von Anfang an über solche Dinge fragen noch auch auf die Frage eine Antwort geben sollen; denn wenn auch solche Fragen, zu denen keine Vorschrift eines Gesetzes zwingt, sondern nur die Streitsucht unnützen Nichtstuns verleitet, aufgestellt werden können, daß die Geisteskraft daran geübt werde, so müssen wir sie doch im Innern unseres Herzens verschließen und dürfen sie nicht leichthin in öffentliche Versammlungen bringen oder unbedachtsam den Ohren des Volkes anvertrauen.[8]

Wie muß man in Alexandrien gelacht haben, als der alte spanische Bischof feierlich diesen in militärischem Ton gehaltenen Brief überbracht hat! Diese «Römer» bleiben doch immer dieselben: Die beste Art, eine Frage nicht beantworten zu müssen, ist, sie erst gar nicht zu stellen... Für sie ist die Übung des Geistes die gleiche Sache wie Müßiggang. Das ist doch einfach köstlich. Und welche Verachtung für das Volk. Als ob die theologischen Probleme nicht gerade eine Angelegenheit des christlichen «Volkes» seien...

Wieder zurück beim Kaiser schlägt der verärgerte Ossius ihm vor, auf der obersten Ebene tätig zu werden; alle Bischöfe aus Ost und West sollten sich versammeln und den «Arianismus» verdammen. Man wird so zwei Fliegen mit einer Klappe schlagen können: zum einen wird man sich eines Unruhestifters entledigen, zum anderen wird die Einheit der Kirche, die ja so notwendig für den Zusammenhalt des Reiches ist, dabei gefestigt aus dem Streit hervorgehen. Über das Ergebnis der Beratungen besteht für den Bischof von Cordoba kein Zweifel: Es wird genügen, sie wie immer zu führen. Und da kann man ihm Vertrauen schenken, denn er kennt sich darin aus: «Bei wievielen Konzilien hat Ossius nicht schon den Vorsitz geführt»[9], wird Athanasius spotten. Aber zunächst ist zu klären, wo dieses umfangreiche Treffen abgehalten werden soll. Natürlich nicht in Alexandrien, auch nicht in Antiochien, das zu wenig sicher erscheint, obwohl Ossius Zugeständnisse machen würde, um dort die Wahl eines antiarianischen Bischofs durchzusetzen. Selbstverständlich wäre Nikomedien, die Hauptstadt, am besten geeignet, wo der Kaiser leicht das Konzil im Auge behalten könnte. Aber Bischof Eusebius sympathisiert mit Arius und versteht sich auch bestens mit Licinius.

Also gut, Nizäa. Es liegt nicht weit von Nikomedien, ist eine große Stadt und verfügt über einen stolzen Palast, wo man alle wird unterbringen können. Die Entscheidung ist gefallen. Konstantin schickt also an alle Bischöfe eine Einladung, mit einer Rückfahrkarte für die kaiserliche Post. Und am 20. Mai 325 wird das erste ökumenische Konzil eröffnet. Genauer gesagt, es ist kein völlig ökumenisches Konzil: Auf 250 Bischöfe aus der näheren Umgebung kommen 116 aus Kleinasien, 19 aus Syrien, 19 aus Palästina. Die Kollegen im Abendland lassen sich nicht stören. Nikomedien liegt weit weg, wenn man in York oder Bordeaux wohnt ... Und übrigens, lohnt sich die Reise überhaupt? Erst kürzlich hat das Konzil von Arles[10] 40 Bischöfe abgesetzt, aber die afrikanischen Donatisten sind weiter im Schwange. Also, ein einziger Gallier ist gekommen: Nicasius von Dijon.[11] Der Bischof von Rom hat zwei Priester als seine Vertreter geschickt. Daneben gibt es noch einen Skythen, einen Goten und einen Perser, ebenso wie Paphnutius, einen Eremiten aus Oberägypten, der große Aufmerksamkeit erregt, weil er infolge der bei der Verfolgung erduldeten Folterqualen ein ausgestochenes Auge und ein verkrüppeltes Bein hat.

Im großen Saal des Kaiserpalastes von Nizäa sitzen die Bischöfe und ihre Begleiter schweigend auf beiden Seiten. Ganz unten an der Spitze hat man einen goldenen Thron aufgestellt. Ein Herold kündigt seine Majestät, Kaiser Konstantin, an. Alle erheben sich von ihren Sitzen: Der Augenzeuge Eusebius von Caesarea berichtet:

Und nun trat er selber mitten in die Versammlung, wie ein Engel Gottes vom Himmel her, leuchtend in seinem glänzenden Gewande wie von Lichtglanz, strahlend in der feurigen Glut des Purpurs und geschmückt mit dem hellen Schimmer von Gold und kostbarem Edelgestein. So war seine äußerliche Erscheinung; ... die Art seines Ganges und seine ganze Gestalt, die an Größe ebenso alle seine Begleiter überragte wie an blühender Schönheit, an majestätischer Würde und an unüberwindlicher Körperkraft, und diese Vorzüge, denen sich der milde Charakter und die große Güte des Kaisers paarten, ließen seine außerordentliche Gesinnung über alle Beschreibung erhaben erscheinen. Als er aber bis zur vordersten Reihe der Plätze gegangen war und dort, wo ihm ein kleiner Sessel aus Gold hingestellt war, mitten in der Versammlung stand, wollte er sich nicht eher setzen, als bis die Bischöfe ihn durch Winke dazu aufgefordert hatten. Dasselbe tat auch die ganze Begleitung des Kaisers ... Darauf erhob sich der Bischof, der auf der rechten Seite den ersten Platz einnahm, und hielt eine ziemlich kurze Rede, in der er sich an den Kaiser wandte und seinetwegen dem allmächtigen Gott feierlich Dank sagte. Als sich aber auch dieser gesetzt hatte, trat Stille ein; aller Augen blickten unverwandt auf den Kaiser, dieser aber sah sie alle mild mit freundlichem Blicke an, sammelte sich im Geiste und hielt dann mit ruhiger und sanfter Stimme folgende Rede:
... «Mein höchster Wunsch war es, meine Freunde, mich eurer Versammlung erfreuen zu können, und da ich ihn erfüllt sehe, spreche ich offen dem Herrscher der Welt meinen Dank aus, daß er mir zu allem andern auch noch dieses Glück zu erleben gewährt hat, das jedes andere übersteigt; ich meine das Glück, euch alle hier versammelt zu finden und zu sehen, daß alle ein und dieselbe einträchtige Gesinnung haben. Nicht also soll ein neidischer Feind unser Glück trüben, nicht soll der Dämon, der Freund alles Schlechten, nachdem durch die Macht des Erlöser-Gottes die gegen Gott ankämpfenden Tyrannen (d.h. Licinius) aus dem Wege geräumt sind, das göttliche Gesetz auf andere Weise bekriegen, indem er es mit Lästerungen überschüttet. Denn für schlimmer als jeder Krieg und jeder furchtbare Kampf gilt mir der innere

Zwist der Kirche Gottes und schmerzlicher scheint mir dies als Kämpfe nach außen. Als ich so die Siege über die Feinde durch des Höchsten Willen und Beistand errungen hatte, glaubte ich, es erübrige mir nur Gott sei Dank zu sagen und mich zu freuen mit denen, die er durch mich befreit hat. Als ich aber wider alles Erwarten von eurem Zwiste vernahm, hielt ich, was ich hörte, durchaus nicht für unbedeutend, sondern von dem Wunsche beseelt, daß auch hierin durch meine Vermittlung Abhilfe geschaffen werde, rief ich ohne Verzug euch alle zusammen und ich freue mich nun, eure Versammlung zu sehen; dann aber, glaube ich, sind am allermeisten meine Wünsche erfüllt, wenn ich finde, daß ihr alle eines Herzens seid und daß ein allgemeiner Friede und eine Eintracht unter euch allen herrscht, die ihr als Priester Gottes geziemender Weise auch andern predigen müßt. Zögert also nicht, o geliebte Diener Gottes und getreue Knechte des gemeinsamen Herrn und Erlösers von uns allen, die Veranlassung zu eurem Zwiste jetzt sogleich vorzubringen und die ganze Kette von Streitigkeiten durch Gesetze des Friedens zu lösen. Denn so werdet ihr sowohl zustande bringen, was dem höchsten Gott angenehm ist, als auch mir, eurem Mitknechte, übergroßen Gefallen erzeigen.[12]

Konstantin, der Griechisch kann, hat seine Rede in Latein, der offiziellen Sprache, gehalten. Ein Dolmetscher hat sie dann sogleich übersetzt, denn die Mehrheit der orientalischen Vertreter verstand kein Latein. Jetzt haben alle begriffen, worum es wirklich geht: Das Konzil ist eigentlich eine Staatsangelegenheit. Als Beamte sind sie zu der Aufgabe zusammengerufen worden, einem «Zwist» ein Ende zu setzen, den der Kaiser «durchaus nicht für unbedeutend» hält. Also, auf an die Arbeit!

Unter dem Vorsitz von Ossius wird jeder aufgefordert, seinerseits seine Meinung zu äußern, wie es schon bei den römischen Senatoren üblich war. Einige Bischöfe nützen die Gelegenheit und bringen eilig persönliche Beschwerden vor, die mit alten, immer noch anhängigen Streitfragen zu tun haben, deren endgültige Klärung sie nun vom Kaiser erwarten. Konstantin unterbricht die Streitenden mit der Bemerkung: «Ihr könnt nicht von Menschen gerichtet werden. Gott allein wird zu euren Gegensätzen ein Machtwort sprechen.» Aber lassen wir uns nicht unnötig ablenken! Man nimmt nun den Fall «Arius» in Angriff. Schnell bilden sich vier Fraktionen[13]: eine linke Fraktion, vertreten durch Arius und seine Anhänger; eine Mitte-Links-Fraktion, zu der die beiden Eusebii und eine bedeutende Zahl von Origenesschülern gehören, die aber konservativ sind und mehr Sorge haben um die Einheit als um genaue Darstellung (der theologischen Sachverhalte), weswegen sie auch auf jede neue Formulierung feindselig reagieren; eine Mitte-Rechts-Fraktion mit Ossius, Alexander und seinem Diakon Athanasius, der die treibende Kraft darstellt; schließlich noch eine äußerste Rechte mit Marcellus von Ancyra, «der ein umso wütenderer Antiarianer ist, weil er selber ein leidenschaftlicher und einseitiger Anhänger des alten Prinzips der ‹göttlichen Monarchie› ist, was ihn aber in Richtung einer genau umgekehrten Häresie treibt»[14].

Aber die entscheidende Größe befindet sich anderswo, vorne auf dem goldenen Thron. Wenn man Eusebius von Caesarea glauben darf, so nimmt Konstantin rege an den Auseinandersetzungen teil:

> Der Kaiser hörte langmütig allen zu und nahm mit gespannter Aufmerksamkeit das Vorgebrachte entgegen, und indem er sich in einzelnen Punkten für das aussprach, was von einer jeden Partei gesagt wurde, brachte er allmählich die streitsüchtigen Gemüter einander näher. Und weil er sich in ruhiger Milde an die einzelnen wandte und sich dabei der griechischen Sprache bediente, die ihm auch nicht unbekannt war, erschien er freundlich und gefällig; so konnte er die einen überzeugen, andere durch seine Worte beschämen, die, welche trefflich redeten, loben, alle aber zur Eintracht anfeuern, bis er es schließlich erreichte, daß sie über alle strittigen Punkte *eines* Sinnes und *einer* Meinung waren.[15]

Unter der Fuchtel dieses «aufmerksamen» Zuchtmeisters vergessen die Bischöfe schnell ihre eigene Meinung. Ein von Eusebius von Nikomedien vorgetragener Bericht wird als zu versöhnlich gegenüber Arius beurteilt, ausgepfiffen und verrissen. Ossius schlägt dann den «Vätern» vor, ein Glaubensbekenntnis, ein *Credo*, das die Orthodoxie, die gesunde Lehre, definieren soll, aufzusetzen, die Verbesserungsvorschläge einzuarbeiten und es dann zu verabschieden. Eusebius von Caesarea trägt ganz naiv die in seiner Kirche gebräuchliche Formulierung vor: Könnte man sich nicht darauf verständigen. Diese ist sehr biblisch, vor allem nicht polemisch, und auch Arius und seine Freunde könnten sie billigen ... Genau! Gerade das würde noch fehlen! Ossius ist auf der Hut. Böse Zungen werden behaupten, daß die «Fraktion von Ossius und Alexander schon das Dokument fertig in der Tasche hatten, das alle unterzeichnen sollten»[16]. Dieses «Glaubensbekenntnis (Symbolum) von Nizäa», das bis auf geringfügige Änderungen noch heute das *Credo* der katholischen Kirche ist, lautet wie folgt:

> Wir glauben an einen Gott, den allmächtigen Vater,
> Schöpfer aller sichtbaren und unsichtbaren Dinge,
> und an einen Herrn Jesus Christus, den Sohn Gottes,
> den einzigen, vom Vater gezeugt, das heißt aus der Substanz des Vaters,
> Gott von Gott, Licht vom Licht, wahrer Gott vom wahren Gott, gezeugt,
> nicht geschaffen, wesenseins (homoousios) mit dem Vater,
> durch den alles geschaffen worden ist, das, was im Himmel, und das, was auf Erden ist,
> der für uns Menschen und für unser Heil herabgestiegen ist, Fleisch angenommen hat, Mensch geworden ist, gelitten hat, auferstanden ist am dritten Tag, aufgestiegen ist zu den Himmeln und kommen wird, zu richten die Lebenden und die Toten,
> und an den Heiligen Geist.

Es wird einem so nebenbei der Ausdruck *homoousios* (wesenseins) aufgefallen sein. Aber es ist derselbe, welcher durch das Konzil von Antiochien verurteilt worden war, um sich des Paul von Samosata[17] entledigen zu können. Die Mehrheit der Bischöfe des Ostens (die auch die große Mehrheit in Nizäa bilden) lehnen gewohnheitsmäßig diese Art ab, Vater und Sohn einander anzugleichen. In der griechischen Sprache wird übrigens der Ausdruck *homoousios* fast nur verwendet, um einen Vergleich zwischen (numerisch verschiedenen) Gegenständen anzustellen: zwei Goldschmuckstücke sind «aus demselben Metall». Überdies weisen die extrem Konservativen darauf hin, daß dieser Ausdruck nicht in der Heiligen Schrift vorkommt und daß am Gegenstand des Glaubens nichts verändert werden darf. Im Lateinischen hingegen ist es seit Tertullian üblich, mit *consubstantialis* (also der Übersetzung von *homoousios*) die Teilhabe des Sohnes an der Gottheit des Vaters zu bezeichnen. Es ist also ein rein theologisches Wort, man kennt keinen anderen Gebrauch. Ossius weiß sehr wohl, daß dieser Begriff, ob in Latein oder Griechisch, für Arius unannehmbar ist. Dies genügt. Damit auch nicht die geringste Ausrede möglich ist, läßt er dem Symbolum noch eine «Ausschlußklausel» anfügen:

> Die aber, die sagen: «Es gab eine Zeit, in der er nicht war», und «Ehe er geboren wurde, war er nicht», und «Er ist geschaffen worden aus dem Nichts», oder die erklären, der Sohn Gottes sei von anderer Substanz *(hypostasis)* oder anderem Wesen *(ousia)*, oder daß er geschaffen ist oder dem Wechsel und der Veränderung unterworfen – die erklärt die katholische und apostolische Kirche für ausgeschlossen.

(Man weiß, welchen Gebrauch die Inquisition von dieser Vorgehensweise, jemanden wegen einiger aus dem Zusammenhang gerissener Sätze zu verurteilen, machen wird.)

Es bleibt noch, die Versammlung zur Abstimmung zu bewegen. Konstantin wirft sein ganzes Gewicht in die Waagschale. Diese Druckausübung war noch nicht einmal unbedingt notwendig: Die Bischöfe hatten nichts daran auszusetzen. Jeder trat hinzu und gab seine Unterschrift. Hier die drei ersten: «Ossius, Bischof von Cordoba in Spanien; ich glaube, wie geschrieben steht. Vitus und Vincentius, Priester Roms.» Am Schluß werden nur die beiden Namen von zwei ganz Mutigen, den Ägyptern Theonas von Marmarika und Secundus von Ptolemais fehlen. Sie werden zusammen mit Arius auf der Stelle exkommuniziert und zur Verbannung verurteilt. Damit ist die Situation bereinigt, die Einheit der Kirche wiederhergestellt, der Kaiser zufrieden. Den abwesenden Bischöfen teilt er die freudige Nachricht mit[18]:

> Die über 300 nach Nizäa einberufenen Bischöfe haben bekräftigt, daß es nur einen und denselben Glauben gibt, welcher allein mit den ursprünglichen

Wahrheiten des göttlichen Gesetzes in Einklang steht, während Arius offensichtlich ein Opfer teuflischer Gewalt ist. Alle Christen beten zusammen Gott an, der alles sieht [*pantheporos*, ein Ausdruck aus der heidnischen Theologie der Sonnenverehrung, an den sich Konstantin hier erinnert, M.C.].

Tatsächlich aber wird der Arianismus, den man ohne eigentliche Debatte mit Hilfe von Zweideutigkeiten und Auslassungen übereilt verurteilt hatte, bis zum Ende des 4. Jahrhunderts aktuell bleiben. Die Versammlung von Nizäa wird jedoch tiefgreifende, damals noch nicht abzusehende Konsequenzen haben[19]: einerseits ist es der Begriff des ökumenischen Konzils als dogmatischer und disziplinärer Entscheidungsinstanz, der als solcher ein Gegengewicht zur päpstlichen Oberhoheit bezeichnen wird; andererseits schafft die Art und Weise, wie Ossius und seine Verbündeten dem Begriff *homoousios* zur Annahme verholfen haben, obwohl er nicht biblisch und im Orient wenig gebräuchlich war, einen Präzedenzfall, den sich der alte Spanier sicher nicht hätte träumen lassen; ab da ist die Theologie nicht mehr darauf beschränkt, die alten Formulierungen zu wiederholen, das «Recht auf Forschung» hat damit sozusagen seine Weihe bekommen.

Aber das Konzil ist noch nicht zu Ende. Wenn man schon zusammen ist, kann man auch noch einige andere Probleme klären. Da ist vor allem die Frage des Ostertermins, welche eine Quelle für Spaltungen bildet. Der Kaiser gibt klar zu erkennen, daß ihm an einer einheitlichen «Berechnungsweise» gelegen ist. Mehrere Bischöfe nutzen die Chance, um ihrem Antijudaismus Luft zu machen: Es scheint «unwürdig zu sein, jenes hochheilige Fest nach dem Gebrauch der Juden zu feiern, die ihre Hände durch ihr gottloses Verbrechen befleckt haben und darum mit Recht als Menschen, auf denen Blutschuld lastet, mit Blindheit des Geistes geschlagen sind.»[20] Man entscheidet also kurz und bündig, sich der Praxis von Rom, Alexandrien und des ganzen Abendlandes anzuschließen. Dies ist eine etwas verwirrende Erklärung, denn in Rom und in Alexandrien berechnete man Frühjahrs- und Herbstanfang nicht in gleicher Weise ...

Unter dem Einfluß von Ossius, der auf die Kirchenzucht großen Wert legte, verabschiedet man zwanzig Kanones, unter denen sich auch das Verbot für Priester befindet, ihre Heimatstadt ohne Erlaubnis des Bischofs zu verlassen, wie auch den Bischöfen untersagt wird, ihren Amtssitz zu wechseln. Dann hätte der Berater des Kaisers, wie schon in Elvira, dem Klerus auch noch gerne ein völliges Sexualtabu auferlegt. Aber hier trifft er auf entschiedene Gegenwehr, und zwar vorgebracht von jemandem, bei dem man es am wenigsten vermutet hätte, nämlich vom in dieser Hinsicht über jeden Verdacht erhabenen heiligen Einsiedler Paphnutius! Er sagt: «Man darf dem Klerus kein allzu drückendes Joch auferlegen; die Ehe und die Beziehungen der Eheleute sind in sich ehrenwert und makellos; man soll der Kirche auch nicht durch übertriebene Härte Schaden zufügen, denn nicht alle können gleicherweise in vollkommener Enthaltsamkeit leben; auch kann man so die Tugend der Frau besser schützen»[21] (der Frauen der Kleriker wohl, die sonst versucht sein könnten, anderweitig Befriedigung zu finden ...).

Die maßvolle Intervention des hochgeachteten Greises bringt unwiderlegbar die Erfahrung der Mehrheit der orientalischen Bischöfe zum Ausdruck. Übrigens ist Konstantin, nachdem der Streit mit den Arianern entschieden ist, nicht mehr anwesend, um die Entscheidung durchzusetzen. Ossius gibt daher auf. Der priesterliche Zölibat wird erst im Jahre 692[22] verfügt werden.

Am 19. Juni 325 findet die Abschlußfeier statt. Der Kaiser veranstaltet für die Konzilsväter ein glänzendes Festmahl. Die kaiserliche Garde erweist ihnen mit gezückten Schwertern die Ehre, so daß sie, von all dem geblendet, meinten: «Leicht hätte man das für ein Bild vom Reiche Christi halten können.»[23] Jeder erhält noch ein Gastgeschenk und einen Berechtigungsschein für eine Getreidezuteilung an die Armen und die Kleriker.

Das erste ökumenische Konzil ist zu Ende. Es hatte soeben den Episkopat mit Haut und Haaren der kaiserlichen Macht ausgeliefert: «Die Kirche hatte geglaubt, einen hochgestellten Freund gefunden zu haben; in Wirklichkeit hatte sie sich einem neuen Herrn unterworfen.»[24]

Anmerkungen

1. Sequenz

1 Anfang des 1. Jahrhunderts betrug der Tageslohn eines Arbeiters 4 Sesterzen (1 Denar). Seit der Abwertung unter Nero im Jahre 64 schritt die Inflation unaufhörlich weiter. Unter Trajan betrug der Silbergehalt des Denar nur noch 85% vom 100%-Gehalt unter Augustus. Hierzu vgl. R. Rémondon, La Crise de l'Empire romain, Paris (PUF) 1970, S. 88.
2 Vgl. F. de Pachtère, La Table hypothécaire de Veleia, étude sur la propriété foncière dans l'Apennin de Plaisance, Paris 1920; sowie P. Veyne, Les alimenta de Trajan, in: Colloque CNRS, Les empereurs romains d'Espagne, Paris 1965.
3 Die römische Meile = 1000 Schritte von 1,48 m; der Fuß = 30 cm; die Elle = 45 cm. Der Landstrich Ambitrebius, wo sich der Hof der Volumnii befindet, läuft um Trebbia, das heutige Travo, herum (vgl. de Pachtère, a. a. O., S. 30).
4 Das Grabmal von Saint-Ambroix befindet sich im Museum von Saint-Germain-en-Laye. Eine Abbildung mit Kommentar findet man bei G. Charles-Picard/J. Rougé, Textes et documents relatifs à la vie économique et sociale dans l'Empire romain, Paris (SEDES) 1969, S. 248 f.
5 Zur Lage Italiens Anfang des 2. Jahrhunderts vgl. M. Rostovtzeff, Wirtschaft und Gesellschaft im römischen Kaiserreich, 2 Bde., Leipzig 1929; zitiert wurde nach der italienischen Ausgabe, Florenz 1976, S. 229 ff.; vgl. auch P. Petit, La Paix romaine, Paris (PUF) 1971, S. 305–318; ders., Histoire générale de l'Empire romain, 3 Bde., Paris (Seuil) 1974, Bd. I, S. 144–150.
6 Die Seewege bilden die eigentlichen Schlagadern des Handels; vgl. M. Finley, Die antike Wirtschaft, München 1977, S. 150 ff., 188 ff.
7 Vgl. A. Piganiol, Histoire de Rome, Paris (PUF) [6]1972, S. 289.
8 Vergil, Aeneis, 6, 851 (dt. Übersetzung, K.F.).
9 Plinius der Jüngere, Panegyricus. Lobrede auf den Kaiser Trajan, 26,4 (dt. Übersetzung, K.F.).
10 P. Veyne behandelt in seinem Buch, Le Pain et le Cirque, Paris (Seuil) 1976, S. 647–658, ausführlich Zielsetzung und Auswirkung der «alimenta-Einrichtung».
11 Aufstellung über die Rekrutenaushebungen nach G. Forni, Il Reclutamento delle legioni da Augusto a Diocleziano, in: P. Petit, Histoire, Bd. 1, S. 208.
12 Dio von Prusa (Dion Chrysostomos), Sämtliche Reden, dt. Übersetzung, hrsg. v. W. Elliger, Zürich/Stuttgart 1967, S. 119; franz. Übersetzung in: A. Michel, La Philosophie à Rome d'Auguste à Marc-Aurèle, Paris (Colin) 1969, S. 272.
13 Ebd., S. 123 (franz. Ausgabe, S. 273).
14 CIL XI, 1147; franz. Übersetzung in: Charles-Picard/Rougé, a. a. O., S. 149.
15 Juvenal, Satiren 6, 281–284 (dt. Ausgabe: Übersetzung, Einführung u. Anhang v. Harry C. Schnur, Stuttgart 1978, S. 63).
16 Plinius der Ältere, Naturgeschichte, 18,296 (dt. Ausgabe: übers., bearb. u. hrsg. v. M.E.D. Strack, Bremen 1853–55, 3 Bde., Nachdr. Darmstadt 1968). Eine dieser gallischen Mähmaschinen kann man sich auf einem Halbrelief in Arlon (Belgien) ansehen; zur Konstruktion vgl. Histoire des techniques, Paris (Gallimard), Encycl. Pléiade, 1978, S. 392.
17 Historia Augusta, Pertinax, 9, 2–3 (dt. Ausgabe: Historia Augusta. Römische Herrschergestalten, Bd. I.: Von Hadrianus bis Alexander Severus, Zürich/München 1976).

2. Sequenz

1 Epiktet, Unterredungen, I, 28 (dt. Ausgabe, S. 62); ich habe mich leiten lassen von der Übersetzung von J. Souilhé, Paris, Les Belles Lettres, «Budé», 1943, sowie von derjenigen E. Bréhiers, durchgesehen v. P. Aubenque, in: Les Stoïciens, Paris (Pléiade) 1962. (Der dt. Epiktet-Text ist eine vom Übersetzer vorgenommene Anpassung einer älteren dt. Ausgabe an den franz. Text; daher wird zum Vergleich jeweils verwiesen auf: Epiktet, Unterredungen und Handbüchlein der Moral, übers. v. A. von Gleichen-Rußwurm, Deutsche Bibliothek, Berlin o.J., jeweils mit Seitenangabe; K.F.).
2 Nach einer auf Celsus zurückgehenden Überlieferung (vgl. Origenes, Contra Celsum, 7, 53) soll Epaphrodites das Bein seines Sklaven zerschlagen haben. Simplicius sagt einfach nur, daß Epiktet von Jugend an lahmte (Epicteti Enchiridion, test. 47). Ich übernehme die Version einer rheumatischen Verformung nach G. Germain, Epictète et le spiritualisme stoïcien, Paris (Seuil) 1964, S. 64.
3 Epiktet, Unterredungen, I, 28 (dt. Ausgabe, S. 62–64).

Anmerkungen S. 15–S. 23

4 G. Boissier, La religion romaine d'Auguste aux Antonins, Paris 1874, Bd. II, S. 311.
5 Vgl. «Logique des stoïciens et logique moderne», in: Encyclopaedia Universalis, Paris 1978, Art. «Stoïcisme», Bd. 15, S. 397.
6 Epiktet, Unterredungen, III, 9 (dt. Ausgabe, S. 172). Man vgl. auch die 18.Sequenz («Paulus in Athen»), in: M. Clévenot, Von Jerusalem nach Rom, Fribourg 1987.
7 Ders. I, 30 (S. 70).
8 Epiktet, a. a. O., I, 26 (S. 58).
9 Ders., II, 9 (S. 91).
10 Ders., I, 2 (S. 7).
11 Ders., I, 2 (S. 8).
12 Epiktet, a. a. O., I, 19 (S. 44).
13 Ders., II, 6 (S. 86).
14 Die Formulierung ist auch bei Epiktet, I, 12,17 nicht ganz sicher; bekanntlich wurde sie von Descartes aufgegriffen: «Mein dritter Grundsatz war, immer bemüht zu sein, lieber mich selber als das Schicksal zu besiegen, lieber meine Wünsche als die Weltordnung zu verändern.» (R. Descartes, Discours de la méthode, 3e partie).
15 Epiktet, a. a. O., III, 13 (dt. Ausgabe, S. 179).
16 Vgl. E.R. Dodds, Païens et chrétiens dans un âge d'angoisse, Cambridge 1965, Paris (La pensée sauvage) 1979. R. Bianchi-Bandinelli macht die gleiche Bemerkung bezüglich der Kunst: Rome, la fin de l'art antique, Paris (Gallimard) 1970, S. 3 ff.
17 Das Bild der Marionetten findet sich schon bei Platon in den «Gesetzen», 804 b; dann bei Seneca, Briefe, 77,20; Epiktet, Unterredungen, I, 29–43 usw., Marc-Aurel, Selbstbetrachtungen, 7,3.
18 Vgl. M. Burrows, Les Manuscrits de la mer Morte (New York 1956), Paris 1957, S. 441.
19 Den Ausdruck «Neurose» gebraucht Dodds, a. a. O., S. 51.
20 1. Johannesbrief 5, 19.
21 Epiktet, a. a. O., I, 16 (dt. Ausgabe, S. 39).
22 Ders., IV. 10 (S. 267).
23 Ders., III, 23 (S. 198 f.). Man vgl. auch die 30. Sequenz («Der Brief des Clemens von Rom»), in: M. Clévenot, Von Jerusalem nach Rom, Fribourg 1987.

3. Sequenz

1 Plinius der Jüngere, Briefe, X, 33; ich benutze die Ausgabe der «Belles Lettres», «Budé», Paris 1947, hrsg. u. übers. v. M. Durry.
2 Plinius der Jüngere, Briefe, X, 33,3 (Die dt. Übersetzung ist entnommen aus der Reclamausgabe der Briefe, Stuttgart 1985, S. 61, übers. v. M. Schuster).
3 Vgl. ebd., X; Entsendung eines Ingenieurs, X, 17; Gefängniswache, X, 19; Begleitschutz für Beamte, X, 21, 27; Errichtung eines Aquädukts, X, 37.
4 Vgl. ebd., X, 32, 11 (Übersetzung, K.F.).
5 So lautet die Hypothese von M. Durry, a. a. O., Einl. x–xi.
6 Plinius der Jüngere, X, 34 (Schuster, S. 61).
7 Zu diesen Vereinigungen vgl. J.-P. Waltzing, Etude historique sur les corporations professionelles chez les Romains, Louvain 1895–1900; sowie J. Gagé, Les Classes sociales dans l'Empire romain, Paris (Payot) 1971, S. 307–313.
8 Ulpian, Digesta, 47, 22, 2.
9 M. Clavel/P. Lévêque, Villes et structures urbaines dans l'Occident romain, Paris (Colin) 1971, S. 240–246.
10 Plinius der Jüngere, X, 96,9 (Schuster, S. 64); Anpassung des Zitats durch den Übersetzer, K.F.
11 Ebd., X, 96,10.
12 Man vgl. die 20. Sequenz («Aufruhr unter dem Devotionaliengewerbe unserer Lieben-Frau-von-Ephesus»), in: M. Clévenot, Von Jerusalem nach Rom, Fribourg 1987.
13 Zu dieser kontroversen Fragestellung vgl. man die jüngsten Richtigstellungen von Ch. Munier, L'Eglise dans l'Empire romain (IIe–IIIe siècle), Bd. II der Histoire du droit et des institutions de l'Eglise en Occident, Paris (Cujas) 1979, Teil 3, S. 218–233; sowie A. Mandouze, Les persécutions à l'origine de l'Eglise, in: Histoire vécue du peuple chrétien, Bd. I, Toulouse (Privat) 1979, S. 49–74.
14 Plinius der Jüngere, X, 96,1 (Schuster, S. 62).
15 Plinius der Jüngere, X, 96,7 (Schuster, S. 63 f.).

Anmerkungen S. 23–S. 30

16 Plinius der Jüngere, X, 97 (Schuster, S. 64 f.).
17 Man vgl. auch das Antwortschreiben von Hadrian an Minucius Fundanus, den Prokonsul von Asia, bei: Eusebius von Caesarea, Kirchengeschichte, IV, 9 (hrsg. v. Heinrich Kraft, übers. v. Philipp Haeuser, München 2, 1981, S. 202; fortan wird diese Ausgabe nur mit der Stellenangabe und Seitenzahl zitiert, also Eusebius, IV, 9, S. 202; K.F.).
18 Tertullian, Apologeticum, 2, BKV, Bd. 24, München 1915, S. 42. (Die dt. u. die franz. Übersetzung des lat. Textes weichen etwas voneinander ab, K.F.)
19 Celsus, Wahres Wort, 1 (?), nach L. Rougier, Celse contre les chrétiens, Paris 1977. (Die Stelle konnte in der später bei der 12. Sequenz benutzten dt. Ausgabe nicht verifiziert werden; K.F.)
20 Minucius Felix, Octavius, 8–9; übersetzt von J. Beaujeu bei «Belles Lettres» (Budé), Paris; (dt. Text, Reclamausgabe, übers. v. B. Kytzler, Stuttgart 1983, zit. S. 25–27).
21 Vgl. 1. Petrusbrief 2, 13–14; 2, 18; 3,1.
22 Brief an die Philipper 3,20; vgl. auch die 17. Sequenz («Eine Christin in Philippi»), in: M. Clévenot, Von Jerusalem nach Rom, Fribourg 1987.
23 Aelius Aristides, Die Romrede, 2,9 (hrsg. u. übers. v. Richard Klein), Darmstadt 1983, (hier übers. v. K.F.).
24 Platon, Gesetze, II; vgl. die bei A. Michel, La philosophie, S. 337, Anm. 6 aufgeführten Texte.
25 Vgl. Strabo, Geographie, VI, 4,2.
26 Vgl. bes. R. Wheeler, Les Influences romaines au-delà des frontières impériales (Londres 1954), Paris 1960.
27 Vgl. Gaius, Institutes, I, 1.
28 Cicero, Vom pflichtgemäßen Handeln, 1, 149.
29 Vgl. Ignatius von Antiochien, Brief an die Epheser, 4,2 (BKV, Bd. 35, München 1918).
30 Martyre de Polycarpe, coll. «Sources chrétiennes», Nr. 10, Paris (Cerf) 1951. Der Begriff «katholisch» taucht schon im Brief des Ignatius an die Smyrnäer, 8,2, auf.
31 Ebd., 1,1.
32 Ebd., 8,1.
33 Ebd., 16,2.
34 Vgl. A. Mandouze, a. a. O.

4. Sequenz

1 Man vgl. die 12. Sequenz («Eine ägyptische Familie um das Jahr 30»), in: M. Clévenot, Von Jerusalem nach Rom, Fribourg 1987.
2 Plinius der Ältere, Naturalis historia, 13. Buch, 22–23 (franz. Ausgabe v. A. Ernout, Paris 1956); zit. nach: Plinius der Ältere, Naturgeschichte, Bd. I–III, hrsg. u. übers. von C.F.L. Strack, Darmstadt 1968, Bd. II, S. 42–43.
3 Grenfell/Hunt, The Oxyrhynchus Papyri, 24 Bde., S. 1896 ff.
4 C.H. Roberts, An Unpublished Fragment of the Fourth Gospel, Manchester 1935.
5 Rufen wir uns in Erinnerung, daß kein einziges «Originalmanuskript» eines Werkes der Antike in unsere Hände gelangt ist. Noch nicht einmal von Corneille oder Molière besitzen wir welche, und von Voltaire haben wir auch nur ganz wenige. Die Angewohnheit, die «Autographen», d.h. die Urschrift des Verfassers, zu verwahren, kam erst im 19. Jahrhundert auf. Die älteste Abschrift Platons, die uns bekannt ist, stammt aus dem 9. Jahrhundert.
6 Vgl. L. Vaganay, Initiation à la critique textuelle néo-testamentaire, Paris 1934, S. 46–54.
7 Origenes, Commentaires sur Matthieu, 15,14.
8 Hieronymus, Brief an Papst Damasus, Vorwort.
9 Vgl. J. Finegan, Encountering New Testament Manuscripts, London 1974, S. 85–90 (mit einem Foto des Papyrus 52). Die französischen Wörter, die ungefähr den griechischen Worten des Papyrus entsprechen, werden in der deutschen Version kursiv wiedergegeben, K.F.
10 Vgl. die 23. Sequenz («Der Sklave ohne Namen und der Sklave Onesimus»), in: M. Clévenot, Von Jerusalem nach Rom, Fribourg 1987
11 Brief an Philemon 5, 15–16.
12 Vgl. Hunt/Edgar, Select Papyri, coll. Loeb, Cambridge Mass. 1970, Bd. I, 14, S. 42.
13 2. Brief an die Thessalonicher 3,11.
14 Man vgl. z.B. Hunt/Edgar, ebd.
15 Die Evangelisten Matthäus, Markus und Lukas nennt man «Synoptiker», weil es möglich ist, ihre Texte so nebeneinander zu ordnen, daß man sie «mit einem Blick» erfassen kann.

Anmerkungen S. 30–S. 44

16 Johannes 19,16.
17 Johannes 18,36; zu dieser Interpretation vgl. P. Vidal-Naquet, Vorwort zu Flavius Josephus, La Guerre des Juifs, übers. v. P. Savinel, Paris (Minuit) 1977, S. 83 f.
18 Vgl. bes. Deuteronomium 7,9; Psalm 132,11.
19 Vgl. die 17. Sequenz («Eine Christin in Philippi»), in: M. Clévenot, Von Jerusalem nach Rom, Fribourg 1987
20 Epiktet, Unterredungen, II, 14,8 (dt. Ausgabe, S. 104).
21 R. Etienne, Le Siècle d'Auguste, Paris (Colin) 1970, S. 36.

5. Sequenz

1 Properz, Gedichte, IV, 8,15 (lat. u. dt., hrsg. v. Rudolf Helm, Darmstadt [3]1983).
2 Strabo, Geographie, 3,3.
3 Orelli 3740, zit. bei G. Boissier, La religion romaine d'Auguste aux Antonins, Bd. II, S. 225.
4 CIL, XIV, 2112, übersetzt in: Charles-Picard/Rougé, a. a. O., S. 111.
5 Zit nach G. Boissier, a. a. O., S. 311.
6 Zit nach G. Boissier, a. a. O., S. 298; S. 334.
7 Zum Phänomen der *euergetes* (Wohltäter) vgl. P. Veyne, Le Pain et le Cirque, Paris 1976.
8 Zum «Euergetentum» im 2. Jahrhundert vgl. P. Petit, La Paix romaine, Paris 1971, S. 178.
9 Philostratos, Sophisten-Biographien, II. Buch.
10 R. Duncan-Jones, «An Epigraphic Survey of Costs in Roman Italy», zit. bei: P. Petit, La Paix romaine, S. 308.
11 Vgl. bes. Ch. Goudineau, Les villes de la paix romaine, in: Histoire de la France urbaine, unter der Leitung v. Georges Duby, Paris (Seuil) 1980, Bd. I, S. 365–381; man beachte die Schlußfolgerung: «Die Konzeption der ‹Stadt des Konsums› duldet keinen Widerspruch.»

6. Sequenz

1 Justin, Apologie, I, 65–67. (Zitiert wird nach der Ausgabe: Frühchristliche Apologeten und Märtyrerakten, Bd. I, BKV, Bd. 12, München 1913, Apologie, I. u. II übers. v. G. Rauschen, S. 55–155; hier: S. 134–136; das Zitat ist aus verschiedenen Passagen der Kanones 65, 66, 67 zusammengesetzt; K.F.)
2 1. Brief des Paulus an die Korinther 10,17.
3 Zur Bedeutung des *symbolon* vgl. man z.B. Euripides, Medea, 613, und die Randbemerkung: «Die *symbola* waren Knöchelchen *(astragala)*, welche die Gastfreunde sich teilten, um ihr Bündnis zu besiegeln. Derjenige, welcher die Gastfreundschaft empfangen hatte, und derjenige, welcher sie gewährt hatte, bewahrten jeder die Hälfte des entsprechend gebrochenen Knöchelchens auf und bedienten sich seiner für sich und ihre Angehörigen als Erkennungszeichen.» Euripides, Oeuvres, Les Belles Lettres, «Budé», Paris 1941, Bd. I, S. 145, Anm. 3).
4 Justin, Dialog mit Tryphon, 3.
5 Justin, Apologie, II, 12 (a. a. O., S. 152).
6 Justin, Dialog mit Tryphon, 7.
7 Justin, Dialog mit Tryphon, 8.
8 Justin, Apologie, I, 23 (a. a. O., S. 89 f.).
9 Ebd., 46 (a. a. O., S. 113).
10 Ders., Apologie, II, 13 (a. a. O., S. 154).
11 Justin, Apologie, I, 11–12 (a. a. O., S. 74 f.).
12 Matthäus, 22,15–22; Markus 12,13–17; Lukas 20,20–26.
13 Justin, Apologie, I,17 (a. a. O., S. 83).
14 Aelius Aristides, Romrede 97, 65, 66 (a. a. O., S. 59, 41).
15 Ulpian, Digestia, 68, 19, 38, zit. bei Charles-Picard/Rougé, a. a. O., S. 115.
16 Justin, Apologie, II, 1 (a. a. O., S. 139).
17 Ebd., II, 8 (a. a. O., S. 147); früher wurde diese Stelle als II, 3 eingeordnet, K.F.
18 Vgl. Eusebius, IV, 16,7–9, S. 216; die «Märtyrerakten» von Justin sind abgedruckt bei J. Lebreton/J. Zeiller, L'Eglise primitive, Bd. I (S. 451) der «l'Histoire de l'Eglise» unter der Leitung v. Fliche/Martin, Paris 1946.

Anmerkungen S. 45–S. 54

7. Sequenz

1. Aelius Aristides, Discours, 47–52, zit. bei Dodds, a. a. O., S. 59–61.
2. Dio Cassius, Histoire romaine, 72, 36, 1, zit. ebd., S. 43, Anm. 2.
3. Aufschlußreiche Auszüge der «Sibyllinischen Orakel» findet man bei P. Grelot, L'Espérance juive à l'heure de Jésus, Paris (Desclée) 1978, S. 193 ff.
4. J. Daniélou, in: Daniélou/Marrou, Nouvelle Histoire de l'Eglise, Bd. I, Paris (Seuil) 1963, S. 130.
5. Extraits de Théodote, 78,2, coll. «Sources chrétiennes», Paris (Cerf) 1970.
6. Elenchos, 6, 42, 2.
7. Vgl. bes. Tertullian, Gegen die Valentiner und Irenäus. Fünf Bücher gegen die Häresien.
8. A.J. Festugière, L'Enfant d'Agrigente, Paris (Plan) 1950, S. 117.
9. Vgl. das A.v. Harnack zugeschriebene Wort, wonach damals Christentum und Heidentum «zwei Mythologien, aber eine einzige Theologie hatten» (zit. bei Dodds, a. a. O., S. 135, Anm. 1).
10. Daniélou, a. a. O., S. 130.
11. H.Ch. Puech, En quête de la Gnose, Paris (Gallimard) 1978, Bd. I, S. 215.
12. Vgl. S. Pétrement, «Dualisme», in: Encyclopaedia Universalis, Paris 1978, Bd. 5, S. 825–828.
13. Platon, Theaitetos, 176a, b (zit. nach der Übersetzung v. F. Schleiermacher, Rowohlts Klassiker, Bd. 39, Hamburg 1984, S. 142).
14. Plotin, Enneaden, I, 6,8, trad. Bréhier, Paris 1924–1938, 6 Bde. (Les Belles Lettres, «Budé»); zitiert wird hier nach der zweisprachigen Ausgabe von Richard Harder: Plotins Schriften, Text und Übersetzung, Bd. I–V, Hamburg 1956–1967 (Phil. Bibliothek F. Meiner); hier: Bd. Ia, S. 23.
15. Vgl. J. Carcoponio, De Pythagore aux apôtres, Paris 1956, S. 175–211. Das Foto des Fresko der Rückkehr des Odysseus ist in der *Encyclopaedia Universalis*, Paris 1978, Bd. 7, S. 788 (Art. «Gnosticisme chrétien») enthalten.
16. Vgl. das Werk von Elaine Pagels, The Gnostic Gospels, London 1979, das ich dank eines Hinweises meines Freundes Jean-Daniel Dubois zur Kenntnis nehmen konnte.
17. Irenäus von Lyon, Fünf Bücher gegen die Häresien, V, 24,2, franz. Übersetzung v. A. Rousseau u.a., Paris (Cerf) 1969; dt. Übersetzung v. E. Klebba, 2 Bde., (BKV, Bd. 3 u. 4), München 1912, Bd. II, S. 537 f.
18. Brief an die Römer 13,1 ff.
19. Platon, Protagoras, 321d, 322b–e, 323a; franz. Übersetzung v. A. Croiset, Paris 1923 (Budé). Ich habe das griechische Wort *haïdos*, welches Croiset mit *pudeur* (Scham) übersetzt, meinerseits mit *égards* (Achtung) übersetzt. (Zitiert wird hier nach der dt. Ausgabe: Rowohlts Klassiker, Bd. 1/1a, Hamburg 1961, S. 62 f.; entsprechend der Vorgabe von M.C. wurde das dt. Wort «Scham» durch «Achtung» ersetzt, K.F.)

8. Sequenz

1. Justin, Apologie, I, 55 (dt. a. a. O., S. 123 f.).
2. E. Demougeot, La Formation de l'Europe et les Invasions barbares, Paris (Aubier) 1969, Bd. I, S. 259–284; vgl. auch R. Rémondon, La Crise de l'Empire romain, Paris 1970.
3. Tacitus, Germania. Bericht über Germanien, 45,6 (lat. u. dt., übers., komm. u. hrsg. v. J. Lindauer, München 1986, S. 65; 67).
4. E. Demougeot, a. a. O., S. 272.
5. Ebd., S. 284.
6. Tacitus, Germania, 33,3 (dt., a. a. O., S. 51).
7. E. Demougeot, a. a. O., S. 287–289.
8. E. Demougeot, a. a. O., S. 216.
9. Historia Augusta. Römische Herrschergestalten, Bd. I, Zürich/München 1976, S. 93–101 (Marc Aurel, von Julius Capitolinus, 13–22, zit. bei Demougeot, S. 575).
10. Ovid, Tristia, V, 10,37: «Barbarus hic ego sum, qui non intelligor ulli».
11. Vgl. Cl. Préaux, Le Monde hellénistique, Paris (PUF) 1978, Bd. II, S. 545–586.
12. Vgl. J. Perret, Introduction à Tacite, La Germanie, Paris 1949, 16–24 (Les Belles Lettres, «Budé»).
13. Tacitus, Germania, 4,1–2 (dt., a. a. O., S. 17).
14. Zu dieser Zeit rekrutierten sich die Legionen zu 55% aus Afrika und 39% aus den Provinzen an Rhein und Donau und dem Orient; vgl. auch die Anm. 11 der 1. Sequenz.
15. Tertullian, Apologeticum, 25,5.
16. Man vgl. M. Clévenot, Von Jerusalem nach Rom, Fribourg 1987, Anm. 34, S. 179.

Anmerkungen S. 54–S. 65

17 Marc Aurel, Selbstbetrachtungen, 11,35 (übertr. u. eingel. v. Wilhelm Capelle, Stuttgart [9]1957, S. 167); Marc Aurel zitiert hier Epiktet, III, 87.
18 E. Demougeot, a. a. O., S. 228.
19 Marc Aurel, a. a. O., 7, 38 (dt., S. 93).
20 Ebd., 10,10.
21 Über «die ökonomische Krise unter den letzten Antoninern» vgl. P. Petit, Histoire, Bd. II, S. 30–40; R. Rémondon, a. a. O., S. 97–115; Rostovtzeff, Kap. 4–8.
22 Marc Aurel, a. a. O., 7, 61 (dt., S. 98).

9. Sequenz

1 Zwei «Briefe von Paulus an die Korinther» sind uns erhalten; man datiert sie auf die Jahre 55 und 56.
2 1 Korinther 7,25–26.
3 Vgl. die 11. Sequenz, in: M. Clévenot, Von Jerusalem nach Rom, Fribourg 1987 («Die essenische Gemeinde von Qumran»).
4 Justin, Apologie, I, 15 (a. a. O., S. 80).
5 Der Hirte des Hermas, Vision, II, 2, 3.
6 «Ohne Frauen, ohne Liebe, ohne Geld, in der alleinigen Gesellschaft von Palmen», so kennzeichnete Plinius der Ältere (5, 7, 73) die Essener (vgl. die in der in Anm. 3 erwähnte 11. Sequenz zitierte Textstelle des Plinius).
7 Besonders Platon, Phaidon, 82 e.
8 Jeremia 29, 28; 29,5–7.
9 1 Thessalonicher 4,3–5; 2 Thessalonicher 2,1–2.
10 Zu der ganzen Sequenz vgl. P. Nautin, Lettres et écrivains chrétiens des IIe et IIIe siècles, Paris (Cerf) 1961, Kap. 1: «Dionysius von Korinth und seine Briefpartner». Die betreffende Korrespondenz kennen wir dank Eusebius von Caesarea, Kirchengeschichte, IV, 33.
11 1 Korinther 3,1.
12 Eusebius, II, 25,8, S. 146.
13 1 Korinther 1,12.
14 Römer 1,13; 15,20–29.
15 Vgl. Eusebius, IV, 23,13, S. 223; er bemerkt einfach: «Außer den ... Briefen des Dionysius existiert noch einer, den er an ... Chrysophara geschrieben und worin er in entsprechender Weise auch ihr passende geistige Nahrung verabreichte.» P. Nautin deutet es so: «Man kann vermuten, daß es eine Lobrede auf die Keuschheit war, wie sie die Väter oft an Jungfrauen oder Witwen schickten.» (a. a. O., S. 32).

10. Sequenz

1 Vgl. R. Graves, Les Mythes grecs (1958), Paris (Fayard) 1967, S. 227–231.
2 Ovid, Metamorphosen, 11,85–193.
3 Vgl. «Apollo» und «Dionysos» im *Thesaurus* der *Encyclopaedia Universalis*, Bd. 18.
4 F. Cumont, Les Religions orientales dans le paganisme romain, Paris [4]1929, S. 43–68.
5 CIL, VI, 510.
6 Catull, Gedichte, 63,31–32 (Eingel. u. übers. v. Rudolf Helm, Stuttgart 1986, S. 71).
7 Die verschiedenen Begebenheiten des Montanismus sind uns besonders von Eusebius, IV, 27 (S. 227); V, 3, 14–18 (S. 256–263) überliefert. Ich habe mit großem Gewinn folgendes Werk benutzt: P. de Labriolle, La Crise montaniste, Paris 1913.
8 Cicero, Pro Flacco, 27, 65.
9 Justin, Dialog mit Tryphon, 119,4.
10 Labriolle, a. a. O., Orakel Nr. 5, S. 45.
11 Ebd., Orakel Nr. 4, S. 43.
12 Labriolle, a. a. O., Orakel Nr. 7, S. 52.
13 Ebd., Orakel Nr. 14, S. 73; vgl. auch Römer 11,23 und 2 Korinther 10,5.
14 Labriolle, a. a. O., Orakel Nr. 17, S. 87.
15 Ebd., S. 26.
16 Ebd., S. 27 f.

Anmerkungen S. 65–S. 74

17 Eusebius, V, 16, 10, S. 258.
18 Vgl. die 17. Sequenz («Eine Christin in Philippi»), in: M. Clévenot, Von Jerusalem nach Rom, Fribourg 1987.
19 Labriolle, a. a. O., S. 146.
20 Epiphanias, Panarion, 48,1, zit. ebd., S. 136.
21 Vgl. bes. 1 Korinther 15,44–46.
22 Ebd., 12,10; 14,1–33.
23 Ebd., 14,26; 14,31–32; 14,39–40.
24 Vgl. 1 Korinther 14,34–35.
25 1 Timotheus 2,12–15.
26 Cyrill von Jerusalem, Katechesen, 16,8 zit. bei: Labriolle, a. a. O., S. 136.
27 Labriolle, a. a. O., S. 156, Anm. 3.
28 Der «Kanon Muratori» (um 200) ist das erste uns bekannte offizielle Verzeichnis der Bücher des Neuen Testaments. Dabei fehlen: der Hebräerbrief, die zwei Petrusbriefe, der Jakobusbrief und der dritte Johannesbrief.
29 Labriolle, a. a. O., S. 246.
30 Labriolle, a. a. O., Exkurs I, S. 453–455; man vgl. auch die spätere 18. Sequenz: «Die bewegte Laufbahn des Calixtus, Bischof von Rom».
31 Ebd., S. 300 ff.
32 Vgl. die 21. Sequenz: «Mani und der Manichäismus».
33 Der Text des Edikts von Honorius ist abgedruckt bei: Labriolle, a. a. O., S. 457–458.
34 Der Text des Edikts von Justinian ist abgedruckt bei: Labriolle, a. a. O., S. 532.
35 Prokopios, Arcana, XI, 14,23, in: Labriolle, a. a. O., S. 534.
36 Labriolle, a. a. O., S. 535.
37 Ebd., S. 536.
38 Nietzsche, Dionysos – Dithyramben, in: F. Nietzsche, Werke in vier Bänden, hrsg. u. eingel. v. G. Stenzel, Erlangen o.J., Bd. I, S. 241.

11. Sequenz

1 Zu Lyon, der Hauptstadt der drei Gallien, vgl. man die 16. Sequenz («Gallier im Senat ...»), in: M. Clévenot, Von Jerusalem nach Rom, Fribourg 1987; sowie A. Audin, Lyon miroir de Rome, Paris (Fayard) 1979.
2 Zu dieser ganzen Sequenz vgl. Colloque CNRS, sept. 1977, «Les martyrs de Lyon», Paris (CNRS), 1978.
3 Vgl. J. Rougé, Aspects économiques du Lyon antique, in: Colloque CNRS, S. 48–52.
4 Ein erster Zusammenfluß von Rhône und Saône befand sich damals am Fuße des Croix-Rousse und teilte dadurch die Insel der *canabae*, das heutige Bellecour-Perrache, ab.
5 Vgl. M. Le Glay, Le culte impérial à Lyon, au IIe siècle, Colloque CNRS, S. 20–30.
6 Die Namen der Christen sind erwähnt im Dossier der ganzen Vorgänge, übermittelt von Eusebius von Caesarea, V,1–2; vgl. auch G. Thomas, La condition sociale de l'église de Lyon an 177, Colloque CNRS, S. 93–103.
7 Vgl. L. Cracco-Ruggini, Les structures de la société et de l'économie lyonnaises au IIe siècle, Colloque CNRS, S. 67–92.
8 L. Cracco-Ruggini, a. a. O., S. 91.
9 Vgl. die 16 Sequenz («Gallier im Senat ...»), oben Anm. 1.
10 Herodes Agrippa II. sprach von «ungefähr 1200 Soldaten» (Flavius Josephus, De Bello Judaico, II, 16,372); in Wirklichkeit waren es nur die 600 Männer der XIII. Stadtkohorte.
11 Eusebius, V, 1,56, S. 243; einige Historiker gehen davon aus, daß Blandina eine Frau reiferen Alters gewesen sein muß. Ich bevorzuge dagegen die gängige Vorstellung.
12 Das Gedicht von Hadrian wird zitiert von M. Yourcenar als Motto zu seinem Buch «Mémoires d'Hadrian», Paris 1958:
«Animula, vagula, blandula
Hospes comesque corporis
Quae nunc abibis in loca
Pallidula, rigida, nudula,
Nec, ut soles, dabis jocos ...»

Anmerkungen S. 74–S. 83

Man fühlt sich an die Ode von Ronsard «an seine Seele» erinnert:
«Mein Seelchen, Ronsardelette,
allerliebste, süßeste,
teuerste Gastfreundin meines Körpers.
Du steigst geschwächt hinab,
bleich, verhärmt und einsam,
in das kalte Königreich des Todes ...»

13 Irenäus, Fünf Bücher gegen die Häresien, IV, 20,7: «Gloria Dei, vivens homo; vita autem hominis, visio Dei.» «Denn Gottes Ruhm ist der lebendige Mensch; das Leben des Menschen aber ist die Anschauung Gottes.»
14 Brief des Irenäus an Florinus, in: Eusebius, V, 20,6, S. 265.
15 Vgl. Nautin, a. a. O., Kap. 2: «Die Briefe der Kirchen von Vienne und Lyon an die von Asia und Phrygien.»
16 Eusebius, V, 4,2, S. 246.
17 Eusebius, V, 3,2–3, S. 245 f.
18 Vgl. Nautin, a. a. O., S. 90–91.
19 Eusebius, V, 3,4, S. 246.

12. Sequenz

1 Ich zitiere Celsus nach dem von L. Rougier zusammengestellten Text seines «Wahren Wortes»; L. Rougier, Celse contre les chrétiens, Paris 1977. (Die dt. Übersetzung der Celsus-Zitate ist eine Interpolation zwischen einer direkten Übersetzung von Rougier und der älteren dt. Übersetzung von Theodor Keim [1873], wiederabgedruckt in: Celsus, Gegen die Christen, München 1984 [Matthes u. Seitz Verlag]; zum Vergleich werden die entsprechenden Stellen dieser Ausgabe mit angegeben; K.F.)
2 Celsus (nach Rougier), § 84 (Keim, S. 162 f.).
3 Celsus (nach Rougier), § 7, 11, 17, 28 (Keim, S. 71, 72, 75, 80, 89, 90).
4 Ebd., § 37 (Keim, S. 100–101).
5 Man vgl. M. Clévenot, Von Jerusalem nach Rom, Fribourg 1987 (18. Sequenz: «Paulus in Athen ...»).
6 Acta Pauli et Theclae, auszugsweise in: Les Evangiles apocryphes, Paris (Fayard-Cerf) 1952.
7 Celsus (nach Rougier), § 64 (Keim, S. 134).
8 Ebd., § 65 (Keim, S. 135).
9 Ebd., § 66 (Keim, S. 137–139).
10 Ebd., § 2 (Keim, S. 64).
11 Celsus (nach Rougier), § 4 (Keim, S. 67).
12 1 Korinther 1, 22–23.
13 1 Petrus 2,17 («Liebt die Gemeinschaft der Brüder»); Clemens von Rom, 2,4; Der Hirte des Hermas, Gebote, 8,10 (BKV, Bd. 35, S. 215); Epitaph des Aberkios (Ende 2. Jahrhunderts): «Überall habe ich Brüder gefunden.»
14 Didache, 4, 8 (dt. Ausgabe: Die apostolischen Väter, übers. v. Franz Zeller, BKV, Bd. 35, München 1918, S. 9).
15 Der Ausdruck *tertium genus* findet sich in der «Predigt des Petrus», Fragment 5, zitiert von Clemens von Alexandrien, Stromateis, VI, 5, 41, und Aristides von Athen, Apologie, II, 1 (dt. Ausgabe: BKV, Bd. 12, München 1913, S. 27).
16 Celsus (nach Rougier), § 99, 110 (Keim, S. 180 f., 192 f.).
17 Ebd., § 115 (Keim, S. 197).
18 Celsus (nach Rougier), § 117 (Keim, S. 199; die franz. Passage geht hier über die dt. Stelle merklich hinaus; K.F.).
19 Ebd., § 118 (Keim, S. 199).
20 Dies ist die berühmte Stelle aus dem Magnifikat (Lukas 1, 46. 52), die Maurras immer mit Entsetzen als Kennzeichen des revolutionären Charakters des Christentums zitierte.

13. Sequenz

1 Zur Regierung des Commodus vgl. Rostovtzeff, S. 451–457; P. Petit, Histoire ..., Bd. II, S. 20–24; 30–40.
2 CIL, VIII, 10570; in Auszügen übersetzt bei Charles-Picard/Rougé, S. 218–223.

Anmerkungen S. 83–S. 95

3 Man vgl. die 6. Sequenz («Juba II., König von Mauretanien ...») und die 9. Sequenz («Der afrikanische Aufstand von Tacfarinas ...»), in: M. Clévenot, Von Jerusalem nach Rom, Fribourg 1987.
4 Vgl. L. Harmand, L'Occident romain, Paris (Payot) 1970, S. 368–377.
5 Vergil, Georgica, II, 136–144 (hrsg. v. Johannes u. Maria Götte), München ^{4}1981, S. 99.
6 Eine Überlegung von L. Harmand, a. a. O., S. 376.
7 Vgl. J. Kolendo, La formation du colonat en Afrique, übersetzt in: Recherches internationales à la lumière du marxisme, Nr. 84, 3/1975, S. 129–150.
8 Vgl. I.P. Golovatchev, Sur les droits de possession des colons africains du Ier au IVe siècles (1966), zitiert von P. Petit, Histoire ..., Bd. II, S. 119, Anm. 19.
9 Auszug aus der *lex Manciana*, Inschrift von Henchir-Mettich, CIL, VIII, 25902; übersetzt in: Charles-Picard/Rougé, a. a. O., S. 211–215.
10 Charles-Picard/Rougé, a. a. O., S. 214.
11 Inschrift von Ain-el-Djemala, CIL, VIII, 25943, nach Charles-Picard/Rougé, a. a. O., S. 218.
12 Zum Begriff der *libertas* vgl. Cl. Nicolet, Le Métier de citoyen dans la Rome républicaine, Paris (Gallimard) 1976, S. 430 ff.
13 Der Begriff *consensus* taucht schon in den «Memoiren» des Augustus auf: «Das allgemeine Einverständnis *(consensus)* hat mir absolute Macht verliehen». (Res gestae, 34).
14 Inschrift von Souk-el-Khemis, bei Charles-Picard/Rougé, S. 220. Die geschwollene Aufzählung der Titel des Commodus stellt ein außerordentliches Mittel der Ausbreitung der Reichsideologie dar; durch ihre Wiederholung auf Münzen, Inschriften und Denkmälern spielte sie die Rolle der heutigen Massenmedien.

14. Sequenz

1 Zu diesen ganzen Vorgängen vgl. Eusebius, V, 23–25, S. 267–270; sowie den Kommentar dazu von Nautin, a. a. O., Kap. III: «Die Briefe zum Osterstreit unter Papst Viktor».
2 Vgl. die 11. Sequenz: «Die Märtyrer von Lyon ...».
3 Vgl. Matthäus 26,17–29; Markus 14,12–25; Lukas 22,7–20.
4 Johannes 19,14.
5 Chr. Mohrmann, Les origines de la latinité chrétienne à Rome, V.C. 3 (1949), S. 67–107; sowie H.J. Marrou, Histoire de l'éducation dans l'Antiquité, Paris (Seuil) 1965, S. 383.
6 Eusebius, V, 24,2–7, S. 267 f.
7 Apostelgeschichte 5,29.
8 Vgl. die 20. Sequenz («Aufruhr unter dem Devotionaliengewerbe ‹Unserer Lieben Frau von Ephesus› ...»), in: M. Clévenot, Von Jerusalem nach Rom, Fribourg 1987.
9 Vgl. Nautin, a. a. O., S. 68–70.
10 Eusebius, V, 24,8, S. 268.
11 Ebd., V, 25 u. 23,3–4, S. 267; 270.
12 Eusebius, V, 24,10, S. 268.
13 Ebd., V, 24,13, S. 269. Die nächsten Zitate sind ebenfalls aus 24,11–17.
14 Eusebius, V, 24,16, S. 269; vgl. auch Nautin, a. a. O., S. 84.
15 Eusebius, V, 24,18, S. 270.
16 Konzil von Nizäa, Dekret über das Datum des Osterfestes; vgl. auch am Ende dieses Buchs die 30. Sequenz («Das ökumenische Konzil von Nizäa»); zum Weiterexistieren der Verfechter des 14. Nisan vgl. S.W. Baron, Histoire d'Israël, Paris 1957, Bd. II, S. 1149, Anm. 21.

15. Sequenz

1 Vgl. H.J. Marrou, Einleitung zu: «A Diognète», coll. «Sources chrétiennes», Nr. 33 bis, Paris (Cerf) 1965, S. 5–10.
2 Zu Abfassungszeit, Autorschaft und Empfänger vgl. Marrou, a. a. O., S. 241–268.
3 Der Brief an Diognet (übers. v. G. Rauschen), in: BKV, Bd. 12, München 1913, S. 159–173, zit. S. 164–166 (Kap. 5 u. 6).
4 Brief an die Philipper 3,20.
5 Cicero, Über die Rechtlichkeit *(De legibus)*, übers. v. K. Büchner, Stuttgart 1983, S. 41–42.
6 Philo, In Flaccum, 46.
7 Matthäus 5,13.
8 Leviticus 2,13.

Anmerkungen S. 96–S. 105

9 Aristides von Athen, Apologie, XVI, 6, in: BKV, Bd. 12, München 1913, S. 53.
10 Matthäus 13,33; Lukas 13,21.
11 Tertullian, Apologeticum, in: BKV, Bd. 24, München 1915, S. 435.
12 Klemens von Alexandrien, Welcher Reiche wird gerettet werden?, in: BKV, II. Reihe, Bd. 8, S. 267 f. (Zur genauen Quellenangabe vgl. die folgende Sequenz, Anm. 1. u. 5.)

16. Sequenz

1 Vgl. die Einleitung von H.J. Marrou zu: Clément d'Alexandrie, Le Pédagogue, I, coll. «Sources chrétiennes» Nr. 70, Paris (Cerf) 1960. (Der dt. Text ist übernommen aus: Des Klemens von Alexandreia ausgewählte Schriften, Der Erzieher. Welcher Reiche wird gerettet werden?, übers. v. O. Stählin, BKV, II. Reihe, Bd. 7 u. 8, München 1934.)
2 Vgl. den Index antiker Autoren, die bei Klemens erwähnt werden, im Bd. 3 von «Le Pédagogue», coll. «Sources chrétiennes» Nr. 158, Paris 1970 (BKV II, Bd. 8, S. 304–321).
3 Aristophanes, Fragment der Thesmophoriazusen, zit. bei: Clemens, Der Erzieher, Buch II, 124,1–2 (BKV, II, Bd. 8, S. 129).
4 Markus 10,17–32.
5 Welcher Reiche wird gerettet werden?, Kap. 1, in: BKV, II, Bd. 8, S. 227.
6 Welcher Reiche wird gerettet werden?, Kap. 2, a. a. O., S. 229.
7 Ebd., Kap. 3, S. 230.
8 Welcher Reiche wird gerettet werden?, Kap. 11–12, S. 239–241.
9 Welcher Reiche wird gerettet werden?, Kap. 13, 14, 17, 32 (S. 242 f., 247, 263).
10 Ebd., Kap. 40, S. 272 f.
11 Welcher Reiche wird gerettet werden?, Kap. 41, S. 273 f.
12 Klemens, Der Erzieher, Buch III, Kap. 19,1 (BKV, II, Bd. 8, S. 152).
13 Klemens, Stromateis, I, II, 5,4.
14 Klemens, Der Erzieher, Buch I, Kap. 1, Nr. 1 (BKV, II, Bd. 7).
15 Ders., Der Erzieher, Buch II, Kap. 49,1 (BKV, II, Bd. 8, S. 59).
16 Ebd., Kap. 46,3, S. 57.
17 Klemens, Der Erzieher, Buch II, Kap. 60,1, S. 68.
18 Ebd., Kap. 54,3, S. 64.
19 Ebd., Kap. 52,2, S. 61 f.
20 Ebd., Kap. 92,3, S. 99.
21 Ebd., Kap. 87,3, S. 95.
22 Ebd., Kap. 83,1. S. 91.
23 Klemens, Der Erzieher, Buch II, Kap. 95,2, S. 102.
24 Ebd., Kap. 102,1, S. 108.
25 Ebd., Kap. 94,2–3, S. 101.
26 Jesus Sirach (Ecclesiasticus) 19,2 (zit. nach Klemens).
27 Klemens, Der Erzieher, Buch II, Kap. 96,2, S. 103.
28 Ders., Buch III, Kap. 46,1, S. 177.
29 Ebd., Kap. 49,2, S. 179 f.
30 Klemens, Der Erzieher, Buch III, Kap. 52,1–2, S. 182.
31 Ders., Buch II, Kap. 109,1, S. 115.
32 Ders., Buch III, Kap. 54,1 S. 184.
33 Genesis 37,3.
34 Philo, De Josepho 32–33 (franz. Übersetzung von J. Laporte, Paris [Cerf] 1964). Bekanntlich wird bei Platon die Demokratie, die für ihn «eine Trödelbude der Staatsverfassungen» (Politeia, 557 d) ist, als «schön bunt» (ebd.) bezeichnet.
35 Philo, a. a. O., 125–143.
36 Man vgl. hierzu die 13. Sequenz («Antijüdischer Aufruhr …»), in: M. Clévenot, Von Jerusalem nach Rom, Fribourg 1987.

17. Sequenz

1 Papyrus von Oxyrhynchos Nr. 1463, übersetzt u. kommentiert in: Charles-Picard/Rougé, a. a. O., S. 90–94.

Anmerkungen S. 106–S. 116

2 Papyrus Giessen Nr. 40; vgl. Rémondon, La Crise ..., S. 95–96 u. S. 273–275; P. Petit, Histoire ..., Bd. II, S. 70–72; die Kategorie der *dediticii* bleibt ziemlich dunkel, (*dediticius*: einer, der sich auf Gnade und Ungnade ergeben hat, K.F.).
3 Dio Cassius, Römische Geschichte, 78, 9,5 (übers. v. Otto Veh), Zürich/München 1986, Bd. V (eigene Übersetzung, K.F.).
4 Vgl. die 3. Sequenz («Marcus Vipsanius Agrippa»), in: M. Clévenot, Von Jerusalem nach Rom, Fribourg 1987.
5 Dio Cassius, 52, 36, a. a. O., Bd. IV, S. 91–92.
6 Vgl. P. Petit, Histoire ..., Bd. II, S. 89, Anm. 128.
7 Vgl. Ch. Picard, D'Ephèse à la Gaule, in: REG 1957, S. 108–117.
8 Historia Augusta. Römische Herrschergestalten, Bd. I (A. Heliogabalus, 3,5), S. 280.
9 Ebd., Alexander Severus, 29.
10 P. Petit, Histoire ..., Bd. II, S. 56.
11 ILS, 6987.
12 M. Mazza, Lotte sociali e restaurazione autoritaria nel 3e sec. d.C., Roma ^{2}1973, S. 465–468.
13 Epheser 2, 19.
14 P. Petit, Histoire ..., Bd. II, S. 101. (Anspielung auf Eph 2,18: habemus accessum ad patrem, K.F.)
15 Eusebius, VI, 19,15, S. 294.

18. Sequenz

1 Zu Calixtus vgl. man die Lexikonartikel in: DTC (Dict. de Théologie Catholique) und DACL (Dict. d'Archéologie Chrétienne et de Liturgie), welche ausgiebig die *Philosophumena* von Hippolyt zitieren. Man vgl. auch L. Duchesne, Histoire ancienne de l'Eglise, Bd. I, Paris ^{5}1911, S. 293 ff. Es gibt im Medaillenkabinett der Bibliothèque Nationale ein Porträt von Calixtus auf vergoldetem Glas, das sich an einer Vorlage ausgerichtet haben soll, die «nahe an das Original» herankommt (?); vgl. Bianchi-Bandinelli, Rome, le Centre du pouvoir, Paris (Gallimard) 1969, S. 338, Abb. 380.
2 CIL, VI, 13040.
3 Dio von Prusa, zit. in der 1. Sequenz, Anm. 12.
4 Matthäus 6,24; Lukas 16,13.
5 Vgl. die 16. Sequenz («Klemens von Alexandrien ...»).
6 Vgl. Rémondon, a. a. O., S. 88.
7 Vgl. J. Imbert/H. Legohérel, Histoire économique, des origines à 1789, Paris (PUF) ^{2}1970, S. 95. (Die im Text erwähnte Beobachtung, daß von zwei nebeneinander zirkulierenden Geldarten die mit dem höheren Materialwert aus dem Zahlungsverkehr gezogen und gehortet wird, führt man [irrtümlich!] auf den englischen Kaufmann und Bankier Sir Thomas Gresham, 1519–1579, zurück; K.F.)
8 Apulejus, Der Goldene Esel, übers. v. A. Rode, hrsg. v. H. Rüdiger, Zürich (Manesse) 1960, S. 371.
9 Vgl. den Osterstreit in der 14. Sequenz.
10 Vgl. Hippolyte, La tradition apostolique, 9; coll. «Sources chrétiennes», Paris (Cerf) 1968.
11 DACL, «Calliste: cimetière de»; Lebreton/Zeiller, De la fin du II^2 siècle à la paix constantinienne, Bd. II von Fliche/Martin, Histoire de l'Eglise, Paris 1935, Kap. 18.
12 Vgl. die 11. Sequenz («Die Märtyrer von Lyon»).
13 Ulpian, Digesta, 47,22,1; zum juristischen Status der Kirchengüter vgl. Mumier, L'Eglise dans l'Empire romain, a. a. O., S. 264–274.
14 CIL, VIII, 9589.
15 Vgl. Daniélou, a. a. O., Bd. I, S. 198 ff; H. Simon, La Civilisation de l'Antiquité et le Christianisme, Paris (Arthaud) 1972, S. 361 ff.; A. Graber. Le Premier Art Chrétien (200–395), Paris (Gallimard) 1966, S. 59–142.
16 Daniélou, a. a. O., S. 201.
17 Vgl. die 2. Sequenz («Epiktet in Nikopolis»).
18 Vgl. die 2. Sequenz («Epiktet in Nikopolis»).
19 Zu Hippolyt vgl. Daniélou, a. a. O., S. 176–183.
20 Hippolyte, La Tradition apostolique, 16.
21 Zur gleichen Zeit, wo Calixtus diese Verbindungen anerkennt, beschäftigt sich der «kleine Frauensenat», der unter der Kaiserin Julia Soemias zusammengetreten ist, lebhaft damit, daß «die Frauen aus dem Senatorenstand, die einen Mann aus einem niedrigeren Stand geheiratet haben, nicht ihre

Nobilität verlieren.» (Historia Augusta, zit. von S. Mazzarino, La Fin du monde antique, 1959, Paris (Gallimard) 1973, S. 136).
22 Hippolytus von Rom, Widerlegung aller Häresien (Philosophumena), 9. Buch, Nr. 12, BKV, Bd. 40, München 1922, S. 249 ff.
23 A. Faivre, Clergé et propriété dans l'Eglise ancienne; statut des biens, hiérarchie, célibat, in: Lumière et vie, Nr. 129–130, August–Dezember 1976, S. 51–64.
24 Eusebius, VI, 43, 11, S. 314.
25 Pélage I., Lettre 33, zit. bei Faivre, a. a. O., S. 63.
26 Origenes, Homiliae in Leviticum, 4,3.
27 Historia Augusta, a. a. O., (Severus-Alexander, 4 49).
28 Die traditionelle Darstellung des Todes von Calixtus bringt diesen mit einer unaufgeklärten Schlägerei zwischen Christen und Heiden auf der via Aurelia in Verbindung. Doch dies ist reine Dichtung. Warum läßt man nicht diesem keineswegs banalen Menschen das Geheimnis seines Todes? Auch in der jüngsten Geschichte mangelt es nicht an Beispielen dafür, daß hochgestellte Kleriker unter ungeklärten Umständen verschwanden ...

19. Sequenz

1 Zu Origenes vgl. Eusebius, VI, 1 bis VII, 1; sowie J. Daniélou, Origène, Paris 1948; eine auch chronologisch nützliche Textauswahl bietet R. Wasselynck, Origène, Paris (Ed. Ouvrières) 1966.
2 Man spricht diesbezüglich oft von der «Verfolgung des Septimus Severus»; zur Richtigstellung vgl. P. Petit, Histoire ..., Bd. II, S. 100 f.
3 Eusebius, VI, 2, 5, S. 277.
4 Eusebius, VI, 2, 9, S. 278.
5 Vgl. Matthäus 10,10; Lukas 10,4.
6 Origenes, Commentariorum in Mt. libri, 10–17, 15,3 (Matthäuskommentar).
7 Eusebius, VI, 16,3, S. 291.
8 Ein Teil der Werke des Origenes ist übersetzt in der Sammlung «Sources chrétiennes» bei éd. Cerf. Wenn nicht anders angegeben, beziehe ich mich auf sie.
9 Eusebius, VI, 8,4, S. 283.
10 Viele Textstellen sind aufgeführt bei H. de Lubac, Histoire et Esprit, Paris (Aubier) 1950, S. 56.
11 Origenes, Homilias in Jeremiam, 20,8 (Homilien zu Jeremia).
12 Origenes, Vom Gebet, 12,2, in: Origenes, Bd. I, BKV, Bd. 48, München 1926, S. 43.
13 Gregorius Thaumaturgus, Lobrede auf Origenes, in: BKV (Dionys. Areop., Gregor Thammat., Method. v. Olymp), München 1911, S. 229–232.
14 Origenes, Vom Gebet (zit. bei A. Hammon, Les Pères de l'Eglise, Paris [Desclée de Brouwer] 1977, S. 107; die Fundstelle konnte in der BKV-Ausgabe nicht verifiziert werden, K.F.).
15 Origenes, Philocalia, 6,2 (nach de Lubac, S. 169).
16 Der Ausdruck «mystischer Leib» wird zwar nicht ausschließlich von Origenes zur Bezeichnung der Kirche verwendet, jedoch wiederholt, vgl. «Commentaires sur Jean», 10,228, und de Lubac, S. 214.
17 Origenes, Homelien über das Buch Numeri (Homélies sur les Nombres), 27,4,7.
18 Origenes, Homelien über das Hohe Lied (Homélies sur le Cantique), 1,7.
19 Ders., Johanneskommentar (Commentaires sur Jean), 10,67.
20 Angaben bei de Lubac, S. 309, Anm. 91.
21 Angaben bei de Lubac, S. 382.
22 M. de Certeau, in: Certeau-Domenach, Le Christianisme éclaté, Paris (Seuil) 1974, S. 99.
23 Ebd., S. 9.
24 Heraklit, Fragmente (Diels-Kranz) Nr. 93 (hrsg. v. Battistini, Nr. 107); (Text und Sinn des Fragments sind umstritten; so übersetzt W. Capelle in seiner Ausgabe der Vorsokratiker, Stuttgart 1963, S. 151: «Auch was der Bewährteste erkennt und bewahrt, ist nur eine Meinung»; K.F.).
25 M. de Certeau, a. a. O., S. 87–98.
26 Origenes, Homelien über das Buch Numeri (Homélies sur les Nombres), 9,2.

20. Sequenz

1 A. Laronde, «Palmyre», in: Encyclopaedia Universalis, Paris 1978, Bd. 12, S. 458.
2 Vgl. Steuergesetz, in: J. Gagé, La Montée des Sassanides, Paris (Albin Michel) 1964, S. 368 ff.

Anmerkungen S. 126–S. 138

3 Über Dura-Europos vgl. bes. Gagé, a. a. O., S. 94–103; sowie auch P. Petit, Histoire ..., Bd. II, S. 163.
4 Dura papyrus 101, in: Charles-Picard/Rougé, S. 155 f.
5 Zu Mithras vgl. bes. J. Bayet, La religion romaine, histoire politique et psychologique, Paris (Payot) 1976, S. 229.
6 A. Grabar, Le Premier Art chrétien, S. 72.
7 Ebd., S. 74–77.
8 Baron, Histoire d'Israel, Bd. II, S. 605.
9 Ebd., S. 604.
10 Beschreibung, Plan und isometrische Ansicht des «Hauses der Christen» von Dura finden sich bei Grabar, a. a. O., S. 60–61.
11 Vgl. M. Rostovtzeff, «La dernière campagne de fouilles des Doura-Europos», communication à l'Académie des inscriptions et belles-lettres, 16. sept. 1932, CRAI 1932, S. 314–328.
12 1 Korinther 15,22.
13 Rostovtzeff, a. a. O., S. 328.
14 Vgl. Grabar, a. a. O., S. 71.
15 Bianchi-Bandinelli, Rome, la fin de l'art antique, S. 333 ff., S. 369 ff.; Mazza, a. a. O., S. 105–115.
16 Vgl. 2 Korinther 3,14 (Hülle), Römer 1,20 usw., zit. von Bianchi-Bandinelli, a. a. O., S. 375.
17 Mazza, S. 105 spricht vom 3. Jahrhundert als «Zeitalter des sozialen Zerfalls».
18 Rostovtzeff, S. 323.
19 Vgl. Gagé, a. a. O., S. 63–153.
20 Inschrift von Naqsh-i-Rustam, «Res gestae von Sapor I.» genannt, in: Gagé, S. 279–291.
21 M. Rostovtzeff, «Doura-Europos», RH 180 (1937), S. 239; ein Foto des persischen Soldaten befindet sich in M. Meuleau, Le Monde antique, Paris (Bordas-Laffont) 1965, Bd. II, S. 418.
22 Ammianus Marcellinus, Res gestae, 23. Buch, 5, 8.
23 Lactantius, Von den Todesarten der Verfolger, Nr. 5, in: BKV, Bd. 36, München 1919, S. 8–9.

21. Sequenz

1 Vgl. Mazza, Lotte ..., S. 251.
2 Vgl. H.Ch. Puech, «Le manichéisme», in: Histoire des religions, Pléiade-Gallimard, Bd. II, S. 531 ff.; (dt. Übersetzung: Die Religion des Mani, in: Christus und die Religionen der Erde. Handbuch der Religionsgeschichte, hrsg. v. F. König. Bd. II, Freiburg 1951, S. 499–563).
3 Vgl. H.Ch. Puech, a. a. O., S. 561.
4 Vgl. H.Ch. Puech, a. a. O., S. 532.
5 Johannes 8,6.
6 Aischylos, Die Perser, 584–590 (franz. Übersetzung v. J. Grosjean, in: Tragiques grecs.Eschyle, Sophocle, Pléiade-Gallimard, Paris 1967, S. 36), in: Die Tragödien und Fragmente, bearb. v. F. Stoessl, Zürich 1952, S. 181.
7 Inschrift von Kartir, übers. v. M.-L. Chaumont, in: Gagé, La Montée des Sassanides, S. 323 ff.
8 Über den genauen Todestag von Mani ist man sich uneins; vgl. jedoch Puech, a. a. O., S. 518.
9 Texte iranien de Tourfan, in: Gagé, a. a. O., S. 334–336.
10 Homelien, I, S. 43–45, in: Gagé, a. a. O., S. 338.
11 In seinem neuesten Werk (Le Manichéisme, Paris 1981, S. 39) benennt M. Tardieu die politische Ursache der Verurteilung des Mani: Er hatte es gewagt, sogar den Bruder des Königs zu bekehren.
12 Homelien, I, S. 53, in: Gagé, a. a. O., S. 339.
13 Vgl. Puech, a. a. O., S. 562 f.

22. Sequenz

1 Vgl. 23. Sequenz («Der Sklave ohne Name und der Sklave Onesimus»), in: M. Clévenot, Von Jerusalem nach Rom, Fribourg 1987; zu Epiktet oben die 2. Sequenz und zu Montanus die 10. Sequenz.
2 Epitaph des Gaios: Text, Übersetzung und Kommentar in «Nouveau choix d'inscriptions grecques» par l'Institut Fernand-Coubry, Paris (Les Belles Lettres) 1971, S. 177–183.
3 Vgl. den in Anm. 1 genannten Band und die 28. Sequenz («Grabinschrift des M.A. Encolpus»).
4 Vgl. H.J. Marrou, Mousikos anèr, Etude sur les scènes de la vie intellectuelle figurant sur les monuments funéraires romains, Paris 1938.

Anmerkungen S. 138–S. 146

5   Vgl. H.J. Marrou, Histoire de l'éducation ...
6   Petronius, Satiricon, Frankfurt a.M., ²1986, S. 93.
7   Sarkophag des Q. Sulpicius Maximus, ILS, 5177, in: Marrou, Mousikos anèr ..., S. 151.
8   Sarkophag des M. Sempronius Nicocrates, IG, 14, 2000, ebd., Nr. 93.
9   Vgl. Marrou, a. a. O., Nr. 15 u. 111.
10 F. Cumont, zit. bei Marrou, a. a. O., S. 232.
11 Discours d'Eumène, 10,1 in: Panegyriques latins, Bd. I, übers. v. Ed. Galletier, Paris (Les Belles Lettres) 1941.
12 Euripides, Medea, 125–127 (übers. v. L. Wolde, in: Medea. Theater der Jahrhunderte, München/Wien 1963, S. 36).
13 Platon, Phaidon, 82 b; (übers. v. F. Schleiermacher), Rowohlts Klassiker, Bd. 27/27 a, Hamburg 1964, S. 33, (franz. Übersetzung v. L. Robin, «Budé», Paris 1949).
14 Horaz, Oden II, 10,5–8, in: Werke in einem Band, Bibliothek der Antike, Berlin/Weimar 1983, S. 45 (franz. Übersetzung v. F. Richard, Paris 1950): «Auream quisquis mediocritatem ...».
15 Genesis 29,32 ff.
16 Epigraph des Lykidas, in: L. Robert, Hellenica, XI–XII, S. 434.
17 Brief an die Kolosser, 2,18.
18 Konzil von Laodicea, Kanon 35.
19 Epitaph des Aurelius Eutyches genannt Helix, in: L. Robert, a. a. O., S. 423.
20 Hippolyte de Rome, La Tradition apostolique, 16.
21 Tertullian, Über die Schauspiele, 11,1–2 (BKV, Bd. 7, München 1912, S. 117).
22 Ebd., 18,1–2 (a. a. O., S. 124); zum Vergleich des Paulus siehe 1 Kor 9,24–27.
23 Tertullian, Über die Schauspiele, 15,3–6 (a. a. O., S. 121).
24 Vgl. die 10. Sequenz («Montanus, Prisca und Maximilla») sowie Eusebius, V, 18,2 (Kraft, S. 261).
25 Brief an die Kolosser 1,15.
26 Irenäus, Fünf Bücher gegen die Häresien, IV, 20,7, a. a. O., S. 388.
27 Vgl. Eusebius, VIII, 11,1, S. 373; die Hypothese, nach der Eumenea die eingeäscherte Stadt war, stammt von Ramsay, Cities Bishoprics of Phrygia, 1897, zit. bei G. Bardy, Eusèbe, HE, Bd. III, coll. «Sources chrétiennes», Paris (Cerf) 1958, S. 23, Anm. 1.

23. Sequenz

1   Vgl. H.Ch. Puech, Enquête de la Gnose, Paris (Gallimard) 1978, Bd. I, S. 61, Anm. 1.
2   Porphyrios, Über Plotins Leben und über die Ordnung seiner Schriften, Nr. 3,16 (Bd. V c, Plotinausgabe v. Harder, bes. v. W. Marg), Hamburg 1958. S. 7.
3   Plotin, Enneaden, II,9 (Harder, Bd. III a S. 104–161).
4   E. Bréhier, L'orientalisme de Plotin, in: La Philosophie de Plotin, Paris 1928.
5   Puech, a. a. O., S. 63.
6   E. Bloch, Das Prinzip Hoffnung, Bd. I, Frankfurt a.M. 1969, S. 21.
7   Ovid, Metamorphosen, 3, 348 (übers. u. hrsg. v. M.v. Albrecht), München 1981, S. 68; lat. Text: «Si se non noverit».
8   M. Montrelay, «Narcissisme», in: Encyclopaedia Universalis, Bd. 11, S. 582 ff.
9   J. Lacan, Communication au XIIe Congrès intern. de psychiatrie, 17. Juli 1949, in: Ecrits, Paris (Seuil) 1966.
10 Vgl. Plotin, Enneaden, V, 6,8 (Harder, Bd. Ia, S. 21); diese Plotinstelle wird von M.C. paraphrasiert, nicht wörtlich zitiert; K.F.
11 Spinoza, zit. von P. Hadot, Théologie négative, in: Encyclopaedia Universalis, Bd. 15, S. 1094.
12 Plotin, (die bei M.C. zitierte Stelle konnte nicht verifiziert werden, K.F.)
13 Ebd., VI, 9,11: «phuge monou pros monou» (Harder, Bd. I a, S. 207).
14 Plotin, Enneaden, VI, 5,12 (Harder, Bd. II a, S. 73–75).
15 Ebd., VI, 7,35 (Harder, Bd. III a, S. 339).
16 Plotin, Enneaden, VI, 7,34 (Harder, Bd. III a, S. 335; 337).
17 Porphyrios, a. a. O., Nr. 23, 130, S. 55.
18 Plotin, Enneaden, V, 5,13 (Harder, Bd. III a, S. 101 f.).
19 P. Aubenque, in: Histoire de la philosophie, sous la direction de F. Chatelet, Paris (Hachette) 1972, Bd. I, S. 237.
20 Porphyrios, a. a. O., Nr. 8, 43–46, S. 23.

Anmerkungen S. 146–S. 155

21 Plotin, Enneaden, V, 8,6 (Harder, Bd. III a, S. 49).
22 L. Wittgenstein, Tractatus logico-philosophicus, 4, 121 (1928), Frankfurt a.M. 1963, S. 43.
23 Grabar, a. a. O., S. 236.
24 Grabar, a. a. O., S. 56.
25 P. Petit, Histoire ..., Bd. II, S. 202 f.
26 Vgl. L. Jerphagnon, Vivre et philosopher sous les Césars, Toulouse (Privat) 1980, S. 188.
27 Porphyrios, a. a. O., Nr. 12, 65–66, S. 29.
28 G. Lapouge, Utopie et civilisations, Paris (Flammarion) 1978, S. 41.
29 Porphyrios, a. a. O., Nr. 2, 9, S. 5.

24. Sequenz

1 Polybios, Historiae, Buch 38, Nr. 4,21 (dt., Geschichte, Gesamtausgabe, 2 Bde., Zürich/Stuttgart 1963, S. 1330).
2 Apulejus, Florida, 20, übers. v. P. Valette, Paris (Les Belles Lettres, «Budé») 1960.
3 Vgl. G. Charles-Picard, «Carthage», in: Encyclopaedia Universalis, Bd. 3, S. 994–998.
4 Tertullian, Ad Scapulam, 2,10.
5 Akten der Märtyrer von Scilli, in: Lebreton/Zeiller, a. a. O., Bd. 1, S. 317.
6 Cyprian, Briefe, Nr. 71,4., in: BKV, Bd. 60, München 1928, S. 331 ff.
7 Ebd., Nr. 55,10 (S. 169 ff.).
8 Vgl. La vie de Saint Cyprien von Bayard, a. a. O., S. VIII–XXXIX.
9 Cyprian, Über die Gefallenen, Nr. 6, in: BKV, Bd. 34, München 1918, S. 83–124, zit. S. 96–97.
10 Cyprian, Briefe, Nr. 1,1 (a. a. O., S. 355 ff.); Geminius Victor – ein Bischof?; man vgl. P. Batiffol, L'Eglise naissante et le catholicisme, Paris 1909 (Neuaufl. Cerf 1971), 1971, S. 407.
11 Ders., Briefe, Nr. 2 (a. a. O., S. 358 ff.).
12 Ebd., Nr. 3 (a. a. O., S. 360 ff.).
13 Ebd., Nr. 4,1 (a. a. O., S. 364–365).
14 Cyprian, Briefe, Nr. 4,4 (a. a. O., S. 367).
15 Ebd., Nr. 8,1 und Anm. 2, S. 19 in der Ausgabe «Budé», Bd. I; vgl. auch Batiffol, L'Eglise naissante, S. 348, Nr. 2.
16 P. Petit, Histoire, Bd. II, S. 243.
17 Ch. Saumagne, nach: P. Petit, a. a. O.
18 Cyprian, Briefe, Nr. 3, S. 360 ff.
19 Eusebius, VI, 41, S. 307–311.
20 Corneille, Polyeucte, IV,2; die Quellen werden in der von Corneille geschriebenen Einführung angegeben; vgl. auch Lebreton/Zeiller, Bd. II, S. 149, Anm. 5. Wie man nachlesen kann, hat Corneille Polyeuktes auch jenen überraschenden Vers in den Mund gelegt: «Und durch den Aufschub wächst nur meine Sehnsucht» (ebd., I,1). Die Zitate in Deutsch sind der Ausgabe von A. Benda, Polyeukt der Märtyrer, Freiburg 1948, S. 83 u. S. 5, entnommen.
21 Cyprian, Briefe, Nr. 67, a. a. O., S. 644 ff.
22 Cyprian, Über die Gefallenen, Nr. 8, a. a. O., S. 98 f.
23 Vgl. die entsprechenden Überlegungen Cyprians, in: ebd., Nr. 23–28, a. a. O., S. 112–118.
24 Vgl. J.-P. Brisson, Autonomie et christianisme dans l'Afrique romaine, Paris 1958.
25 Matthäus 16,18.
26 Cyprian, Über die Einheit der katholischen Kirche, in: BKV, Bd. 34, München 1918, S. 125–160, zit. S. 136; (Das Wort «Einheit» wurde um der größeren Nähe zum franz. Text willen durch «Einssein» ergänzt, K.F.).
27 Cyprian, Briefe, Nr. 48,3, a. a. O., S. 507.
28 Brisson, a. a. O., S. 68; zur Erweiterung des Textes vgl. Brisson, S. 68–97 sowie Batiffol, a. a. O., S. 440–447.
29 Cyprian, Über die Einheit, Nr. 11, a. a. O., S. 144.
30 Cyprian, Briefe, Nr. 69,1, a. a. O., S. 661.
31 Ebd., Nr. 69, 17, S. 676.
32 Cyprian, Briefe, Nr. 71,3, S. 684.
33 Ebd., Nr. 72,3, S. 688 f.
34 Ebd., Nr. 74,1, S. 712.
35 Die Äußerungen der 87 Bischöfe über die Notwendigkeit der Ketzertaufe, in: Cyprian, Bd. I, BKV, Bd. 34, München 1918, S. 354 (Cyprians Einleitung).

Anmerkungen S. 155–S. 165

36 Cyprian, Briefe, Nr. 75,6; 75,17; 75,25 (S. 725; S. 739; S. 744 f.).
37 Vgl. die 18. Sequenz («Die bewegte Laufbahn des Calixtus ...»).
38 Konzil von Trient, Sessio 7, Kanon 8 (Denzinger, 30. Aufl., Nr. 851).
39 Wir besitzen den Wortlaut des Urteils über Cyprian, in: Lebreton/Zeiller, Bd. II, S. 155 u. S. 209–210.

25. Sequenz

1 Ammianus Marcellinus, Res gestae, 23, 5, 3.
2 Vgl. die «Chronique de Séert», ein nestorianisches Dokument des 11. Jahrhunderts, in: Gagé, La Montée des Sassanides, S. 315 ff.
3 Vgl. Gagé, a. a. O., S. 140–153; Mazza, Lotte ..., S. 260–267.
4 Batiffol, La Paix constantinienne et le catholicisme, S. 101, zit. bei G. Bardy, Paul de Samosate, Löwen [2]1929, S. 260, Anm. 1.
5 Eusebius, VII, 30, S. 347–351.
6 Vgl. die 16. Sequenz über Klemens v. Alexandrien.
7 Vgl. F. Loofs, Paulus von Samosata (TU 44) 1924, zit. bei Bardy, S. 272, Anm. 1.
8 Eusebius, VII, 30, 12–14, S. 349.
9 Vgl. A.v. Harnack, Mission und Ausbreitung des Christentums, Leipzig [4]1924,, Bd. I, 476–479.
10 Daniélou, in: Nouvelle Histoire, Bd. I, S. 253.
11 Ebd.
12 Die Echtheit des Schreibens ist nicht gesichert, entgegen G. Bardy, a. a. O., S. 9–34.
13 Vgl. die Zeugnisse von Photius (12), Hilarius (80) und anderen bei Bardy, S. 298.
14 Vgl. M. Richard, Malchius et Paul de Samosate, ETL 35, 1919, S. 326–329, zit. bei Daniélou, Bd. I, S. 254.
15 Vgl. Bardy, S. 350.
16 Tertullian, Contra Praxeam, 2.
17 Eusebius, a. a. O., VII, 30,2 (S. 347).
18 Eusebius, VII, 30, 11, S. 349.
19 Vgl. L. Homo, Essai sur le règne de l'empereur Aurélien, zit. bei Bardy, S. 248.
20 Vgl. P. Petit, Histoire, Bd. II. S. 209 ff.
21 Historia Augusta. Römische Herrschergestalten, Bd. II (Die 30 Tyrannen; Zenobia), Zürich/München 1985, S. 151.
22 La Bruyère, Les caractères, Kap. VI: «Des biens de fortune», 78 (dt., Die Charaktere, übers. v. Gerhard Hess, Wiesbaden 1947, S. 135 f.).
23 Eusebius, VII, 30, 19, S. 350.
24 Vgl. Bardy, S. 363.

26. Sequenz

1 «Discours d'Eumène pour la restauration des écoles d'Autun» 21,3, in: Panégyriques latins, Bd. I.
2 Vgl. P. Petit, Histoire, Bd. II, S. 215.
3 Petit, a. a. O., Bd. III, S. 11.
4 Vgl. Rémondon, a. a. O., S. 116–131. Der Erlaß über das Maximum ist übersetzt und kommentiert in A. Chastagnol, Le Bas-Empire, Paris (Colin) 1969, S. 213 ff.
5 Discours d'Eumène, 21,2.
6 Man vgl. die 16. Sequenz, in: M. Clévenot, Von Jerusalem nach Rom, Fribourg 1987, über die Gallier im Senat.
7 Vgl. Histoire de la France urbaine, a. a. O., Bd. I, S. 294.
8 Man vgl. die vorhergehende Sequenz.
9 Tacitus, Annalen, III, 43,2 (dt. Ausgabe, Stuttgart 1983, S. 165).
10 Vgl. Marrou, Histoire de l'éducation, S. 424 ff.
11 Vgl. A. Momigliano, Sagesses barbares, les limites de l'hellénisation, Paris (Maspero) 1979.
12 Tacitus, Annalen, XI, 24, 13 (dt. Ausgabe, Bd. II, S. 20).
13 Discours d'Eumène, 5, 4.
14 Marrou, a. a. O., S. 434 ff.
15 Discours d'Eumène, 8, 1–2.

Anmerkungen S. 165–S. 185

16 Marrou, a. a. O., S. 341.
17 Marrou, a. a. O., S. 296 ff.
18 Seneca der Ältere, Controversiae, 1,4,1 zit. bei Marrou, S. 416.
19 Marrou, S. 417.
20 Petronius, Satiricon, 46 (dt. Ausgabe, a. a. O., S. 92).
21 Aus der Danksagung der Stadt Autun für die vom Kaiser gewährten Steuerermäßigungen, vorgetragen in Trier im Jahre 312, in: Panégyriques latins, VIII,7.
22 Discours d'Eumène, 11,2.
23 Ebd., 11,3.
24 Ebd., 12,1–2.
25 Ebd., 19,4.
26 Marrou, a. a. O., S. 456 ff.
27 Vgl. Baron, Histoire d'Israel, Bd. II, S. 780 ff.; S. 965 ff.
28 Marrou, a. a. O., S. 458.
29 Ebd., S. 427.
30 Ebd., S. 408.
31 Der Ausdruck stammt von Ernst Bloch, Atheismus im Christentum, Frankfurt 1968, S. 30.

27. Sequenz

1 Der lateinische Text der Kanones und ein Kommentar finden sich bei Ch.J. Hefele, Histoire des conciles, übers. v. H. Leclercq, Bd. I, Teil 1, Paris 1907, S. 212–264; vgl. J. Gaudemet, «Elvire», in: Dictionnaire d'histoire et de géographie ecclésiastiques, Bd. 15, Paris 1963, col. 317–348.
2 Vgl. J.A. Jungmann, Missarum sollemnia, Paris (Aubier) 1951, Teil 3.
3 Vgl. Veyne, Le Pain et le Cirque.
4 Neben vielen anderen vgl. man: Seneca, Briefe an Lucilius, 7, 3–6; 95,33. Was die christlichen Belege anbelangt, vgl. man die in der 22. Sequenz (über den Normalchristen Gaios) zitierten Texte.
5 Man vgl. das Werk von M.J. Finley, Esclavage antique et idéologie moderne, 1979, Paris (Minuit) 1981.
6 Man vgl. die Diskussion über die Datierung des Konzils bei Hefele und Gaudemet, s.o.
7 Vgl. A.-J. Festugière, Le Monde gréco-romain au temps de N.-S., Bd. II, Paris 1935, S. 203 ff.
8 Cyprian, An Demetrianus, 3–5 (zit. bei Mazzarino, La Fin du monde antique, S. 39), in: BKV, Bd. 34, München 1918, S. 206–208.
9 Vgl. Rémondon, a. a. O., S. 243–262; H.J. Marrou, Décadence romaine ou antiquité tardive?, Paris (Seuil) 1977.
10 Man vgl. die 7. Sequenz über Valentin und die Gnostiker.
11 Man vgl. die 21. Sequenz über Mani und den Manichäismus.

28. Sequenz

1 Papyrus von Oxyrhynchos 1477, in: Hunt/Edgar, Select papyri, a. a. O., Bd. I, Nr. 195
2 Vgl. Rostovtzeff, Histoire économique, S. 558.
3 BGU 325, in: Hunt/Edgar, Bd. II, Nr. 231.
4 Vgl. die 30. Sequenz über das Konzil von Nizäa.
5 P. Grimal, Vorwort zu: Romans grecs et latins, Paris (Pléiade-Gallimard) 1958, S. XVI; vgl. Mazza, Lotte ..., S. 110 ff.
6 Athanasius, Leben des heiligen Antonius, Nr. 1, in: BKV, Bd. 31, München 1917, S. 671–777, zit. S. 689 f.
7 Vgl. Bayet, La Religion romaine, S. 262–266.
8 Confession de saint Cyprien 5–6, in: Grimal, a. a. O., S. 1394.
9 Athanasius, Leben des heiligen Antonius, Nr. 14, a. a. O., S. 704 f.
10 H. Bremond, Les Pères du désert, Paris 1927, Vorwort, S. XXXVI.
11 Palladios, Histoire lausiaque 81 ff., zit. bei A.J. Festugière, Les moines d'Orient, Bd. I, Paris 1961, S. 79.
12 Historia monachorum, 21, 80–92 zit. bei Festugière, ebd., I, 57.
13 Vgl. J. Décarreaux, Les Moines et la civilisation, Paris (Arthaus) 1962.
14 Augustinus, Bekenntnisse, VIII, Nr. 5.

29. Sequenz

1. Man vgl. bes. Rémondon, a. a. O., S. 132 ff.
2. Vgl. Bayet, a. a. O., S. 22 ff.
3. Panégyriques latins, VI, 14. Bevor Constantius Chlorus nach Großbritannien übersetzte, hielt er sich beim gallischen Stamm Unelli auf: Er befestigte ihre Hauptstadt Cosedia und taufte sie Constantia, woraus dann Coutances wurde und woher auch die Gegend ihren Namen hat: Cotentin.
4. Ebd., VII, 21. Die Stadt Grand befindet sich in der Nähe von Neufchâteau in den Vogesen.
5. Eine Erörterung der verschiedenen Interpretationen findet sich bei. M. Simon/A. Benoit, Le Judaïsme et le Christianisme antique, Paris (PUF) 1968, S. 308–334.
6. Vgl. Laktanz, Von den Todesarten der Verfolger, Nr. 34, a. a. O., S. 43 f. (die Zitate sind dem in Nr. 34 abgedruckten Edikt entnommen, K.F.); vgl. auch Eusebius, VIII, 17, 3–10, S. 383 ff.
7. Vgl. Laktanz, a. a. O., 44 (S. 52 f.).
8. Vgl. P. Petit, Histoire ..., Bd. III, S. 60.
9. Vgl. die Stammtafel bei Rémondon, S. 132.
10. Dies nennt man unrichtigerweise das «Edikt von Mailand»; der Text findet sich bei Laktanz, a. a. O., Nr. 48 (S. 57–60) sowie bei Eusebius, X, 5, 2–14, S. 430–432.
11. Vgl. E. Trocmé, in: Histoire des religions, Paris (Pléiade-Gallimard) 1972, Bd. II, S. 338 ff.
12. Das Dossier hierzu findet sich bei Optatus von Mileve in seinem Werk «Contra Parmenianum Donatistam» Bd. VII (Migne PL 11, Suppl. 11, Sp. 288–300); vgl. bes. Brisson, a. a. O.
13. Eusebius, X, 5, 18–20, S. 433 f.
14. Ebd., X, 5, 21–24, S. 434 f.
15. Vgl. E. Griffe, La Gaule chrétienne à l'epoque romaine, Paris 1964, Bd. I, S. 191 ff.
16. Der Fortsetzungsband zum vorliegenden Werk enthält ein Kapitel über diese Angelegenheit: M. Clévenot, Le Triomphe de la Croix, Paris (Nathan) 1983, 4. Sequenz, S. 35–43.
17. Zur Religionspolitik von Konstantin vgl. P. Petit, Histoire ..., Bd. III, S. 62–67.
18. Codex Theodosianus, IX, 16,1 übers. in: Chastagnol, a. a. O., S. 183.
19. Ein Farbfoto dieses Mosaiks findet sich in: Grabar, a. a. O., S. 80.
20. Vgl. hierzu ebenfalls: M. Clévenot, Le Triomphe de la Croix, Paris 1983, 1. Sequenz, S. 9–15.
21. Eusebius von Caesarea, Rede zum dreißigjährigen Regierungsjubiläum Konstantins (Laus Constantini, Nr. 1–10), in: Chastagnol, a. a. O., S. 119–122.
22. Eusebius von Caesarea, Über das Leben des seligen Kaisers Konstantin, IV, 24, in: BKV, Bd. 9, München 1913, S. 1–190, zit. S. 159; zur Übersetzung dieser Stelle vgl. auch K. Rahner, L'Eglise et l'Etat dans le christianisme primitif, Paris (Cerf) 1964, S. 75 u. S. 155, Anm. 20.
23. Epiktet, a. a. O., 30 (S. 70); vgl. die 2. Sequenz, Anm. 7.

30. Sequenz

1. Vgl. Rémondon, a. a. O., S. 294–298; G. Dagron, Naissance d'une capitale, Constantinople, Paris (PUF) 1974.
2. Zur Religionspolitik Konstantins vgl. man P. Petit, Bd. III, S. 62–67; A.H.M. Jones, Le Déclin du monde antique (284–610), Paris (Sirey) 1970, S. 39–46.
3. Juvenal, Satiren, 3, 73 (dt. Ausgabe Reclam 1978, S. 29).
4. Eusebius von Caesarea, Evangelische Vorbereitung, Nr. II, 7, 9. (Migne XXI).
5. Zu Arius vgl. Marrou, Nouvelle Histoire, Bd. I, S. 290 ff; E. Trocmé, a. a. O., Bd. II, S. 351 ff.; Simon u. Benoit, a. a. O., S. 170 ff.
6. Zu Ossius vgl. bes. H. Leclercq, L'Espagne chrétienne, Paris 1906, S. 90 ff.
7. Athanasius, zit. nach Hefele-Leclercq, a. a. O., S. 100.
8. Eusebius von Caesarea, Leben Konstantins, II, 69 (BKV, Bd. 9, S. 87 f.).
9. Athanasius, Apologia de fuga, 5.
10. Zum Konzil von Arles vgl. die vorangegangene Sequenz.
11. Nach Hefele-Leclercq ist Nicasius Bischof von Dijon; dagegen nach Marrou, «Nicée (concile de)», in: Encyclopaedia Universalis, Bd. 11, S. 795, ist er Bischof von Die.
12. Eusebius, Leben Konstantins, III, 10–12 (S. 102–105).
13. Die Bezeichnungen «links, mitte-links, mitte-rechts, rechts» sind von Leclercq in Hefele-Leclercq. Marrou hingegen bevorzugt «extreme Linke, Linke, Rechte, extreme Rechte», in: Nouvelle Histoire, S. 293.
14. Marrou, a. a. O., S. 293.

Anmerkungen S. 199–S. 202

15 Eusebius, Leben Konstantins, III, 13 (S. 104 f.).
16 Philostorgius, Hist. Eccl., I, 9a, zit. nach Batiffol, La Paix constantinienne, S. 326.
17 Vgl. die 25. Sequenz über Paul Samosata.
18 Brief Konstantins, zit. bei Hefele.
19 Vgl. Marrou, «Nicée», in: Encyclopaedia Universalis, S. 796.
20 Eusebius, Leben Konstantins, III, 19 (S. 107).
21 Zit. bei Hefele, S. 620.
22 Der priesterliche Zölibat wird auf dem Konzil von Trullo (Kanon 13) im Jahre 692 zur Pflicht gemacht.
23 Eusebius, Leben Konstantins, III, 15 (S. 105).
24 Trocmé, a. a. O., Bd. II, S. 356.

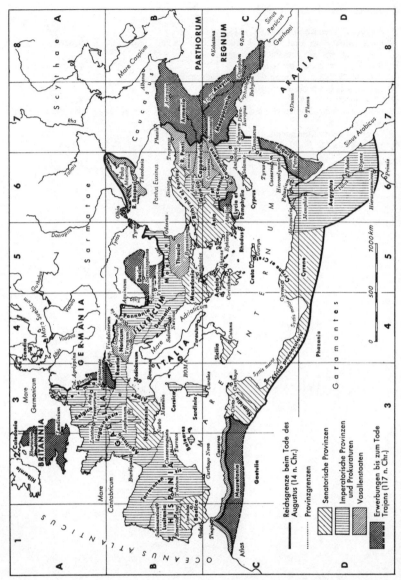

Quelle: Biblisch-Historisches Handwörterbuch, hrsg. v. B. Reicke / L. Rost, Vandenhoeck & Ruprecht

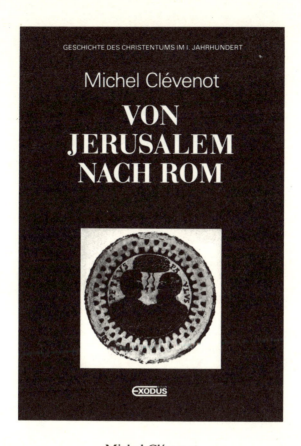

Michel Clévenot

Von Jerusalem nach Rom

Geschichte des Christentums im I. Jahrhundert

Edition Exodus 1987; 193 Seiten, DM 36,50/Sfr 33,–
Subskriptionspreis DM 31,–/Sfr. 28,–

«Der Autor erweist sich als glänzender Didaktiker und Freund seiner Leser. Er schreibt nicht systematisch Geschichte, gar begrifflich Geschichtsphilosophie, sondern erzählt Geschichten. In jeder dieser dreißig ‹Sequenzen› stehen Begebenheiten oder Personen im Mittelpunkt. Geschichtsschreibung hebt so an, wie sich Geschichte dem Alltagsbewußtsein darstellt: als Ereignis mit Menschen, mit denen man sich identifizieren kann – in Situationen, die den eigenen ähnlich sind oder Verbindungslinien zu ihnen aufweisen.»   (Kommune)